读客®文化

图书在版编目（CIP）数据

沈从文讲服饰 / 沈从文著 . -- 南京 : 江苏凤凰文艺出版社 , 2024.7
ISBN 978-7-5594-7611-1

Ⅰ . ①沈… Ⅱ . ①沈… Ⅲ . ①服饰 – 历史文物 – 研究 – 中国 Ⅳ . ① K870.4

中国国家版本馆 CIP 数据核字 (2023) 第 057834 号

# 沈从文讲服饰

沈从文　著

责任编辑　丁小卉
特约编辑　王昕瑜　王小月　黄巧婷　高小玲　尹开心
封面设计　余展鹏
责任印制　杨　丹
出版发行　江苏凤凰文艺出版社
　　　　　南京市中央路 165 号，邮编：210009
网　　址　http://www.jswenyi.com
印　　刷　天津联城印刷有限公司
开　　本　880 毫米 × 1230 毫米　1/32
印　　张　11.5
字　　数　280 千字
版　　次　2024 年 7 月第 1 版
印　　次　2024 年 7 月第 1 次印刷
标准书号　ISBN 978-7-5594-7611-1
定　　价　99.00 元

他（沈从文）搞的那些东西，陶瓷、漆器、丝绸、服饰，都是“物”，但是他看到的是人，人的聪明，人的创造，人的艺术爱美心和坚持不懈的劳动。他说起这些东西时那样兴奋激动，赞叹不已，样子真是非常天真。他搞的文物工作，我真想给它起一个名字，叫做“抒情考古学”。

——汪曾祺

# 目　录

# 丝绸

中国织锦，已有两千五百多年的历史，其中蜀锦、宋锦、云锦被称为“三大名锦”。明清时期，织锦得到空前发展：明织金锦遗存非常丰富，可见于大量经书封面；清花锦则图案华美秀丽，配色柔和多样。

# 中国古代的绸缎[1]

伟大的中华民族，对于世界文化进步的贡献是多方面的。科学、工艺、医药，每一种有创造性的发现和发明，都影响到人类社会的发展，十分巨大。其中有一样特别成就，给祖国和世界上人民生活带来长远的幸福，并且完全还是中国劳动女性集体完成的，就是养蚕和丝绸锦缎的生产。但是这种伟大无比的贡献，正和几千年来的农民生产粮食一样，虽然和每个人生活都联系得十分密切，在阶级社会中，农人的贡献，是照例忽略过了的。因此美术史或文化史研究者，历来也就很少有人提起过女性集体生产在美术上的成就问题。事实上，世界上决不会还有一种艺术创造，比得过纺织物美术生产，会动员到全个国家妇女来参加，生产出来的东西，与人类关系更密切，对人类贡献更实际！过去知识分子出身的专家学者，出于极端无知，始终是用一个以文人为中心的美术史观去谈美术史，照例不免会忽略过了这个问题的。

照中国古代历史传统习惯，凡是某一氏族集团，或某一时代，一种有益于人民生活、推进了社会文化的发现和发明，都用一个古人作为代表，作为神，记载在历史上，表示人民对于它的衷心尊敬和感谢。托名黄帝君臣发明的格外多，因此最初养蚕的人，也说是黄帝的

1 本文仅存一份作者的手稿，局部文字似有缺损。

妃子“嫘祖”。后人因此把她奉作蚕神，每年从封建君主的皇后，到一般养蚕户，都用同一隆重仪式，向蚕神致敬，并祈祷收成。其实蚕的饲养，是史前时代许多年来，从各种吃树叶的野生蠕虫，经过许多次选择的经验，才慢慢的培养成功的！正确时代已不容易明白。但是到人类能把野蚕挑选出优良品种，有计划的饲养，由幼虫到结茧，掌握住了这种有益于人的蠕虫生活规律，再由茧子缫出丝来，织染成有美丽花纹的绸子，至晚在三千二百年前的殷商时代，已达到完全成熟的阶段。这个时期的绸子，因为时间太久，已无方法保存，但在一些青铜兵器上就还遗留得有织花纹的丝绸痕迹（用商斧子上花纹），十分清楚。若把这种花纹和同时代的铜、玉、骨、陶——特别是白陶和灰陶的花纹联系比较，我们就可以对于三千年前的生产，得到些更明确的印象。古代的中国人，是非常爱好美丽调和的色彩并且还特别会配合色彩的。当时的丝绸，必然还有各种不同的式样。更有可能，已在素质丝绸上，加有精美彩绘和刺绣。

三千年前的周代，是封建社会的起始。周代尚实际，重农耕，发展生产。政治制度特征，是把奴隶社会结束，把所有生产上的奴隶地位解放为农奴。成了农奴的，各自领得份土地后，每年必需缴纳一定生产收入给诸侯国王统治者，男的缴纳粮食，女的就缴纳布帛。“男耕女织”因此不仅是一种政治号召，其实是国家一切开支消费的主要来源、维持封建社会制度的经济基础。社会一天比一天发展，封建制度中的诸侯邦君分布于全国各地，在五等爵的制度下，各有一定领土，就需要一定的仪制排场、一定数量等级的车服旗章，因此对于高级丝绸的要求，也自然日益增加。精美丝织物特别受社会重视。《禹贡》所称的“织文”，究竟应当是种什么样的花锦，我们无从知道。至于《诗经》《左传》《国语》提起过的“贝锦”“纯锦”，却可以经同时相关工艺花纹联系，得到一些印象。《周礼》称“染人”“慌氏”，就是由政府主持染练生产，并指导一般生产的专官。并且用法律规定，特别精美的生产，不许上市鬻（yù）[1]卖。凡一般性生产，具有货币性的绢帛，都得经过检验，品质不合、尺码不足的，既不能缴纳赋税，也不能随便出售。关于养蚕种桑，和栽培采集植物性各种染料，如各种蓝草和紫草，都有专官主持。（楚国有蓝尹）采集野生的栎斗、山栀子、五倍子、槐花等等，都有一定时期，载于古代有关农事的《月令》中。用灰和矾染练纺织物的技术，更积累了丰富经验知识。直到现代，广大农村处理家机纺织物时，还照常得用到这种古老技术。

图 1　不同植物染料　古籍修复

还有一点极重要，就是这些常用的植物性染料，有许多是各地都能就地取材，非常便宜的。这更是一种大发现！这种种，是古代有

1　若无特别说明，本书中的拼音均为编者所加，脚注均为编者注。

关农事文件和诗歌都曾提起过，而且一部分技术到如今还保留到乡村生产的。

丝绸中的多色彩锦，最早出现的时代，我们还缺少具体知识。传说织锦起于帝尧时代，这个正和《禹贡》所谓“织文”，我们实在还无地下知识可以证实。商代有花纹的绸子，是格子几何纹，有可能是复色的，因为这种原始规矩花纹，若较早使用于竹料植物，或芦蒲类材料，格子式编织纹是极容易处理的。商人尚白见于周代记载，我们也由此可以推想，蓝靛的种植制造，还不会如何特别发达。楚国最早有“蓝尹”工官，兰草的种植，或从南方较早得到发展。

对于古代丝绸锦缎的生产，比较可信的文献是《诗经》《左传》《国语》《史记》。文书的记载，一致说明在西周以来，锦类生产已具有高度的艺术价值和经济价值。当时诸侯间的报聘，锦是珍贵礼物之一。“文锦”“贝锦”“纯锦”“重锦”是当时记载中常见到的。布帛虽为国家赋税，生产被普遍提倡，但是特种生产还是有区域性。古代锦出陈留襄邑，薄质丝绸刺绣则出齐国临淄。因生产集中，社会需要却分散于全国，所以在周代中叶的春秋时代，大致就已和矿冶、煮盐、制漆等等生产一样掌握了生产原料和工人。既然是封建诸侯，就自然形成一种官工业的作坊制。先是原料占有可自给自足，不久即产量超过本身需要，不能不借重商贾分散成品，并换取其他必需品和奢侈品。

中国古称“士农工商”为四民，四民之一的商人，在封建社会中，阶级地位本来不怎么高的，生活并且处处受法令限制。但是随同社会生产的发展，商人因贸迁转贩得来的利润，越积越多，就逐渐共同形成一种庞大的势力，影响到政治和经济。汉代伟大历史家司马迁在他著的《史记·货殖列传》中就说起这件事。到了战国时代，凡占有原料或生产品到一定数量的，收入就等于一个有一千农奴的诸侯。

（例如布帛、生丝及染料中的栀子和茜草，有一定数量的人每年都可收入约二十万钱，有二十万的购买力。）这个记载恰恰反映出中国社会的发展，由于生产力的不断提高，封建诸侯的经济地位，如何受新……[1]国古代社会的发展情形。特别是晚周社会，由于生产力的不断提高，封建诸侯的经济地位，反而日益低落。一部分城市手工业集中的结果，原本用定型农业经济作基础的素朴封建社会制度，势不可免要为新起的商业资本所破坏，终于崩溃。没落下来的封建领主，不能不向四民之末的商人举债。新兴商业地主于是代替了旧日贵族地主，形成战国时代的新经济形态。促进这个变化的生产，自然包括许多方面，不过最重要的四五种生产，丝织物是其中一种。

周代早期的丝绸锦绣，我们还没有正式出土的记录。但是用历史文件作经，用同时期的青铜器、玉器和陶瓦器精美花纹作纬，并且把时间稍后一些的战国和汉代丝织物花纹比较看看，我们却可以推想，其中有好些花纹，当时都可能已经反映到锦绣生产上。这些丝织物，到春秋以来，不仅是已具有最高货币价值，同时还具有最高的美术价值。和中古时代封建社会十分重视的雕玉一样，诸侯对周代王室的朝贡、诸侯间平时外交上的聘问、战争后的赔款，和彼此间一般性的婚丧庆吊，都少不了要用到它。应用的情形，在《诗经》《左传》《晏子春秋》《楚辞》《战国策》都常常道及。享用的仅属于封建领主、公子王孙和一部分宾客谈士，（并一部分的武装衣甲上）生产的却完全是优秀智慧的女工。一面是剥削者不劳而获，一面是生产者积年累月的劳动辛苦，对照异常显明。所以古代中国诗人，就常把这种矛盾，当成一个主题，对劳动者充满同情，对剥削者加以辛辣的讥刺。

1　此处为原稿缺字。

历史进入战国末期，显然因为铁工具的大量生产和普遍使用，新的土地的开发，进一步发展了社会生产，也更加提高了丝绸的生产。这方面的知识，过去专家学人，大都是单纯从文献上着眼，结合一部分金石刻纹来分析，实在无从具体明白。后汉诸儒说诗说经，为六经有关衣着名物作注释，已增加许多附会。到宋人说经自以为是的态度，和在这种态度影响下产生的《三礼图》《古玉图》等等，更把人引入迷途。直到清人任大椿作《释缯》，前后近二千年的著述考据、认识都侧重在文字和上层建筑的礼制相联系，至于实物的纹饰和有关生产的发展，却极少注意。因近五十年各地出土材料的陆续发现，知识才比较明确。特别是长沙楚国墓葬文物的新发现，如有花纹的绸子，有文字和绘画的绸子，彩绘分明、服饰完备的木俑和许多式样新异、花纹精美的漆器，给我们的启发和教育格外大。镜子上的花纹，更增加了我们对于古代丝绣花纹的知识。

图 2　蟠龙飞凤纹绣浅黄绢面衾　战国　江陵马山一号楚墓出土　湖北荆州博物馆藏

图 3　战国龙凤虎纹绣罗单衣　战国　江陵马山一号楚墓出土　湖北荆州博物馆藏

关于这个时期的丝绸生产和处理使用到各方面的情形，从近五十年来各地出土的青铜器和雕玉上，也反映出一部分。如猎钫壶上的采桑图，可看到当时从事生产的第一个步骤。安阳殷墟出土遗物，除了一柄青铜斧上遗留下那片花纹外，还有些麻布类花纹，在其他铜器上出现。又出了几个雕玉人形，器物虽然极小，雕刻衣着也简单，但依然给了我们一些商代人装扮式样，比文献明确而具体。又还有几个在洛阳出土的战国时的铜和银子作的人像，有个弄鸟的女孩，所穿的有花边的短衣，还很像是西部来的毛织物文罽（jì）、细旃（zhān）一类材料作成的。洛阳金村出现的一组佩玉，有两个舞女样子的雕像（图5），可以看出古代长袖善舞的舞衣制度。河南汲县出土的青铜鉴上种种人物形象，更可以看到当时水陆交战中武士的衣甲形象。辉县新出土的一个大而破的薄铜鉴上花纹，且可发现祭事、乐舞、游猎种种不同生活的服饰。特别重要是一些头上戴角的刻画，可能和古代巫祝相关。

图 4　乍册兄鼎　商　安阳殷墟郭家庄 50 号墓出土　殷墟博物馆藏

图 5　双联玉舞人　战国　洛阳金村古墓出土　美国弗利尔美术馆藏

长沙楚墓发现的漆奁（lián），上面穿着大袖口小腰身的十一个女子，和帛画上那个女子，更给人一种十分生动现实的印象。重要的是衣着式样，例如楚墓俑种种不同的衣襟处理和一定斜度的形式，都反映到当时的真实，可以证实历史文献上的衣制。照战国时宋玉的文章叙述，这种衣服大多数是用精美细薄彩绸料子作成的。

战国时青铜器中的金银错镶嵌法，使用极普遍，中国丝绸加金的刺绣，或其他技术加金，大致也产生于同一时期。

到汉代，丝织物生产和其他生产同样有了更大发展。战国以来几个生产高级丝绸的专区，都有国家工官来继续主持生产，在长安还另有东西织室。工官费用一年用到五千万钱，在当时已经不是一个小数目的耗费。这些生产一部分作新的统一国家下经常来使用，一部分就成为汉代主要输出品。东至今朝鲜，西及今内蒙古、新疆以及国外如罗马、波斯，都得到广泛的欢迎，因之成为中西文化交流一种主要媒介物。换言之，即中国的丝绸锦绣生产，到这时已起始供应了世界市场的需要。照历史文献记载，当时中西交通多从西北陆路。西北羌胡民族并且特别喜欢中国锦绣。《史记·匈奴列传》称，每年外送锦缯到万匹。从近五十年在蒙古人民共和国古坟中，在新疆古楼兰遗址中得到的锦绣，完全证明了当时的丝绸品质和纹样。这些出土遗物的花纹，和在朝鲜大同江边古坟中得来的丝绸，花纹大体都是相同的，更可证明历史文献和《盐铁论》等记载当时情形，这些丝绸虽出现于汉境的边沿区域，其实是当时中原的标准花样。锦绣中如最著名的带文字的“韩仁绣”“新神灵广”等锦，多作山云、鸟兽、骑马游猎装饰图案，和当时反映于陶漆金银错图案相通，用深青或红色作地。

图 6　彩绘漆木人物车马出行图圆奁[1]
战国　荆门包山二号墓出土　湖北省博物馆藏

1　出自要二峰（湖北省博物馆）：《包山二号墓彩绘漆奁图像考》，《江汉考古》2022年第2期，第102页。

绫罗类多作水纹和菱形纹，五色具备。绣件有在锦上加绣的，有在杂色帛上加绣的，花纹和同时或较早的金银错完全相似，绣法多用锁丝法（直延续到现代，技术还用到）。西北出土的绫帛类，很多种直到现在还保存原来的鲜艳色泽，可以见出汉代以来染色知识的进步。至于薄质细绸，经纬组织，有比唐宋以来细绢还精细，正和史传所赞美的齐纨鲁缟、白縠（gǔ）细缯相合。这时期的生产，除河南、山东，川蜀出品也已经日益著名。

关于这类生产品在应用上的情形，则除丰富石刻外，近年来朝鲜、我国长沙出土漆器上的人物画，陕西、洛阳出土的彩绘陶俑，寿县、淮阴出土的大型木俑，四川彭山出土的大型陶俑，绍兴出土的人物车马铜镜，特别是东北辽阳汉墓出土的生动活泼颜色鲜明的彩绘壁画，为我们更具体的提出了许多证据，解决了许多过去无从明白的问题。不仅关于丝绸花纹的知识具体了，如何运用也明确多了。

看看这些来自不同地方，使用不同材料，表现不同问题，服装却大体相同的人物画，我们即可更深一层理解古代中国人在丝织物染织刺绣工艺上和种种不同美术成就上，都是异常独特，而且民族风格鲜明显著的。原因是既有个优秀传统可以取法，且在技术上深深知道从不断改进中丰富内容，因此每一代都各有不同的成就，且能启发更新一代的创造精神。中国丝织物生产，也因此在世界上永远能在领导地位上继续发展。

到汉代末年，中国锦缎制作过程，有了一回极大的革新，是大发明家马钧，对于织机提花部分的改良。他把提花部分由本来五十镊改作了十二镊，简化了提花手续，影响到后来生产，实在极大。至于这种改良对花纹的影响，若从现存汉代锦缎和魏晋六朝锦缎比较，却看不出太大不同处。因为目下可得到的实物，材料还不多，将来更多新的发现，必然可把这个发展过程弄清楚的。

# 中国丝绸发展点滴新知识[1]

中国是个有悠久文化的古国，由于土地广大，海岸线长，湖泊又多，一部分气候处于亚热带和温带间，得天独厚，适宜于动植物的繁殖，和人类文化的发展。因此许多发明，对于世界均作出重要的贡献，不仅丰富了中华民族历史文化的内容，同时也丰富了世界文化的内容。养蚕织丝，是其中贡献特别重大又特别持久的一部门生产。照古代社会组织分工的习惯，养蚕织丝属于“妇功”，因此历史传说，既把黄帝族轩辕氏作为第一个帝王，养蚕织丝的发明，就归功于这个帝王的一位妃子，名叫“嫘祖”。传说成立虽相当早，和历史进展的规律未必相合，假定的时间或许还晚了些。至于三国时吴人张俨作的《太古蚕马记》，则显明出于南部地区的小说家言，更不足信了。

比较符合人类进化自然规律的解释，似还应数《尔雅》一书释虫鱼关于蚕事的记载。书中只简单素朴的说，蚕有萧、艾、柞（zuò）、桑等等名目，却扼要具体的提出了这种性能奇特的蠕虫，是在中国广大土地上，经过漫长时期不同方式的试验，用各种不同植物饲养，研究它的适应性能和发育情况，逐渐明确了它的成长规律，才能够进一步加以利用的。这种驯服过程，决不是任何一人一时

1　本文作于1973年。

所能作到的。时间必格外长久，远比黄帝时代还早，有可能和人类文明启蒙期新石器时代相差不远，并且比“五谷”“六畜”的驯服的经过挫折还多，而终于才慢慢的取得完全胜利成功的。到了历代传说上所谓“垂衣裳而天下治”国体形成的黄帝时期，则这个驯服工作已达成熟期，早已明确某一品种生命顽强，可以在柞树上野放；某一品种生命又特别脆弱，必需在地下蚕室饲养了。正由于蚕的驯服来之不易，为表示慎重，所以自古以来，每年才由皇后主持蚕事祭祀。

至于近代学人，从殷商甲骨文中发现有蚕桑字样，和铜器上蚕的图纹发现，及小件佩玉中有蚕的形象发现，用作当时养蚕织丝的证明，估计未免偏于保守。因为从常识言，“青铜时代”的产生和成熟，并不是个孤立事物，必然有个相应高度的物质文化伴同出现，反映于木、石、漆、玉，手工艺各部门的与生活密切相关的事物上，而且还必然色彩斑驳陆离，以至于人身头面的点染装饰上。这一切文化成就，即或仅仅集中于奴隶主或其亲属家臣少数人所占有，所享受，高度精美的青铜文化不是孤立存在，则十分显明，如据殷周器物不断发现附着丝绸残迹分析，则这个时期不仅已经能织出十分精美的平纹或方格纹薄质丝绸，且有可能已有原始彩织锦类产生。如联系“凡事不孤立”的原则，试就商前期方鼎平面反映的连续矩纹看来，或和同时存在锦纹即相通，因为同式连续矩纹，在近半世纪出土的商代白石刻人形衣着上，即明确出现于腰袖间。特别是近年安阳武丁时妇好墓那几副玉雕人形的出土，进一步得到证明。这类连续矩纹反映腰袖间格外明确具体，反复出现决不是偶然事情。而这种彩色斑斓连续矩纹并且直到如今，还是我国西南部苗族妇女所擅长的手工艺。方法之简便，制作之精巧敏捷，都可证这种加工技术实源远流长。

至于此外部分某种不规矩花纹，或有可能成于刺绣绘画，这一问题虽一时还少明确知识，从较后材料分析，如由西周、东周到春秋战国、西汉，前后约千余年，刺绣加工多沿用琐丝法[1]，则已确定无疑。产生时间说是由商代开始，这种可能性是存在的。把这种连续矩纹的彩织，及以这种变形云龙凤纹或鸟羽状排比而成的纹为彩绣，代表第一阶段的成就看待，大致是不会大错的。

古称“锦绣珠玉不鬻于市”，因为农奴制社会统治者眷属出嫁必附有一群妾媵，内中即包括有专司织绣、剪裁针工若干人。所有制作，费工劳神，是不可能以货币价值计算的。即以近河北出土之中山王刘胜夫妇墓中物，和湖北随县曾侯乙墓中物，以及长沙出土轪侯墓中物为例，均可知大部分是完成于宫廷特种工奴的手中，而非应市商品。

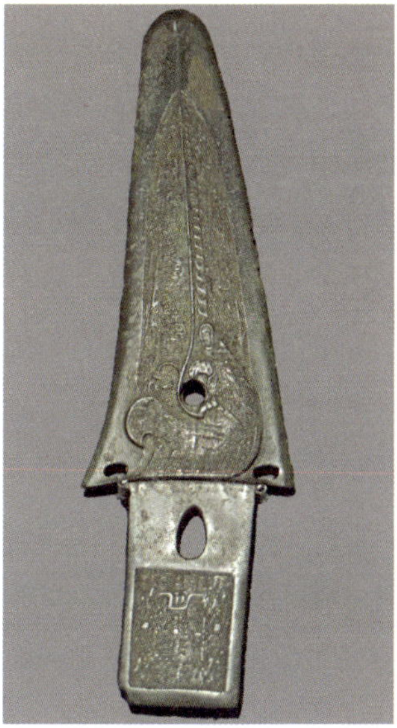

图1　蚕纹铜戈　战国　成都交通巷出土　成都博物馆藏

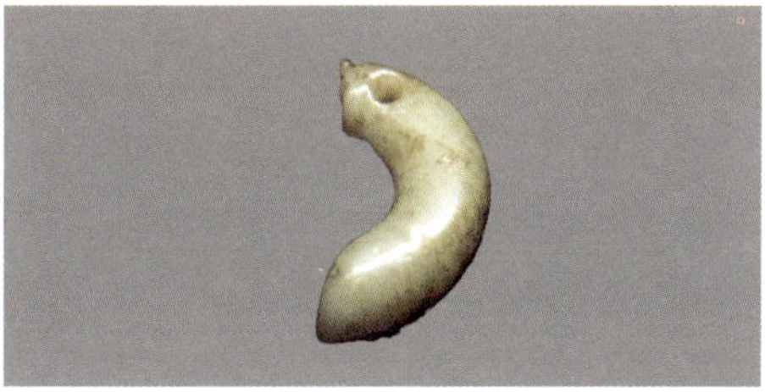

图2　红山玉蚕　新石器时期　上海博物馆藏

图3　“五星出东方利中国”锦护臂　东汉　和田尼雅遗址出土　新疆维吾尔自治区博物馆藏

1　即锁丝法。

至于彩锦织绣技术上图纹上得到进一步发展，或在东周王权崩溃以后的春秋战国间。材料虽还不够全面具体，但从铜、漆、玉、陶一系列工艺品的造型设计变化，和装饰技术花样翻新情形看来，其中一部分已转成特种商品上市，实事所必然。这从《诗经》《左传》《国语》等历史文献零星记载，一再提到以锦绣服饰及珠玉并提，报聘礼物之贵重的，亦不外锦绣珠玉，文驷车乘。也反映了社会发展促进生产发展，物质文化的新面貌。一部分用商品方式生产的新内容，必更加进一步的多样。《史记》称齐国临淄的月收市租千金，除著名的细绣纹以外，显明还有一系列其他特种高级商品应运而生的。

托名《范子计然》提到齐细绣纹上匹值二万，中一万，下五千。陈留襄邑产的大张锦，则以端计。这应当是秦汉之间的价钱，若和一般缣帛市价相比，上等锦约高过二十五倍。一面反映细绣纹工艺水平之高，另一面也反映封建社会形成过程中，统治阶级财富独占情形之显明。

这些特种手工艺品能以商品方式出现于市场，必在东周农奴制氏族社会崩溃以后的春秋战国时期才开始。由于生产力的发展，为满足新兴地主的需要，同时也必是金属货币业已形成各种商品交换主要媒介物，而且贵金属中的黄金且和铜货币形成一定比价时期，所以《史记·货殖列传》才列举凡占有诸商品到某一定数量的，年即有二十万钱的收入，和一个普通诸侯收入相等。

《范子计然》提的锦绣价值时间或较晚，《史记·货殖列传》说的诸商品价值时间或又稍早一些。

汉初虽仍在齐国设立三服官，织造宫廷四季需要丝织物入贡，主要大生产，却已改至长安，由政府成立东西二织室，各用五千官奴婢（实多犯罪贵族家属），进行无偿劳动生产，不久即合并为一，并设一“织室令”主持其事，年费数千万钱。为团结匈奴诸君长，每年必有过万匹锦赐。开辟西域丝路后，还有更大数量的精美锦绣，由西北运往中西亚及波斯、大秦各文明古国，换取名香、异药、犀角、象牙、马匹、珠玉和一些贵重难得用品。生产发展，必然影响到高级特种手工艺品的一系列发展，对于锦绣比较显明反映到三个过去还少有人注意到的问题上：

一、即前期锦纹受技术限制，或较多属于规矩格子图案，到西汉以来，织机提花工艺，得到一定改进，举凡漆器彩绘花纹，铜器金银错花纹，所能达到的五彩兼备，山云缭绕，鸟兽骇跃腾骧于其间的奇文异样，彩锦也无不可以随心所欲的产生。

二、即由于提花技术的改进提高，过去惟极端精巧手工刺绣所能特种绣作，织锦工艺能起代替作用后，以商品出现的刺绣，因此影响即显明下降。

三、薄如蝉翼的方孔纱，为增加其华美，有用金银粉末套印加彩的，为此后二千年丝绸加金及丝织印花开创其端。

因此丝织物工艺进展，把汉代作为第二期，大致实相去还不甚远。

至于川蜀锦缎的出现，在西汉或已有一定发展，似在后汉始著名。三国时，诸葛亮教令中，曾提到蜀中军需耗费，主要依赖锦的贸易。魏文帝曹丕著《典论》，虽有“蜀锦虚有其名，不如洛阳所织虎头如意连璧锦”叙述，但就孔明文件中看来，蜀锦生产，当时还是占全国首位，且一直延续到以后约十个世纪，蜀中锦在中原市场，才为吴越以奇花异鸟为主题图案的绫罗、纱縠（hú）所代替。然而直到两宋，政府尚在成都特设“官锦坊”，定织宫廷所需诸锦，如每年按季节赐予诸武将七种臣僚袄子锦。“茶马司锦坊”则生产各色大花被面锦，换取西南茶叶和西北军用马匹，解决国防上的需要。

丝织物花纹的发展变化，若以商周为第一阶段，我们目前知识虽不够全面，以战国秦汉为第二阶段，我们可说实已比较具体。特别是长沙马王堆轪侯家属墓中物，给我们的启发格外多。但两晋南北朝三个世纪多的生产，理应归入第三阶段的情形，我们的知识却不多。以目前西北出土的实物而言，除部分尚保存一点汉代规模，较多已呈混乱状态。如照《邺中记》《拾遗录》所言，虽尚有大小登高锦、大小明光锦、列明锦等名目，似即汉代旧样，其余已无一定格式。如据《东宫旧事》等文献而言，薄质罗纨应用日多。从《世说新语·汰侈》所叙石崇、王恺斗富事，一用“紫丝布”作步幛，一用锦作步幛，可知南方的丝麻交织的紫丝布产品已日益上升，而薄质织物则应数一匹六丈的“筒中花練（shū）”。孔雀罗可能也是北方一时著名新产品。史传中虽称石虎之奢侈并世无双，千人女骑兵，多着金缕织成裤。南朝则鱼宏以奢侈著闻，服食之精美，堪称独步，家中女乐歌伎百十人皆衣绮罗金翠。到隋炀帝至以锦为帆，延长十里。这三世纪多生产，似均集中于极少数人之手，大部分且为谄媚神佛、装点寺庙消耗其大半。北朝诸胡族统治者政权崩溃逃亡时，尚掳掠千百伎作工巧随行。至于南北两朝人民，却在连年兵火战乱中度过。

所以丝织物真正的进展，第三阶段似应在唐代，开始即唐初统一用绫为官服，明确上下同为圆领服、乌纱幞头、红鞓带、乌皮六缝靴，用色泽辨官品等级。唐代特别赏赐丝织官服花纹计六种，内中五种均为鸟衔绶带、灵芝等，唯一种为地黄交枝。这种种花纹目下从铜带版上，和铜镜子纹样中，尚反映得十分具体，但在出土实物和传世画迹中，却不完备。并且至今为止，还未明确这种特别官爵服章位置究在何处。至于奇文异锦，虽品种名目繁多，据张彦远《历代名画记》叙述，则唐初在成都任行台官的窦师纶，出意设计所作十来种纹样，色泽壮丽，流行百年尚不废除。传世遗物中的大团窠锦、花树对鹿锦、狮子舞锦，或多成于唐初。《唐六典》诸道贡赋，川蜀绫锦名色格外多。唐代官服主要用绫，出丝绸地区多设织绫局，监督生产。

锦的生产虽仍以川蜀为主，薄质本色绫，广陵已成东南大生产区，且和海上贸易相联，技术上和花纹上容易取得新进展，也必然显得相当突出。唐代有三种特别上贡锦，成都和广陵即已分担责任，如为赠予外宾而作的“蕃客锦袍”，为宫廷嫔妃织的“锦半臂”，及为唐代社

图 4　团花牡丹斜襟褐锦衫　唐　甘肃省博物馆藏

图 5　仙人跨鹤纹绫圆领袍　唐　中国丝绸博物馆藏

图 6　花树对鹿纹　手绘纹样

会流行、军中格外好尚的“打马球衣”（据图像反映，一般是小团窠花锦袄子）；前二种每年上贡有一定数目，各为二百至二百五十件，后一种早期不过二十件，晚唐最多时且到入贡五百件记载。

又唐代常有法令禁止织造某种特别花样记载。既有禁令，可知必已违禁事，甚至于已相当流行；关于禁令内的锦缎具体内容，我们至今也还知识不多。

唐代上中层社会妇女盛行各种染缬（xié），歌儿舞女衣裳则金缕刺绣及泥金银绘画为常用。前者得到普遍发展，因为可以随心所欲达到个人爱好的艺术效果，后者代价较高。但艺术加工过程，都显明比彩绣省费省工，因此从传世画迹反映唐代一般刺绣，实看不出什么惊人成就。惟西北敦煌晚唐壁画所绘于阗回鹘贵族妇女翻领卷袖多采用金缕绣，可证较后宋人洪皓《松漠纪闻》所说的回鹘长于织金刻丝，实有个历史渊源。

成都蜀仍在锦类生产占主要地位；地处长江下游的广陵，则因海上交通转运便利，气候又极宜于蚕桑，薄质彩织已为此后千年占全国生产主要地位打下了良好基础。特别是到宋代后，官服用罗为主，全国各路均设有织罗务监督织造，且定下严格检查法令。从《元丰九域志》《咸淳临安志》《梦粱录》《都城纪胜》等叙述中，都显明可以见出江浙丝织生产，已显明占有了特别重要位置；由于社会需要，丝绸的花样翻新，更得到发展机会。常见禁令中如紧丝、透背、绣背、茸背等薄质丝纱类，从禁令限制中即可知精美程度已超过服用需要，才会由政府一再用法律禁止。泥金则由印金、织金代替，简化了加工烦琐过程。印花也得到了广泛市场。锦类在衣着应用上已缩小了范围。成都官锦坊，虽尚有成千伎作巧儿和染织工人进行生产，为政府沿例每年赏赐七种臣僚袄子锦而进行生产，且因起居坐具的改变，椅披椅垫的大量应用，官诰绫锦及书画装裱、卷轴包首、册页封面的需要，而扩大种种需要，却为彩锦开辟一个新的市场，因此小花锦和格子锦仍不断得到进展。北宋木棉虽还不到能代替丝绸彩织程度，但植物纤维品种名目的多样化，显明比唐代却有所发展，竹子布、蕉布、葛布、藤布、黄草布、鸡鸣布……种种名色，在上中层社会的流行事物，则十分显明。这类织物一般比价，且经常官罗为高，而流行仍广。

第四应数元明，即加金丝质物，成为统治阶层好尚的主流；仿波斯金锦“纳石失”的大量生产，转成历史上昙花一现的奇迹。丝织物加印金银，虽起始于汉代，到宋代已比较全面掌握了生产技术，特别宋辽金先后对峙约两百年时期中，片金、捻金等织金虽加工技术极其烦琐，生产仍得到一定发展。因此《三朝北盟会编》南北双方彼此报聘礼物中，捻金锦缎数十匹已成常见名称。就近年辽墓出土实物说，则细捻金线加于彩织刻丝中，金线即有细如丝发的。但是直到元统一后，全国不少省份，都特别设立“染织提举司”，下设“纳石失局”大量织造官服用织金锦，且照法令，花朵必分大小，各按官品穿衣，使人一望而知。除衣着用纳石失金锦外，还有卧房陈设、军中营帐、马匹装备，无一不使用这类高级特种织金，锦、缎、绫、罗、纱、縠作为装饰，用来表示皇家的富贵豪华，无与比伦。全人类历史，恐亦不至于有如此奢侈糜费，爱好中同时也表示无比愚蠢的。所以意大利人马可勃罗游记[1]中叙述到元宫廷举行的大筵会，集中王族亲贵一万二千人，集中于殿廷前，举行质孙宴，各穿一色质孙服，在奏乐声中用金杯逐一赐酒，帽子上和腰带间的珠宝价值无从比拟，惊诧为世界上仅有的豪华壮观。至于叙述到皇族争权一次战争，集中骑兵达七十万，用纳石失金锦做成的帐幕，竟延长数里。……欧洲人都以为是疯人的胡说。可料想不到，竟一一实有其事。这从明朝的传世以千百种不同花样的织金丝织物而言，也还可以得到一点印象。特别是史传中记载，宦官权臣一旦失宠后没门抄家时，这些炙手可热的特权人物贪赃渎职得到的金银财富，黄金必以百万两计，白银必以千万两计，贵重丝绸以万千杠抬计，田地以数百万亩计——我们才会明白财富更集中的元代政治状况，统治者更如何残暴无知，而对人民又如何无情。因此在历史短短某一阶段，军事武力虽占领了欧亚世界一大半，且把从世界蹂躏掳掠聚集而来的大量金珠财富，用来装点这个王朝的宫廷，形成一个天方夜谭的奇迹般宫廷景色。却在人民奋起行动中，不到十年，这个王朝的基础就全部崩溃了的事实。

1　即《马可·波罗游记》。

图7　菱花织金锦抹胸　元　漳县汪世显家族墓出土　甘肃省博物馆藏

大部分的明代彩织和织金花样，多和元代丝织花纹图有一定联系；图案特征是图案呆板，而配色比较单纯，大面积远看效果还壮观，局部看来不免相当粗糙，艺术水平并不高。至于本色花织物，则多设计构图有极新颖活泼的。特别是中间色染织物，经常发现有艺术性极高的成就。

# 中国对于蚕的驯服和丝织物加工技术的进展[1]

中华民族，在一个以五六十万年的长时期和自然斗争的进展中，有过许多特别重要的发现与发明，对于全世界人民都作出重要的贡献。养蚕织丝，可以说是其中最早，也最重要，同时还是延长得最久的一种，同时还可说是近两千年的古代中国和世界文化交流具有大而普遍的一个证据。

1　本文作于1973年，尾部缺失。

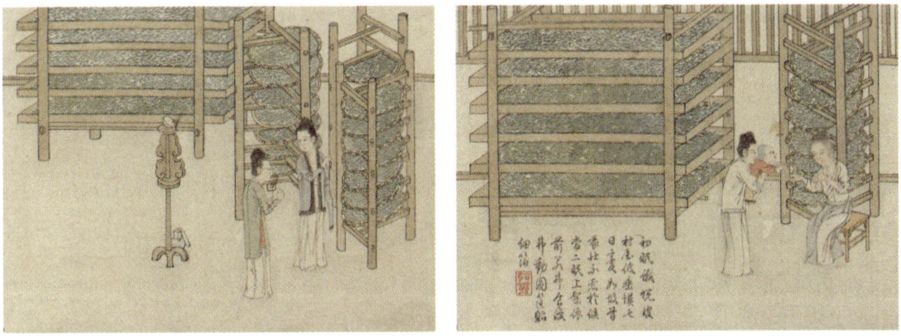

图 1　程棨《摹楼璹耕织图》（局部）　元　美国弗利尔美术馆藏

关于古代中国人民如何驯服这种小小蠕虫造福人类的经过，有三种不同传说。第一个近于神话性的，是三国时有个吴人张俨作的《太古蚕马记》，说蚕的起源，是由于一个将军外出作战失了踪，家属悬下了重赏，凡能有人把将军找回，就把唯一的女儿嫁给他。过不久，将军那匹平时心爱、作战又有功的坐骑，就把将军的尸首驮了回来。但找回将军的是一匹马，原约当然不能实现。可是这匹马却每次见到这个女孩，必用前蹄跌地，表示感情。因此，这家中人把马杀了，剥下了皮晒在园中地上，那女孩去园里时，用脚践踏马皮说："看你还能不能显出本领？"于是一阵风起，那张摊在地上的马皮，把那个女孩卷起，随风而起，不知去向。到得她家中亲属四处找寻，后来才发现挂在一株古老桑树上，成了个大蚕茧。故事虽说是"太古"的传说，就故事安排看来，这个民间故事虽并不古，却有点来历，因为荀子作的《蚕赋》最先也就提到，且影响到后来又比较普遍。蚕是叫"马头娘"，半世纪以前，南方乡下人还极熟习。第二是出于子不语怪和神的儒家说谎造作的传说，把一切重要发明都归于黄帝，却把养蚕织丝的贡献归作他的妃子嫘祖的功劳。原始的神怪性少了，虚伪性却增加。这种谎话经过约二千四五百年封建社会制的各朝帝王，封之为“青陵圣母”，都来加以利用。养蚕既属于妇功，为了欺骗人民，扩大巩固统治者的剥削，每年春天，皇后这个大地主婆还必装得特别虔诚慎重其事，来亲自在“蚕坛”敬奉蚕神，并亲自采采桑，喂喂蚕，作一回虚伪表演，因之增加了人民的迷信。第三是春秋战国一本古文字学书籍《尔雅》的一个关于蚕的记载，说蚕有许多种，用各种不同植物作食料，有桑蚕、柞蚕、萧蚕、艾蚕等等。记载虽极简略，倒要言不烦，极近科学真理。让我们明白，蚕的驯服，和五谷六畜的驯服过程相同，都是由野生经过长时期的、在各种不同条件下，由万千劳动人民，在不同实践中取得成功、失败的许多经验，末后才总结下来，得知一种性格特别脆弱的，必需在特别谨慎细心的照料中，放在家里用桑树叶来培养，同时还得一面不断提高改变蚕的品种，另一面又还得把作为基本饲料的桑树由自然野生改为人工接枝，才能把产量和丝质在改进中不断提高，才能更进一步造福人类的。而比较性格强，耐得住风雨雪雾不同气候变化，消化力又十分强，能野放在柞树上生长，平时只要注意不受鸟雀过度损害，就可在结茧后得到收成的就是柞蚕。蚕的发现和驯服，有可能在原始社会制的后期，由于需要的是细心和耐烦的轻劳动，所以比采集果实和螺蚌、烧造陶器，更明确的这部门生产，属于妇女劳动的贡献，属于“妇功”。因为在奴隶社会的西周，用法律把农桑生产定为维持政权的主要经济结构时，男子每人每年贡谷二石，妇女每年必贡布帛二匹，幅宽二尺，长四丈。法令还规定，产品不够标准，不能上贡，也不许出卖。同时还有“珠玉锦绣不鬻于市”的法令。因此，到了重农的西周，丝织物的生产，在产量上，极明显比前一段奴隶社会制的商代，必有了一定的提高；但在加工技术上或艺术上，可不一定得到相应的进展。这和青铜器的生产艺术上的停滞，如有共通性。周王朝或照历史文献叙述，每到分封王族或有功于国家的大臣给以一定土地的占有权而赴任时，除照例得给一些针绣妇女工奴外，还得赏赐一份代表爵位、尊严及帝王恩宠的丝织物加有纹绣的旗帜、衣服。有时还在就职以后，或剥削镇压人民有功，特别给以这种赏赐。青铜器铭刻中，就留下许多记载，提到当时具体得到加工丝绣的不同的名目。说明这一历史阶段的初期，丝织物生产，在质量上即有了提高；艺术加工，或限制在一定等级制度上，甚至于反而不及商代。

丝绸生产的进展，必成熟于原始社会中晚期，至今为止，除了良渚黑陶中发现一枚蚕茧还近于孤证。但稍晚一时，从商代出现的文字，属于农业的副食品的“园”“圃”等字，已极明确；而“桑”“蚕”“丝”等等文字，也均有发现；又有玉蚕出土。更重要实物，据参预安阳发掘次数最多、时间最久、经验特别丰富的郭宝钧先生说，安阳殷商王族墓上近棺部分，就出现过缝缀成方及二丈以上，加有颜色鲜明的彩绘丝织物覆盖在上面。此外还有族帜等遗痕在其他坟中发现过。近年则除在青铜器、衣著花纹和反映到同一时期的白陶、青铜器上的连续矩纹图案，明白了多属于早期的纺织物花纹，部分不规则的图案，却可能是和当时在平纹绢上的绘绣加工相关。又本于辩证法的“凡事有发展又联系”的原则，对于较后一时的丝织物花纹图案，也取得了不少新启发和不少新认识。这时期的织机和织法，或许和近年在云南昆明滇池边晋宁石砦（zhài，同“寨”）山出土的青铜贮贝器（图2）上所反映的奴隶群相围坐地下，用简单腰机进行生产情形或相近。这个图像的产生，和商代虽已隔约一千二百年，织机的应用，却必有其相通处。因为三百年前的清初海南岛黎族送给清政府的礼物中有一仿木制纺织工具，直到近代西南苗族人民编三寸宽的腰带和衣边材料时，生产的方法都还相差不多。纹样也有共同性。

图 2　纺织场面青铜贮贝器　西汉　云南晋宁石寨山出土　中国国家博物馆藏

西周王朝虽仍属奴隶社会制，由于农桑生产成为经济剥削、巩固政权的基础，纺织物的生产指定属于妇功，每一成年妇女，每年捐税必上缴布帛二匹；每匹长四丈，宽二尺，不合规格的不能纳税，也不许当成商品应市。又在这个阶段，社会里衣著用颜色定等级，大奴隶主必衣红紫，等级较低的官吏为青碧……平民或奴隶只许衣本色。且有“珠玉锦绣不鬻于市”的法令，因此在一个较长时期，和其他工艺生产情况相同，处于停滞状态。因此丝织物的缫丝、染色、提花技术加工的改进和提高，必在春秋战国时期，丝绸锦绣成为商品之一，受商品要求刺激以后。

…………

# 江陵楚墓出土的丝织品[1]

去年春天，文物考古工作者在距湖北省江陵县城西北二十一公里的楚墓群中，发掘了马山砖瓦厂一号楚墓。初步估计，这座墓葬的相对年代当在公元前三、四世纪之间，为战国中晚期，比长沙马王堆汉墓早二三百年。墓葬虽小，入土不深，却保存了不少精美绝伦的丝织物、锦绣等珍品，给近代考古发现史充实了崭新的内容，对于世界文化史也是一份极其重要的贡献。

江陵位于湖北省西部，地当南北水陆要冲，是中国著名的历史文化名城之一。春秋（前770—前476年）战国（前475—前221年）时，我国南方重要大国楚国的王城“郢都”就在这里。楚国自楚文王元年（前689年）“始都郢”，传王位二十，延续了约四百年之久。据古代文献记载，当时的郢都“车毂击，民肩摩，市路相排突，号为朝衣鲜而暮衣弊”，十分繁荣富足。郢都旧称“纪南城”，距今江陵县城只五公里。城外分布四大墓葬群，遗留有楚国王侯公卿贵族豪富大墓约七百座，小墓以万千计，是全国重点文物保护单位之一，也是研究楚文化的一个特别重要的中心。近年零星发现的“越王勾践”剑、“楚王孙渔”戈及凤纹铜尊等，都是罕见的文物珍品。

江陵马山砖瓦厂一号楚墓出土的丝织品，种类繁多，有平织

1　本文发表于1983年《中国画报》第6期，撰文署名沈从文、滕壬生、吴顺清。

的各式绢、纱，有绞织透孔的罗，有多种经丝或纬丝提花织造的彩锦，有只用经丝编织的素色和有花纹的组（丝织宽带）、绦（丝织的绳），还有织成后再经加工涂饰的漆缅——一种透孔织物，以及使人叹为观止的高级刺绣织物，等等。按衣着分类，则有素绢绵衣、素纱襌（dān，单）衣、绣绢襌衣、绣绢绵衣、绣罗襌衣、黄绢夹衣、朱绢绣袴（kù）、素绢裙、锦帽、锦鞋、锦衾（被）、绣衾（图1）等二十余件。衣制一律作交领，右衽，直裾长袖，用锦、绣缘边，是人们目前所见到的时代最早、保存最完整的古代锦绣服装实物。先秦文献如《左传》《诗经》中，常有以锦作为国与国间的聘礼和以锦绣应用于衣物的记载；从文字注释和较后实物中，虽知道锦是一种多彩提花高级纺织品，但对春秋战国锦的具体知识还不多。史传又称"衣作绣，锦为缘"，这在近半世纪来出土彩绘楚俑中虽常有反映，却难以理解当时衣必用锦作缘的用意。现在面对楚墓出土的实物，才明白锦属厚重织物，既文彩华丽，富于装饰效果，又耐磨损，用于绮罗作地的薄质衣料作缘边，能起骨架作用，穿着时也较多便利，这应是它在实际应用方面的意义。此墓出土的彩锦，有两类品种。一为窄筘（kòu）腰机织成的"阑干锦"，用杂彩纬丝起花，在极小面积中织成不同形状规矩的图案，甚至能织出车马人物逐猎猛兽的惊险紧张场景；组织谨严，织造精工，为以往所未见，似为专供衣领边缘使用而制。一为阔幅大机织锦，有的织成通幅大单位花纹，以经丝起花，作对称规矩图案，横向分段织出双龙、对凤、对虎以及双人对舞等不同纹样。这些，和近代湘西苗族、土家族妇女的某些织造方法大同小异。至于那些绣衣绣衾图案主题设计，虽和楚漆器及铜镜纹样上经常使用的龙凤云纹近似，但内中一件，用红黑两色搭配，绣成两两相对的虎形，与两龙一凤交互勾连，凤冠特大，作侧面钟形"郁金香"花式，整体形成一种壮丽无匹的效果，更显出当年绣工设计的巧思和艺术创造上的活泼大胆。绣件针法虽为西周（前1100—前771年）[1]到两汉（前206—220年）常用的“琐丝法”，但在技术处理上却非常细密精巧。绣线色彩有的至今还十分鲜丽，如绛红、紫红、朱砂红、金黄、蓝、绿、黑、白等；其他可辨识的还有土黄、灰绿、深浅棕褐等色。玄黄陆离，配色复杂，对比衬映恰到好处。从这份刺绣遗物上，我们才进一步明白，古称“珠玉锦绣不鬻于市”，禁止作为商品应市的深一层含义。因为如不是在春秋战国诸王侯贵族兼并时期，还保留周代半奴隶制性质作陪媵随嫁的大量针黹（zhǐ）女奴；另一面又从长期兼并战争中掠夺得来更多的长于织绣的工奴，实不可能用如此大量劳动力生产这类特种工艺品。

图1　对凤对龙纹绣浅黄绢面衾　战国　江陵马山一号楚墓出土

图2　织锦绣绢针黹盒　汉　武威磨嘴子汉墓出土　甘肃省博物馆藏

此外，同墓出土的还有一件半规形短柄竹扇，用朱墨二色漆篾编成精美图案，也是迄今为止考古发掘所见保存完整而又最古的“便面”（扇子）。出土的

1　按主流说法，西周始于公元前1046年周武王灭商。

若干铜器，擦去附着物后，光亮如新。另有四件高约六十公分，身着紫绢绣衣的少女木俑，面目描绘文静秀美，也为一般楚俑所少见。随葬漆器虽然不多，却是以往出土同类文物中的稀有精品。

图3　便面　西汉　长沙马王堆一号汉墓出土

这些重要发现，可充分说明战国时期楚国劳动人民在手工业工艺品生产各部门的高度成就，给文物工作者以崭新的启发。

# 长沙西汉墓出土漆器和丝绸衣物[1]

这部分文物，是在湖南长沙东郊一座西汉初期墓葬中发现的，是二千多件文物中的一小部分。主要为乐器、漆器和丝绸衣物，给文物工作者提供了极其重要、十分丰富新鲜的内容，可得到非常有益的知识和多方面启发。因为就时代说，是秦汉之际，中国社会由战国到秦统一完成了封建社会制第一阶段，而进入第二阶段的前夕；生产关系、社会组织都起了较大变化，有了个更新的局面。从文献探讨，史学界虽提出了种种意见，证明政治上的楚国虽已不存在，而文化上的楚思想和文学，艺术上的楚歌、楚舞，还深深影响到西汉社会的一切。（极其有趣的一例，即制定汉代服制礼仪的叔孙通，初见汉王时，大致穿的是齐鲁儒生的宽袖博袍，史称就被迫把衣剪短成楚制，

---

1　本文所讨论的西汉墓，即著名的长沙马王堆一号汉墓。文章初稿写成后两天，1972年7月22日，作者在给次子沈虎雏信中对本文有如下记载：

> ……重抄了二次，总算脱了稿。已送去请审查。算是八年来第一篇。即特约，也不一定能合用。所以事先说好，最好先由一北大毕业生看看，如大体还像样，盼送还给我，我将再抄一次，再送主编审核决定。如觉得文不妥，人不妥，材料还有内容，就由别人写，别人出名，用我的材料，也不妨。因为新的种种要求我还不熟习。照过去习惯，写是研究员的责任，我比较熟此问题，即写它，十分自然。但近年来似乎已改成权利，当中就大有可能，我"宜不宜露面问题"。所以我倒真乐意为人提提材料，学学老子的"为而不有"！

才许相见！）但试从具体文物探索，却可以说，还近于一个“空白点”，所有的知识总不够具体。显然是不合当时社会现实的。这一回的新发现，就正好为我们填补了空缺。据专家意见，楚文化的主要部分，或许还在江汉间，即早期的襄樊、中期的江陵，和晚期的寿春。而长沙只近于竹木丹漆金属原料的补给地。证以解放前寿州李三孤堆的发现，解放以来信阳楚墓的发现，和江陵楚文物的新发现，无一不闪放出古代劳动人民工艺艺术强烈夺目的光辉。长沙既非楚国政治上的中心，照古代社会习惯，也就算不得（且不可能）是文化上的中心。可是据近年楚汉墓中出土文物的种种反映，就格外显得惊人。例如兵器制作在工艺上的成就，以及应用器物彩绘漆器在艺术上的成就，都无一不达到高度水平。而墓葬制度的谨严，和随葬文物种类之繁多，就为研究中国古代文化提供了种种线索。特别是解放以来，在湖南许多地方发现大量商代精美铜玉文物，更给我们以重要启发，进一步提出，中国古文化的研究，这个地区的重要性。所谓“周因于殷礼”，文献不足征，在中原地区我们得不到解决处，在楚文化面貌中，还能寄托以较多希望，值得国内治文史艺术的专家学人，给以应有的重视。我这个小文，只近于就这个墓葬新出土文物的极少一部分，作点初步常识性探索。

个人认为漆器部分值得重视有三点：

一、彩绘云气纹的棺椁装饰图案，还充分保留战国以来充满自由奔放的感情，和另一种固有彩绘制度的谨严；这两者的结合，用它和那件绸子上的彩绘同看，从艺术史角度而言，即格外容易令人感觉到。这不仅是西汉艺术，还代表战国艺术风格。正如把楚辞中《招魂》和《离骚》加以形象化。如就制度言，试联系近年信阳长台关楚墓出土的大量应用漆器，和那几件特制的泥金银画加彩绘的镂空笭床，和长沙楚墓出土的同式笭床，及几个彩绘漆盾同看，花纹图案无疑都可说是古代黼绣纹样一种反映，一种发展。礼称“诸侯之棺，必衣黼绣”，《礼记·檀弓》“丧大纪”中也提到周人墙置翣（shà），如扇形，绘黼黻（fú）和云气。翣的位置是在棺椁间。虽不提棺饰，汉代制度却有补充，提到天子棺饰作龙火黼黻皆五列。又有龙翣二，其载皆加璧（或载圭）。照后人注黼黻，色极单纯，只二色相配。必五彩备才谓之绣。而释黻文形象，则以为只是两己（或两弓）相背。这个注释似出于郑玄、郭璞；从隋代重定帝王冕服开始，宋人作《三礼图》又加以肯定，因此相沿成习一直到清代。近二千年来，封建统治者的冕服式龙袍，都不免依样葫芦，要加上弫形代表黻纹。事实上如果只是那么一种简单花纹，和当时文物各部门的华美色泽、精致图案都不相称，那能说是奢侈？正和日本学者四十年前，就诺因乌拉古墓发现的一片齿状纹彩锦，因汉石刻上有几个贵族衣袖缘饰也作齿状纹，以为符合古称“衣作绣，锦为缘”的制度，宜称黼黻锦，情形相差不多，很值得商讨。如必指齿状纹图案，在彩绘漆棺上的反映，河南辉县出土的战国彩绘漆棺边沿装饰，就还比较能说明问题。而最有代表性的花纹，似应数燕下都遗址发现的大型花砖瓦。图案都是兽物反复组织而成，和金文中的“黹”字相近。有可能在当时衣饰上或别的帷幛等等用彩绣、彩绘上都有过相似而不同反映。长沙前后发现彩绘棺椁两种，彩绘间均有玉璧用彩丝组带约定于上面的形象，也可为汉代制度中“其载皆加璧”的形容提出一种解释。

彩绘漆棺椁某一部分，还有作回旋云气纹中一组羽人奏乐，也是初次发现。显然是燕齐方士的神仙传说，在秦代就已影响到装饰图案的说明。（和其他金银错器上采用汉乐府《升天行》仙人驾双白鹿，乘芝盖云车，于云中驰行，属于同一意义）云中羽人伎乐有一舞铎的，在图像中还是仅有一次发现，也可证明来源实较早。

图 1　朱地彩绘棺　西汉　长沙马王堆一号汉墓出土　湖南博物院藏

图 2　黑地彩绘棺　西汉　长沙马王堆一号汉墓出土　湖南博物院藏

二、大量羽觞的出土，就中还有过去楚墓所发现的朱地墨绘凤纹的，得知楚漆工艺的传统，西汉初期还保持得尚好。又收藏羽觞另有较大的漆盒，似乎是新发现，其后实物和图像中，均无所闻。关于羽觞的产生和应用，联系文献，也得到进一步明确。因为历来多照晋人束皙的说法，认为是西周初年，周公经营洛邑完成庆功而作。束皙号称博学多闻，所以当时以为雅对，其实美言不信。陕洛一带大量出土文物中，就从未有西周铜玉或漆羽觞类饮器出过土。即在出土文物最完备的楚墓中，羽觞只在战国中期才流行。韩非子虽把象箸、玉杯并提，指明主要用处在饮酒；又说黑漆其外、朱漆其内的漆器，产生于虞舜。可是若引《庄子》为例，“哺糟啜醨（lí）”固然要用它，而《楚辞》的“瑶浆蜜勺，实羽觞些”“挫糟冻饮，酎（zhòu）清凉些”同时也用它。甚至于《史记》记刘、项相争，项羽有意恐吓刘邦，说要烹他的老头子时，刘邦耍无赖回答的“分我一杯羹”，如成为事实，肯定用的还将是它。可证羽觞的得名，似即由《楚辞》而来。羽觞早期的应用，除酒外还包括了甜咸、温凉不一，各种流质或较稠厚的羹汤。这次发现实物中，杯里有墨书写上“君幸酒”“君幸食”等不同记载，进一步证实汉初应用还并不限于酒类。

三、仿肖铜器而作较大量的彩绘漆鼎、壶、尊、钫的发现。照汉代制度，惟帝王丧葬，才使用一定数量的漆制鼎、壶、尊、钫。因此在中原一般战国和汉代墓葬中，除铜制日用器的鼎、壶、尊、钫外，经常还有较多的灰黑陶彩绘鼎、壶、尊、钫，显然多属于仿漆器的明器，不是应用陶器。虽属于明器，由于需要量的增多，加工艺术还是

图3　T形帛画　西汉　长沙马王堆一号汉墓出土　湖南博物院藏

得到不断发展。因之陕洛出土彩绘陶的装饰艺术，水平都相当高（有的且极高）。“文化大革命”中，河北满城发现的刘胜墓中出土物，除二百余件日用漆器外，有不少黑质陶彩绘大鱼盆，陶上还预先涂上一层薄漆，出土时闪闪发光，更为我们提出一种证明。正如贡禹奏议说的，文杯画案漆器，商品价值远过铜器十倍。两汉明器才发展了彩绘陶工艺，使之前进了一大步。由于仿效铜器的青釉陶技术上取得进展，这种彩绘陶才受制约逐渐失踪。另一面，也可说明有丰富朱砂原料和漆木原料的南楚，漆器生产还照常，才有可能在一个阶级身份并不怎么高的墓葬中，使用大量实物殉葬。

秦汉时期均有迁移楚国屈、景、昭、怀四大族及高资富人于西蜀、长安并充实关中的记载，即历史上所谓“强干弱枝”一种政治布置，对于当时楚地的不少特权阶级，无疑是一种严重打击。属于楚国诸大族的上层文化，和高资商人、长于漆工艺的工人，其中一部分也必然随之而去。《汉书·地理志》就提到“富人则商贾为利”。这种大迁徙，或许和后来在蜀郡及武都设立漆工官及长安少府工官，以及东园匠制作的东园秘器中砂画云气棺技术传授，都有一定联系。而长沙在吴芮封王时，以及较后的王族或郡守属下，又可能还依旧占有一定的工奴，市上又还有部分漆器商人，既能制造贵族用特种漆器，也还大量生产商品漆器。

这墓里约三百件漆器的出土，给我们提出那么一种推想，即到西汉刘彻时，蜀郡武都工官和长安工官、制造官用铜涂黄耳金银釦（kòu）器，年费用达五千万钱；由于国内应用的广大需要，长沙漆工制作的应用漆器，还在继续生产，全国流行。这从近年南如我国广东，北如蒙古，以及朝鲜出土的许多漆器，凡下面没有文字款识，艺术风格又显明和长沙漆器十分相近的羽觞、饭盘、承案、竹编筐、篋等器，大部分都有可能成于长沙漆工之手。东园秘器，史汉记载虽明说成于东园匠，但是当时得到这种特别恩宠的实在不会多。《盐铁论·散不足篇》《潜夫论·浮侈篇》提到汉代厚葬风气的流行，东西南北购卖棺椁殉葬，材必楠楩（pián）豫章，耗费万金，重达万斤，历时经年才运到当地；高价到万金的棺椁，必然是材料十分精美，绘饰也格外讲究的。长沙既是个楠木、阴沉木、朱砂、油漆原料供应地，又有个漆工艺传统，因此这种高价漆棺椁，或许和其他商用漆器，除长沙以外，在汉代南北若干名都大市中，也还占有一定位置，有不少存货，可供人随时购取。

这点推测是否符合史实，不久考古工作者对于本墓的发掘报告，和河北发现的中山王刘胜墓的发掘报告，必然可以为进一步证明。因为两墓出土漆器共五百余件，用来作综合分析比较，肯定是可以解决一系列有待明确问题的。也只有经过“文化大革命”后，人民对于文物保护工作有了新的认识，随同工农业的新建设普遍进展，这些重要材料才会大量发现，而又能慎重保存，才为专家分析研究工作，创造了良好条件。

其次是关于墓中丝绸衣物的新发现，对于我们搞服装和丝绸工艺史的同志，重要的意义，应说还有过于漆器。得来的知识，更是多方面的。如衣服的式样、加工的方法，以及材料本身达到的工艺水平，试把图中几件实物，和图画、彩绘俑所反映形象，结合来分析，给我们就提供了崭新的印象，和前所未有的知识。如今仅就这三点，也试作个简明的介绍。

一、衣服的式样。据本刊所载和另外几种不同材料看来，总的说不外袍和衫子（禅衣、中衣）。要弄明白某某的专名和一般名称，或可引《尔雅》《方言》《急就章》《说文》《三礼注》《释名》等等文献，作一系列判断并答解。这个复杂而繁琐工作，实有待专家通人就全部材料作判断，大致才说得透。这里只能把有缩小些的袖端而袖子较大的叫做袍，而无袖端、袖子也较小而直的叫衫子。就一般汉代画像石、壁画、陶俑考察，袍的形象居多和本刊一彩绘旌幡状上反映的人形衣著相近，衣通作交领，领襟加缘到掖[1]下即止，衣脚另加沿，或不加沿。这种衣式较早即反映于春秋战国间，而盛行于两汉。如信阳彩绘漆瑟的男子形象，和长沙楚墓出土帛画妇女形象（图3），及本刊图中衣绣衣彩绘人物形象，反映都极具体。另一式即袖子小而直，衣襟右斜而直下，到腰间再向后盘旋而下，剩余部分再向前。如“绕襟谓之裙”说法可信，则原始的裙原来如此，和后来裙裳无关。这一式或许较早、较古，而到汉代初期，却还在楚地流行。说较早、较古，因为近年出土的商代一个白石人雕像，和二三商代雕玉男女像，襟式均大体相同。有的胸前还有个状蔽膝。侯马遗址近年出土的几个春秋战国间男女人形陶范，衣较短齐膝，也还采取这种曲襟制度。洛阳金村韩墓出土的几个雕玉舞女，件头虽小，衣式且更加反映得具体。楚墓出土的彩绘木俑，男女都有着这种衣的。这种彩俑，本墓还发现极多。所以说它起源较古，而且在春秋战国间流行，直到汉初还在某一地区应用，就是根据这些形象材料，结合长沙出土的实物和大量彩绘木俑比较而言。至于汉人说的无袖端的衫子，除了纱縠禅衣《汉书·江充传》提起过，一般似乎多指夏衣而言。其他记载实物名目种类较多的，是晋《东宫旧事》，还同时写上种种纱衫子并用不同颜色的结缨。图像反映则有近出《竹林七贤图》和传世的《北齐校书图》（见P278图3），穿的式样显然都和汉代不大相同。至于这个墓葬里衣著实物，有多少属于衫子，这种衫子是只指薄质中衣，还兼指外用衣著？是殉葬用物，还是日用品？都还有待报告全部发表，才可明白落实。

1 掖，古同“腋”。

二、即关于丝织的材料，图中以各种云纹绣占主要地位。衣料以外其他方面如镜袱、香囊，以至于保存律管的插袋，也多使用到。加工技术则多用琐丝法，和近年其他地区发现的材料作个比较，得知这是汉代（或战国）一般丝绣的加工技术。纹样虽多样化，有的且和彩锦图案相通，技术处理却大略相同。据汉人伪托的《范子计然·万物录》说，齐细绣文上等每匹值钱二万，中一万，下五千。和史志记载陈留襄邑出的大张锦价约略相等。而当时的一般绢帛，据汉简记载，则一匹只值六七百钱，和锦绣比价相差约二十五倍。这自然只是汉代的约略估价；若指战国时，照李悝估计，农民一家五口，耕田百亩，整年劳苦，除贡纳赋税外，收入只得一千三百五十钱，还不及一匹下等锦绣价值三分之一！即此一点也可看出阶级压迫和残酷剥削到何等程度！

丝绸加工历史发展过程中，本色提花的绢帛文缯，必早于彩锦。而在衣服加以绘绣装饰，取得华美效果，也必不晚于本色提花织物。所以传说中的古代十二章[1]图案，只提绘绣，而“锦”字的出现，却在春秋战国间，大体是符合纺织物加工历史发展规律的。如《左传》《国语》，经常提及重锦、纯锦、美锦，还是少量作为诸侯邦国间聘问礼物，和当时价值极高的玉璧并提。《诗经》中的“衣锦褧衣，裳锦褧裳”，也指贵族中特种人物衣著而言。而“衣作绣，锦为缘”的记录，则在大量的战国楚俑中，早有极多发现，可以证实记载。锦纹还多作规矩图案。当时贵族衣著大致还是以绣为主。楚墓出土帛画中那个妇女，和本图中彩绘帛画所见贵族，也还是身著云纹绣衣，而其他侍从则只著彩帛。

春秋战国彩锦花纹图案，至今还少实物可作例证。但试用个

1 十二章，又称十二章纹，是中国传统装饰纹样，多用于古代帝王服饰。

“凡事不孤立存在，和其他事物必有联系，而又在不断发展中”的辩证规律法则，还是可得到些印象。如试用商代白石人像衣上花纹和侯马出土人形陶范所见间道曲折花纹，联系商代铜器和白陶相同花纹推测，可知较早的提花织物或彩锦，必然是方格綦（qí）纹、连续矩纹和曲折间道纹样占主要地位。如系坐地织机手理经线，用牛肋骨厌线，也有可能即已经产生彩织。因为直到近代，西南苗族人民织的彩色宽窄腰带，和土家族和壮族织的方格綦纹彩锦连续矩纹、曲折间道纹，还是最容易处理的一种图案。商代白石雕人像上大腰带，部分作这类规矩图案，衣著部分作不规矩图案，我们说前者或许是提花织物，后者是绘绣加工，大致不会太错。侯马陶范人形衣著，这种间隔曲折条子花纹，既在商白陶上、青铜器上都有反映，说这种提花织物，可能从商代即已生产，而到春秋战国还流行，也还有一定道理。至于近几十年西北出土的大量彩锦，图案不下廿种，一般多用云中鸟兽奔驰作主题，和其他器物花纹，如镜子、金银错、彩绘漆及刺绣卷云纹样联系、比较，得知这些彩锦一般或成熟于战国中晚期，而流行于汉代，两晋南北朝还有部分生产。应用到特种官服上，如《邺中记》所叙述，名目既多和汉锦相同，纹样变化也必不大。至于东晋一般服用，由于气候较热，和时世好尚不同，所以南方的细越布、花練、紫丝布，已代替了汉代齐地出的细绣文地位。西晋关于王恺、石崇斗富用锦布幛若干里的记载，实近于小说家言，不足取信。即《东宫旧事》叙太子纳妃，各色纱衫、纱裙名目也较多，而锦名却已少见。更显明原因，即技术加工比较简易的彩色印染，已起始代替了锦绣的地位，而得到发展。

古代彩锦出陈留襄邑，战国到汉代早期，生产还具全国性，价值则和齐细文绣相等。蜀郡彩锦实后起，洛阳邺下且更晚。史称齐地锦纨衣天下，可知转运商人势力的抬头，和贩卖漆器、锦绣更容易得暴利有关。《史记·货殖列传》称凡占有约廿种一定数量的货物和运载工具的商人，得利收入即与千户侯相等。巨商豪富的收入必更多。所以贾谊文中就说到过去帝王才能穿用的黻绣衣裳，新兴的商人已用来挂墙蒙壁。甚至于出卖奴婢，也穿丝鞋和文绣衣。“刺绣文不如倚市门”的俗谚，更简而扼要画出商人的发财十分容易，而工人过的日子却十分悲惨。至于长安设的东西二织室，各有五千人生产，进行生产的既然全是官奴婢，必然是无偿的强迫劳动，生活情况之惨就更不待言了。

战国以来虽即已锦绣并提，近年西北出土的汉代丝织，也有锦有绣。刺绣多近于一般商品；锦则情形不同，可能部分属商品，部分实出于长安织室为宫廷特制。就锦中文字，还可明白一点情况和估计出产生相对年代。例如内中有“登高明望四海”字样的，或许和秦汉统治者登泰山封禅事有关。说锦的纹样产生，必和秦始皇、汉武帝有关，时代不早于秦，不晚于汉武帝。但《邺中记》里曾提及锦中有“大登高”“小登高”，则可知石虎的中尚方锦署，东晋时还织造这种彩锦。又锦中还有“长乐明光”文字的，都是秦汉宫殿名称，最早当然也属于秦汉宫廷用锦。《邺中记》还有“大明光”“小明光”锦名，可知到石虎时也还继续织造。又有一种文字锦作“新神灵广……”的，锦样必出于王莽时。还有残锦留下“无极”“宜”等文字的，前者或系秦代瓦文常出现的“与天无极”，后者或为“宜子孙”锦。至于从花纹分析，有作双鸳鸯对立的，和古诗“文彩双鸳鸯，裁为合欢被”可印证。有作豹首形象，又显明为《汉书》说的豹首锦，《急就章》即已提到，可知锦样必产生于文帝以前。《拾遗录》书虽晚出，却称有列明锦，西北出土的豹首锦图案中，即穿插有两种不同灯景式样，和汉代出土连枝灯形象相差不多，可知汉代的确还有列明锦。《邺中记》又提到有大小茱萸锦，具体纹样不得而知。

但同书叙述漆器花纹时，却说有茱萸纹细于破发。就今为止汉锦纹中虽还未有所发现，楚汉漆器却有种极细花纹，真可用“细如破发”形容。而这次汉墓中有一绣料，绣纹精细程度，也不下于当时漆器花纹，或可称作茱萸纹。又有锦上作“韩仁绣文衣右子……”，显明是私人特别织锦，纹样和“登高”“明光”诸锦极相近，可证当时织锦纹样并无一定限制，一般商品也可织造种种文字，不一定属于宫锦。本图中没有锦样，如有实物，必可为本文对于秦汉彩锦的推想，进一步得到证明。

但图中那一片方格纹纳丝绣，和一般汉代刺绣不仅花纹不同，加工技术也大有差别。目前为止，图中所见的云纹细绣，和近年西北出土不少的刺绣，一般用的多是琐丝法加工，即用双捻丝线作成联属小圈而成。结子法似稍后一时才出现。至于擘丝加工于规矩图案上，较后通称“纳锦”，技法则叫“铺绒”。又叫“纳丝”，针法长短不一，有“纳一丝……”等等不同名称。因多用细纱作底子，又叫“纳纱”；因系一针针戳去，又叫“戳纱”。有的或从针工具去形容，也叫“截（jié）纱”。事实上是一种东西。由于应用较广，以后延续二千年，还在发展。而向上推测，且有可能早于琐丝若干年即已存在。只是在汉代刺绣材料中，这次的发现，却是唯一的。有两个可能。其一，这类规矩纹样，战国时通叫作“锦”。其二，即《汉书》称霍光死去赐绣被百领；霍去病死时，古诗也有“赐绣被百领，诏葬霍将军”[1]——殉葬既用到那么多绣被，所以除一般云纹绣以外，就可能会有种种不同加工的“绣被”产生。甚至于还有可能另一片用翠羽毛剪贴成的规矩图案纹样的材料，汉代时既用作衾被，也还用作帷幛。技术加工且产生于战国，因《楚辞·招魂》一文中，就有“翡帷

1　班固诗云：“长安何纷纷。诏葬霍将军。刺绣被百领。县官给衣衾。”

翠帐，饰高堂些”和“翡翠珠被，烂齐光些”句子；《左传》又有“楚子次于乾豀（xī），以为之援。雨雪，王皮冠，秦复陶，翠被，豹舄（xì），执鞭以出”。《说苑》则称“鄂君乘青翰之舟，张翠华之盖”。都和楚俗有关，就不是偶然巧合了。翠鸟是南方产物，羽毛色彩特别华美，具有巧思、长于色彩组合的楚国工人，较早即利用它到丝绸加工，作种种不同处理，情形也十分自然。更何况王逸对于“翠被”的解释，就明确说是“饰以翡翠之羽”，也反映汉代还有这种作法。又《尔雅》称翠为“鹬”，那么楚人好鹬冠，便应当是使用翠鸟羽毛粘贴在冠子上作为装饰。信阳楚墓出土彩绘漆瑟上，有几个贵族模样人物头上的冠子均作成式样，这次西汉墓中出土的一批彩绘木俑，一面还多保存“衣作绣锦为缘”及曲襟绕身的样子，头上也各有个尖锥形物事，不知上面是否还可发现些上贴羽毛作为装饰的痕迹。屈原自称所好奇服，中有“高余冠之岌岌”形容，可能就像信阳彩漆画上所见的式样。（这个冠式后来还在高句丽壁画中乘鹤仙人头上出现过一次，或许就还有所本。再下到元代，又成为蒙古贵族妇女头上的罟罟冠。虽彼此相去各数百年，冠子式样却如此相近，可说是历史上的巧合。）《史记》《汉书》都常提及刘邦作亭长时喜戴的冠式，名“刘氏冠”：先用竹箨作成，后改为缅（细纱）。本图中却无所见，现存的好些执戟“亭长”砖，冠式的确如细纱作成，或和刘氏冠有些共通处。

可是，点翠法的应用，作汉代贵族妇女首饰，《舆服志》上叙述得十分详尽具体。其后二千年来，且还始终应用到王后、贵族妇女的凤冠上，和一般小件首饰上；即到清末，小城市银匠还把“点翠发蓝”手艺并提。所以无可怀疑。至于翠帱、翠衾、翠被、翠帔子和翠伞盖，以至男人头上的翠冠，前人即多以为出于文人一种夸侈形容，是虚写，不是实有其物。这次的发现，不仅可以证明战国以来，楚文化的丰富多彩，也可进一步说明，楚文学歌舞，对于衣饰的形容，反映的多是社会的现实。而这个社会风俗面貌的形成，实有个成于万千劳动人民之手的彩色绚烂的物质文化作为基础，才会在这个现实背景中，激发文人丰富的情感，产生出新的华美新鲜的文学。这从墓中出土的丝绣加工的多样化，和彩绘漆黻绣文的华丽与壮美组织，材料虽点点滴滴，时代又较后，依旧还能把握着一点印象！铺翠法使用于大件衾幬上，以后虽无所闻，日本却还保留几件唐代屏风，比较完整。主题虽为花树下仕女，加工技术还可说十分相近。至于应用于衣服，则陈时有雉头裘，唐武则天时又有集翠裘，直到《红楼梦》里还有孔雀毛织绣的“雀金呢”和野鸭颊间羽毛作的“凫靥裘”，后二物并且还有实物存在，可说一脉相承，并不失传。宋人记录，每年特织赠赐臣僚七种袄子锦中，有“翠毛狮子锦”名目，宋式狮子形象特征虽已明确，具体实物还无从考究。

三、衣料加工。出土文物中，还有用印金法和泥银绘法两种，也可补文献所不及。孤立来看，必以为新发明，联系来说，即是旧传统。因金银错器出于春秋战国，泥金银早用于战国时，信阳楚墓出土的漆器和透雕笭床，即已见出作得十分华美的艺术效果。并且已发明利用水银作媒剂，创造出银鎏金新技术，而均在白银和水银发现不久之后！汉初又进一步大量应用铜鎏金技术……较后三国时且已能在彩锦上加金，有“金薄”“蜀薄”专名。所以在这个过渡期，发现丝绸上印金、泥银是必然事件。可是这个发现，还是十分重要，可证明由春秋战国使用薄金片捶成龙纹（或黼黻纹）钉在衣饰上，到后来织金（或贴金）锦之间，必有个过渡期，即用金箔银粉加工于服用上的情形，果然即于这个墓中出现。兼可证明过去人据《魏略》称引“大秦能织金缕绣”，即以为缕金织绣实外来事物为不足信。而新的发现却证明，印金、泥银实缕金织绣的前驱，而缕金织绣实印金、泥银丝绸加金一种发展的必然结果。

这个新发现，也可补正我十多年前作的一个《织金锦历史》小文所没有估计到处。三国时有泥银画种种漆器，见曹操《上杂物疏》中。晋代一时技术似失传，由于法律禁止。到唐代，则歌衫舞裙加泥金、泥银绘，已成一般情形了。

这次出土衣物中，还有细纱衣（图4）一件，全衣总共不到一市两重，也是一种新发现，工艺上所达到的水平，就可称作神工巧手。纺织手工业从古以来就属于“妇工”，一切繁琐工序，均完成于妇女双手，是历代劳动妇女共同努力的成果。从商代遗物中和附于铜玉器物上的丝绸遗痕，就发现了极其细薄的花素丝织物。春秋战国以来，水土气候宜于蚕桑的齐鲁，生产的锦绣罗纨绮缟，就衣被天下，以高级商品方式，流行全国。临淄市容的繁荣，达到车错毂，人摩肩，举袂成云，挥汗成雨，而日收市税千金的程度；丝织物的贸易，必然占有个特别重要位置。在这个要求刺激下，工艺上取得相应进展，是应有结果。从发展而言，西汉去商代已达千年，距春秋战国也有了三四百年，这种精美薄质丝织品的出现，也就十分自然，不足为异了。《贡禹传》称西汉政府于齐郡设三服官，初期每年不过上供十多笥。随后不久就大有发展，年费巨万。夏服材料有“方空縠吹纶絮”等名目，注以为“方空”即薄纱，“吹纶絮”是质薄如轻絮形容。诸注解虽有不一致处，总的说来还是薄纱。《汉书》称江充见汉帝时，衣纱縠襌衣，冠蝉缅步摇冠。汉人谈冠上材料时，常说冠纱细如蝉翼或轻比蝉翼。文人辞赋中也常说轻绡雾縠。过去以为是夸大形容的，却证明实有个物质基础。后来说的天衣五铢轻，都近于实物的反映。直到汉末中原生产大大被常年战争破坏后，曹丕文中对于蜀锦批评说是“虚有其名”，洛邑生产“也皆下恶”时，还把细纱中的“繐”，说成“白若雪华，轻譬蝉翼”。可见这种精美无比的细纱，还始终能够保持最高水平；主要产区原为齐鲁，后来才数河北。至于长沙出土物，大致还是当时齐郡生产，作为特种商品而得到的。因为一般文献叙蚕桑，长江下游的吴越发展即较晚。长沙则到汉代正如贾谊文说的“阴湿多雨，使人不寿”，过于湿热，始终不宜蚕织的。

图 4　素纱禅衣　西汉　长沙马王堆一号汉墓出土　湖南博物院藏

汉代冠子多前高耸而后斜邪，中空，约发而不包头。传说因文帝壮发才下加帽。又或以为因王莽秃发才添加，成为石刻常见式样。吏属则无梁称“帻”，顶上有个“人”字形突起。后发展为平巾帻和介帻。图中无所见。本图形见彩绘人形头上，均作一尖柱状，在其他方面还少见。难得正确名称。

又所见残料中，还有一种薄质织成梭子式或菱形本色花纹的，图案乍看虽极简单，花纹形成一反一正单调的连续，而内容实极其复杂，似宜称为有典型性的“绮”。《说文》称“织素为文，不顺经纬”，重在叙织法，虽若具体，实极笼统。另注称“文缯”，意即有花纹的细绸子，却比较妥当，但仍难给人明确印象。因为随同历史的发展，纺织物不顺经纬本色花的丝绸日益增多，怎能都指为“绮”？何况事实上这个字在汉代应用到诗文上时，即已近于泛指一般精美花绸，而失去专名意义。所以到唐代颜师古又解为即“细绫”，因为《唐六典》叙诸道贡赋，不少地区都贡不同细绫！颜注在唐代是有一定分寸的。私意这个字的本来含义，和锦字得名于会意或不相同，实重在象形。或作“绮”，或作“纨”，或作“絅”，同属纺织物中一种花纹形容。从实物注意，较常见的有如下图种种不同形象。进一步发展，则成为寿州出土铜器上的反映、长沙出土镜子上的不同反映，及在汉锦中穿插于云纹中的反映。较后一时说的“七彩杯纹绮”，如不属于镜中所见模样，就必然和汉锦或镜纹中相近的格式掺杂于云气龙凤纹中，才能具七彩。但更有可能却是前者，因为才和古诗中的“交疏结绮窗”形容相合。窗格作这种形象，是十分自然的。从这些纹样看来，专家近来说的绮纹，似乎值得进一步商讨。因为举例虽符合古人对于“绮”的说明一部分，可是比较同时锦绣的彩色缤纷，和材料极薄的“方空縠吹纶絮”或薄如蝉翼的“繐”而言，就显得品质不大相称。如只是那么一种图纹简单的本色丝绸，那值得在汉代即由国家用法律来禁止？所以文中举的例或是而不尽是。这次材料的发现，正好说明原来同是本色花提花丝绸，图案又只是一般菱形，但组织的精美，却远过前此出土文缯。而用翠毛铺贴的一种纹样，实在说来，也合是从“绮”纹取法而成，当时或即叫做绮。

又图中衣旁有露指手套一付，据说共计三付，一中部用锦装饰，一中部施绣，还有一付是薄纱作成，可见夏天也还使用。十年前曾见过一双同式手套，是用锦作的，时代可能还早些。又一丝履作两歧上翻，也是过去未见，而一般图像反映时代多较晚。在此墓里发现，可证《斲（zhuó）琴图》中所见高齿屐，亦有个较早来源。还有件半圆扇子，似名“便面”，汉石刻壁画有在贵族手中的，四川砖刻熬盐连续灶旁，僮奴却用它煽火，可见在汉代实有普遍性。但文献上，诗歌所咏，却多用“团圞（luán）如明月”相比，大致比较讲究用白绸子糊成的还是圆如满月为正规。

上面种种，多只是就图像所见部分照片和另外见到的小部分零星实物，试作一般性的解释。深愧不学，特别是“文化大革命”以来，全国各省市出土文物以百万计，许多新发现，都突破了历史纪录。即长沙这个大墓中文物，也达二千多件，且有一整份竹简，等于墓中文物一个详细清册。我没有见到全部文物和文字材料以前，有些问题估计分析错误，甚至于十分荒谬，都势不可免。盲人摸象，即或略有会通，还是难于把握大处。少科学性也缺少说服力，只近于就事言事，写写学习心得而已。抛砖引玉，有待高明。

（承朱德熙先生相告，金文无“绮”“绔”二字。有关“绮”“绔”“絅”本为一字，含意相同。“绮”从“奇”声，“绔”从“可”声，“可”和“奇”都是歌部见母字，古同音。“絅”和“绮”义训亦相近。“黹”字见于颂簋（guǐ），寰盘、颂鼎，作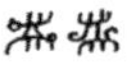多近于两兽相背。长沙仰天湖出墨书竹简第二简有，与《史记·李斯列传》“阿缟之衣”相同；“黻”字金文亦未见。得益良多，在此并致谢意。）

一九七二年七月廿北京

# 关于长沙西汉墓出土丝织物问题[1]

我国养蚕织丝，起源极早，过去和当前，对于本国及世界文化，都作出极大的贡献。生产成就主要来自广大劳动妇女，所以自古以来通称“妇功”。有关蚕事起源的传说，旧有《太古蚕马记》，即习俗所说的马头娘故事。作者为三国时吴人张俨，来源可能比较早（《周礼》即把“马”和“蚕”并提。注疏称同属于火。荀子《蚕赋》一文中复有形容，提及马和蚕的关系）；但也不会太早，因为故事涉及将军骑马问题，只是影响到后来却较普遍。其次，即正统的历史传说把蚕织的发明归功于黄帝的妃子嫘祖，其实这传说也不会早于周代，“妃子”一名即并不早。但影响后来实极大。因为和“黄帝垂衣裳而天下治”的传说一道，附会到礼制上，此后作封建主的皇帝，每年必按时郊祀，象征性地耕耕田；皇后每年也必按时去蚕坛亲蚕，象征性地采采桑，表示对农桑的重视。后来还进一步把嫘祖加封为“西陵圣母”。致令现代考古专家，谈丝绸历史时，还乐意引用这个不合事物发展规律的传说，以为故实。其实，比较唯物的叙述，似应数《尔雅》。《尔雅》称蚕有“萧”“艾”“桑”“柞”“樗”等等不同名目。可知在古代，是经过相当长远的时期，在各种不同条件下，人民观察各种蠕虫的生活状态，熟习结茧变蛾发育过程，得知蚕

1　本文写于1973年秋。此处为未完稿。

茧可以利用后，才采取野蚕种子，试用不同饲养驯服方法，从成功和失败正反经验中，证明柞蚕宜于野生，而桑蚕宜于家养。即在《尔雅》一书产生的东周时，别的方法或许还在试验，名称可能还为人熟习，所以才加以记载。叙述虽极简单，早已否定了种种无稽传说。

根据近半世纪殷商发掘材料，可知至晚在公元前十三四世纪，劳动人民已能织造极其精致细薄的绸子，提花技术也有了相应发展水平。这些丝绸遗痕，还完整而明显的保留在当时墓葬中的铜玉器物上。用同时期墓葬出土物的白石雕和玉雕人形上衣著反映，并联系青铜白陶器物花纹试作比较，既明白了衣服的式样、长短不一，且可以推测得出，方格棋纹、连续矩纹和间隔曲直条子纹，凡属连续规矩图案的花纹，当时大都和提花纺织物图案相通；凡属不规则图案花纹，则有可能和绘绣图案接近——实际上，也可说就是绘绣花纹。因为凡事不孤立存在，必有其相互联系处，同一时期工艺图案经常相互转用，而又各受原材料和制作条件制约，形象大同而小异，是十分明显的。凡事既有联系而又在不断发展中，兼受材料和技术限制，加上个时代爱好影响，进展必然就难一致。但总的趋势还是有线索可寻。我们试采用这个唯物辩证观点和方法，来研究中国服装和丝织物花纹技术的进展，取得的一些常识，作出的判断，经过近廿年数以百万计的新出土文物，作比较全面的分析，已证明方法是可取的，结论是十分有益的。不仅可以由古证今，也可望由今会古。由此取得的前展，是多方面的。人民是一切文化的创造者，这个伟大正确的提示，将由新的劳动文化史或物质文化史的研究成果中，得到全面的证实。过去许多文物研究中的空白点，都可望在不久将来，得到适当解决，且可望由专门知识成为一般常识。特别是丝织物的研究，新材料不断出土，而材料整理出来后，不仅给我们研究工作以极大便利，还可望作到“一切研究为了丰富新的生产内容”，明白什么是优秀传统，宜于有所借鉴，达到“古为今用”目的，三千年劳动人民的智慧和巧思，产生的数以万计的组织健康、配色华美的丝绸图案，对于新的生产，必然还将作出一定的贡献。

我这个小文，将就长沙马王堆这个西汉初年墓葬中新发现的丝织物衣服和材料加工，及应用种种，作些常识性探讨；其中得失，愿就正于国内专家通人。

图1　朱红菱纹罗曲裾式丝绵袍　西汉　长沙马王堆一号汉墓出土　湖南博物院藏

一为衣服问题，得到些什么启发；二为丝织加工有什么新发现；三为它的发展和影响及其他。

## 一、衣服问题有什么启发

谈古代服装，照传统研究方法，必依据史志，认为定等级制度，由传说中的黄帝创始。他的臣子伯余，则为第一个成衣师。又由于《尚书》中提及古帝王冕服必具十二章绘绣纹样；汉人郑玄注三《礼》，加以文字说明；《隋书·舆服志》，又总结汉以来史志记载有所补充；唐初阎立本兄弟，据之绘成《列帝图》；宋人复作《三礼图》，且具体提出作法。因此一来，历代封建统治者，就相沿成习，必照制度作冕服若干种；遇国有大事，必按照礼制穿。直到六十年前，袁世凯祭孔郊天时，还装模作样穿上它，表示是“真命天子”！由隋唐开始，使用了一千三百多年。但试从近千年发现的大量汉代石刻壁画、土木俑反映，以及近数十年出土更多更早直接间接材料看来，衣服式样虽得其大略形似，加工文绣却完全近于后人附会，不是那回事儿。最明显例证，即商代墓葬出土人物形象数种，衣服已长短不一；比较近似奴隶主的几种，却多穿小袖齐膝花衣，戴平顶帽子。周代以来就重成组列佩玉，近年也不断有发现。但照《三礼图》注所说的古玉佩琚、瑀、珩、璜、冲牙组列方式，至今为止，还只有相传为战国韩墓出土一组佩玉，及近年山东鱼台曹王村相传曹植墓出土一组佩玉，稍具规模。《王粲传》曾提及，汉末玉佩制度失传，由于粲与蔡邕有旧，多识旧物，得以恢复。从实物出发，可知这组佩玉的重要性，即上袭汉制，而下启以后，直到明代，帝王大臣朝服佩玉，还近似一脉相承，有变化而不太多。可是近年特别重要墓葬出土物，如三门峡的春秋虢墓、安徽出土的蔡侯墓、信阳出土的早期楚墓、辉县的战国大墓，以及最近出土河北西汉中山王刘胜夫妇墓，各有精美雕玉出土，却难证制度；而大量汉石刻和部分汉壁画所作古帝王大臣衣带间，且从未发现过照礼制作成的组列佩玉形象。可知春秋以来，佩玉即或已具一定制度，载于史志，实行时，即大有伸缩余地。至于一般衣服冠履，情形将更复杂。必随时、随地、随人各有差别，难于一例。若据史志证实物，定名目，恐难得满意结果。冠帽就是个好例。两汉《会要》有种种冠子的形容说明。但在石刻壁画反映中，我们除了东汉梁冠和漆纱笼冠、平巾帻知识比较具体，文图可以互证，此外就还难言。本墓出土的柱形冠子，虽和文献记载中的獬豸冠或鹬冠有相通处，但侍从和伎乐俑一例戴上，就难得其解。何况这个冠式还是孤立的。但是如能试从实物或形象出发，再结合文献，作些探讨分析，所得或将较多些。一面既可证实文献，也可不断丰富以新内容，所得知识将是比较可信的。并且在这种认识基础上，作出的推想，尚可望从更新发现中得到进一步证实。而任何新的发现，将不至于令我们惊讶，且能作有分寸的解释，来代替猜谜式的说明了。

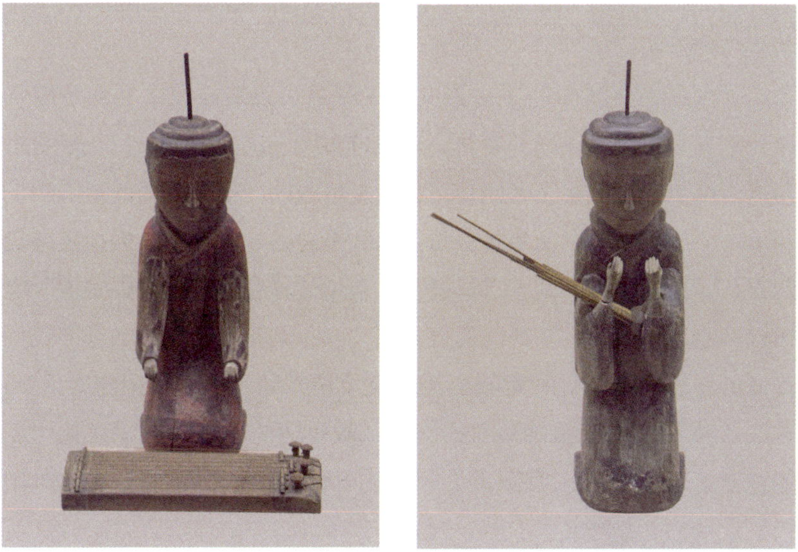

图2　奏乐俑　西汉　长沙马王堆一号汉墓出土　湖南博物院藏

图 3　彩绘人物俑　西汉　长沙马王堆一号汉墓出土　湖南博物院藏

对于这个墓中出土的衣物，个人私见，也不妨用上述原则试作些初步分析。

照《尔雅》《方言》《说文》《释名》及诸经传本文和注解所说，有关衣服总的或局部名目，未免过多。上次简报只采用一般常用名目，用衣和袍、裙三名概括，大体是可取的。不过若谈的是汉代丧葬事，似乎也还可以商量。因为“衣”是总名，“袍”一般指较厚实的衣，薄质纱罗作的则称“衫子”。若用《释名》简释，则“袍”应指袖端较小而有较大袖身的而言，而“衫”则指无袖端、袖身亦较直的而言。这从前后记载都较衔接。就上说，如《史记》记范雎[1]的绨袍，《燕丹子》记秦始皇罗縠襌衣，叔孙通的衣楚制，《江充传》的纱衣。就下说《东宫旧事》等叙述各种纱衫子，还提到穿它时作

1　即范雎。

纽扣应用的某某不同色的结缨。直到唐代，袍和衫还通行。如“战袍”“蕃客锦袍”和“襕衫”，为一般人所熟习。直到清初，衣服上身以后，一般方式，还必需用固定于衣上的小缨带缚结的。殉葬衣作为赠予礼品而相赠，因代仪礼中即提及制度，似通称“襚衣”；这称凡属殉葬衣物，或君亲相赠，或自备，通称“明衣”。更专门些或称为“褮（yíng）衣”。墓中出土衣即或著于死者身上，至少仍有可能一部分或大部分属于明衣。一、据前人记载可知，如《仪礼》卷十二所载。二、据稍后记载可知，如《史记·霍光传》[1]，称葬时赐绣被百领、绣衣五十箧，可知汉代有赐衣殉葬习惯。三、据衣服制作式样可知，曲襟至腋旋绕而下，照《尔雅》“绕襟谓之裙”的说法，实为战国制度。不仅长沙楚墓有出土男女彩绘俑可证，传说洛阳金村韩墓出土玉佩二舞女，及另一雕玉舞女，衣式也完全相同。近年出土不少的战国薄刻铜器反映当时人生活种种，人物虽只具轮廓，而各阶层且均有著相近衣裙的。而前后大量发现的汉代绘画、石刻、土木俑人形衣著，却从无同式衣著出现。本墓出土彩帛幡引上所绘人物，则只主人和侍从，却有反映，其他几个代表活人身分的却无类同处。四、即从衣著本身看来，材料都极精美，但衣袖和正身有些多出于拼凑而成，在实用上似不大相称。只有殉葬物才会这么办。五、即大量彩绘俑（图3）均绣衣锦沿，衣式亦绕襟而下。和战国以来史志记载的“衣作绣，锦为缘”倒相合。而幡引中所绘除主人衣绣，画中其余侍从，身分不可能比彩俑低，但衣却不具绣文。衣的式样，则和一般汉代画刻相通，也可间接说明彩俑衣式是沿袭战国旧制（如可以引用后世情形作例，如辛亥以来，殉葬还用宋明式金童玉女）。六、即出土诸衣实物，均未发现腋下有缨结附属物。而彩绘俑且明显并不系腰带，衣

1　此处有误，应为《汉书·霍光传》。

服上身后，如何紧裹不至于散开，是个问题。若照较后关于“衫子”记载，如《东宫旧事》，提及某某衫子时，必附有某色结缨。而事实上则直到清初，男女衣服均有结缨；康熙时，才由纽扣代替。

这种战国式绕襟而旋转的衣，不同于汉代制作，主要区别在衣身较瘦长，而袖身也较小，而衣下摆不撒开。从形象比较上得知，交领，曲裾襟，小袖，长不过踵的衣式，至少在商周衣著中就已成习惯。而宽袍大袖则近于同代才流行。直到东汉，袖小而直的在石刻绘画上，中层官吏还应用到，经常和头上的漆纱冠并存。但区别却为两汉舆志所不详。

## 二、丝织物加工有什么新发现

丝织物加工，可说“由来已久”。因为极有可能在中国劳动人民驯服蚕类、发明丝织以前的原始社会新石器时代，为了表示美观或伪装自卫，在麻、葛、毛编纺织物上，就已加以应用，至少包括了绘、绣、织，不同处理。《虞书》称绘绣十二章纹样，十二章纹样在商周间遗物中，虽还难于征信，但结合商代材料分析，绘、绣、织三种加工技术在当时，已应用到奴隶主以至其亲属奴隶衣物上，和旗帜、帷幛以及各方面，则是肯定的。加工纹样和当时反映到铜、玉、骨、石器物上，有必相通处，又有一定差别，也是肯定的。铜、玉重图案与造形结合，而绘绣重彩色配合，由于要求效果不同，差别必然存在。

用色泽区别等级，红紫为上服，也可说由来已久。

至于锦、绣并提，时代却有一定差距，正和金、石并提，发现时代有先后相似。西周金文中似即常有两兽相背相蟠的“黹”字出现，如联系“黼”“黻”而言，宜为针工以两兽相蟠的为主体所作的刺绣纹样。“锦”字反复见于著录，则似乎只在春秋战国间。《诗经》《左传》《国语》《战国策》及诸子中，均常提及锦名，如“贝锦”“文锦”“重锦”“纯锦”“美锦”等名称才习用（当作聘问礼物，常与“玉璧”并称，数量并不大）。而“锦绣珠玉不鬻于市”实反映周代早期织工即或已经能够作出“织采为文”的锦，产品必然还有限。到陈留襄邑生产的大张锦成为商品而广泛流行，或许已是战国中晚期事了。因为用匹瑞二金计价，和《范子计然》编说的“齐绸文绣同等”，也只有战国晚期到汉代才会出现。至于“锦”的内容是什么，却只能从更晚的东汉许慎《说文》中反映织彩为文谓之锦，正与织素为文谓之绮相对。而锦的得名，则以为象征和金等价。因此锦的具体内容，始终过于无知。直到近五十年，我国西北边远地区及朝鲜或蒙古人民共和国汉代古坟中先后出土了大量锦绣罗绮实物后，我们对于汉代的丝织物加工特别重要复杂的锦绣，才算有了些比较具体的知识。

春秋战国到汉代丝织物除锦绣外，加工不同而为人习知的还有绮、縠、罗、绫、绡、纱、素、总、编、帛、缯、弱锡、阿缟、白缚、□缟等名称。

汉人托名范蠡所作的《范子计然》说：“今富者绮、绣、罗、纨、冰锦、绣绸文出齐，上价匹二万，中万，下五千。”

《汉书》禁令则有“贾人无得衣锦、绣、绮、縠、絺（chī）、绤（xì）、纻（zhù）、罽”。

《淮南子》称“齐有袍又繁绣，弱锡罗纨”。

可知这些加工技术不同丝织物（除锦绣外），当时都必然作得十分精致，货币价值也极高。原本穿著是属于统治者较高阶层的，所以诗称“君子至止，黻衣绣裳”“我觏之子，黻衣绣裳”[1]“素衣朱

1　此处疑误。《诗经·豳风·九罭》云：“我觏之子，衮衣绣裳。”《诗经·秦风·终南》云：“君子至止，黻衣绣裳。”

绣，从子于鹄”。荀况且以为是天子至高无上，衣被才五色间杂，色重文绣。庄子虽说入太供记事用的牺牲，也衣文绣，还是因为贵重。到贾谊《治安策》才说，美者黼黻，古天子之服，今富人欠贾，嘉会召客，以被墙。《史记》引赵禹说，富人子无知略，如木偶人衣之锦绣。又说楚庄王有所爱马，衣以文绣置之马屋之下。

共同反映到战国末秦汉间生产发展，到齐鲁生产号称“衣被天下”，《论衡》称“齐郡能刺绣，恒女无不能”，鄙绣有“刺绣文不如倚市门”语。无一不说明丝织物和特别加工的细文绣，影响到当时的齐国商人……这种影响且显然是在战国时就已十分显著的。正如《战国策》苏秦说齐王“临淄之中七万户，臣窃度之，不下户三男子，三七二十一万”。

据本墓发掘简报所载诸图及日文版《人民中国》九月号所载诸图和另外所见部分实物材料而言，内中素材有纱、罗、绢、锦等等不同名目。加工则有锁绣、纳丝、泥金银、彩绘、羽毛贴花等等不同名目。

图 4　朱色菱纹罗　西汉　长沙马王堆一号汉墓出土　湖南博物院藏

图 5　绢裙　西汉　长沙马王堆一号汉墓出土　湖南博物院藏

图 6　铺绒绣残片　西汉　长沙马王堆一号汉墓出土　湖南博物院藏

图 7　绒圈锦　西汉　长沙马王堆一号汉墓出土　湖南博物院藏

# 唐宋以来丝绸彩色加工[1]

试从实物、图像、文献三结合探索，得到的点滴认识。作为《织金锦》《明织金锦问题》《谈染缬》《〈明锦〉题记》《中国丝绸图案》诸文一点补充。

米芾《画录》[2]、周密《云烟过眼录》、陶宗仪《辍耕录》、王佐《新增格古要论》、谷应泰《博物要览》，前三种有关于唐宋锦应用于重要法书名画装裱记载，后二种有关于宋绫、锦、刻丝名目记载。又陈眉公《妮古录》及文某某笔记，亦有相似记载；大多相沿而来，作者对于真实情况，就未必明确。我们如不结合实物互证，知识也还难于具体。唐李章武作《锦谱》，书不传，内容亦不明。元费著作《蜀锦谱》，叙蜀中官锦坊唐、宋、元名目甚备，叙元代十样锦有“长安竹”等等。从比较上得知，明代石竹花诸锦或即成于元代蜀工。至于唐代流行的“堆绫”“贴绢”作法，明清还继续应用，留下部分实物可作比较，即现代补花法前驱。明代径尺大棉镜套中，还留下些实物材料可以参考。

《历代名画记》谈及唐初窦师纶主持益州行台，出样织锦名目

1　本文写于1971年冬湖北丹江。当时作者下放“五七”干校已届两年，并先后迁移过多次。由于手边无文献可参阅，全凭记忆组织材料。

2　此处疑为《画史》。

十多种，以为图纹壮丽，流行百年不废。大历八年（？）诏令则提及禁止织造的锦名有“大张锦”“凿六破锦”（或即兔背锦）及文长四尺幅，可能属于双折屏风或软锦屏用大串枝。日正仓院则留下几件蜡染实物可作比较、参考。《唐六典·诸道贡赋》部门，提到蜀中绫锦名目如“樗（chū）蒲绫”；明代材料中已发现有锦、缎、纱、罗、縠子诸种不同织法，图案作杏仁状，和宋人记载樗蒲锦形状完全相同。韦端符有《李卫公故物记》，提及各种衣料名目并形容花纹，有作鸟兽、人骑骆驼纹样的，近刻丝作法。《丝绣笔记》有称引，不全。《全唐文》或可查出。又陆龟蒙有《古锦裙记》，说作仙鹤独立、衔花而舞，以为陈隋间旧物。据记载就唐宋实物作比较，事实上这种裙子早或只到唐武则天时，晚则只是开元、天宝间生产。因唐官服六种绫名目俱备，中即有鹤衔瑞草（灵芝），明锦缎中犹有此式不少也。间接花纹，保存于唐镜子上还十分具体！《全唐诗》中反映歌裙舞衫用泥金银绘画及织绣的相当多；近人欧阳予倩辑印有《乐舞资料》一册，整理出了些材料。但如不结合实物图像分析，乐舞形象和衣裙种种，知识仍不落实。白居易新乐府中有《红线毯》，及诗中有关于唐薄质纱“轻容”“鲛绡”及“木棉裘”记载；传世《簪花仕女图》卷中妇女衣著覆薄纱，可得仿佛。“木棉裘”即近于无知。史志称“凉州绯色为天下之最”；敦煌解放后出有一整匹唐代红色绸子，至今如新，可为物证。唐代印染技法和花纹已多样化（见《谈染缬——蓝底白印花布的历史发展》一文）；日本尚藏有中国印染实物多种，辑印在《御物染织裂》一书中。又有《正仓院纹样集》十余册，系一美术教授据正仓院藏唐代中国丝绸花纹复原，绘图彩印均比较草率，远不如《中国丝绸图案》复原精确，但是仍可供参考比较用。出土实物或应数原存旅大博物馆，近改历博陈列残余材料为重要。就染法说，当时必名“撮晕缬”，专名则为“绞缬”。又有“跋遮那缬”，属加金印染至今××。又有玛瑙缬则三彩陶有反映。三彩陶花纹，有的和锦相通，有的和印染相通。又有和当时漆器中的犀毗漆影响的。

唐代叙战袍多用“团窠锦”“兽锦”。这类袍衫式样，大致必小袖窄身而长仅及膝，才便于乘骑。敦煌画中《张议潮出行图》中鼓吹从骑衣着形象，大致可以代表。当时六军似即衣之。有染、织、绣、画不同加工，名“团窠花”。宋人记唐代著名画迹《金桥图》，由当时名画家陈闳、韦无忝、吴道子三人分工合作而成。说“六军衣球衣，焉能作战”大致即近似出行图中所见。亦有可能昭陵六骏石刻中附有一丘行恭像，衣著即为当时战袍式样；不同处是下脚较长。此外西北诸族中头目穿著，传为阎立德（？）手笔之《步辇图》中吐蕃使者亦即衣之。唐初官服必佩“鞊韘带”，上附六绦带，各挂一物，如“火石”“算袋”“契苾真”等等，称“鞊韘六事”。武周时似即废除，但流行西北，西夏贵族和元代贵族因实际需要还使用，反映于敦煌壁画中。清代帝王便服犹佩火镰和小烟袋荷包，保存古意，实亦从应用需要出发。唐代西北出毡罽，有“绯毡”等名目。这类毛毡在敦煌唐画中，还留下百十种不同花纹，作舞茵拜垫或坐席用，花色甚多。如和北朝画中反映相比，花纹同异区别极显明。大小团窠花已占主要组成内容。传世孙位作《高逸图》四高士所坐地毯，亦即有作晕锦式团窠花的。因此对于原画是否孙位实可疑，原来实晋人作《竹林七贤图》一部分，西安有石刻且附人名。孙位是唐人，那能无知到把竹林七贤坐于唐代锦垫上？内中一位身后衣桁所搭花衣且和一琴童琴囊相混成一片，唐人亦不至于如此无知也。

宋代官服多用罗，国内大生产区多有“织罗务”督造。按品级穿衣，色尚紫。柘黄则似只封建帝王可用。史称赵匡胤黄袍加身可以为例。高级绣必用真珠，宋帝后像椅披即可证确有其事。（史志且称

图 1　绞缬绢衣　北朝　中国丝绸博物馆藏

图 2　红地联珠团窠对鸟纹锦袜　唐　青海都兰唐墓出土　甘肃省博物馆藏

库藏多余真珠出售于金，数目至二千多万粒。大小用筛分别等级。）《宋史·地理志》记载有各地生产不同名目，新产品有“隔织”“鹿胎”“透背”等等，仍以蜀工领先。《宋大诏令集》内载禁令，即有“鹿胎”“透背”等等名目。如联系《洛阳花木记》《洛阳牡丹记》《芍药谱》中叙述，可知“鹿胎”应当是各种印染绸子。原为紫地白花，以牡丹为主，发展为各种花色。从各书中可知不少花中有叫“缬子”的，又有“类某某缬”的。照宋代习惯，且必写生花，宋人名

"生色折枝花"是也。"透背""隔织"知识还不甚具体。据史志，宋代诰封必用五色"绫纸"若干张编缀而成，难得其解；据近年发现北宋官诰制令数种，才明白薄绫多作大串枝牡丹暗花。记载中的女子用五色织金罗还无知识，只能从明代织金凤纱得一印象，参证《营造法式》彩绘部门凤形，得知此犹宋式凤！又禁令中有"褐方团白花"及"黝紫"（黑紫色）和"吊墪""袜裤"等联系并提，得知为当时契丹所流行材料衣著。照禁令解释，则贵族妇女禁止，杂剧人不禁止。一、可知贵族妇女亦必以为时髦，曾流行一时，政府才用法令禁止。二、据传世宋绘二杂剧女人装扮，系短衣长不齐膝，不穿裙子而小裤裹腿，下穿短统尖鞋。也便是后来走绳女子的"解马装"！据政令，流行时代似较早。若据曾敏行《独醒杂志》记载，则宜为北宋末年，女真灭辽以后，汴梁才流行番画、番曲（曲子似名《蓬蓬花》）、番食物等等。（又有所谓"瘦金莲方"，且和缠足历史有关！得知早行于东北。）至于"黝紫"或"褐方团白花"丝绸，在大几万明代绸缎中还少有发现。内中似只有一种黑色丝棉混纺、起花、无光素锦，或系《博物要览》中提到宋代"皂木锦"，仍中原织物。但瓷器中之吉州永和镇窑各式茶盏，有黝紫与褐色作方团黄白三凤或水仙花的，和印染极相近，有可能即仿流行印染丝绸花色而成。又《高丽图经》或成于宣和初年，称高丽宾馆即多用印花织物作帐幕，则契丹族染工能印染为当然。至于"吊墪"衣著式样见于杂剧人，不只画中有反映。馆中尚有一长方墓砖，有一杂剧女子浮雕像，和画迹相近，旁边且刻字×××，恰为宋代四个有名杂剧艺人之一，曾见于《梦粱录》。可知"解马装"实由之而来，原本却为契丹制。

宋代初年，统治者为壮观瞻，大搞仪仗队，由二万人到二万八千人，衣著按等级分织、绣、印染。《绣衣卤簿图记》记载名目极详尽，也多"缬绣""团衫"字样。据史志称，此图多本于唐开元礼，可知内中一部分或者还和唐六军衣服相近，似上可参照敦煌《张议潮出行图》骑从，下可用传世元代曾巽初纂进《大驾卤簿图书》（见P302图1）比证，必可得到一种相当明确印象。又高级文武臣僚每年必给袄子锦，共计七种，有“翠毛狮子”“大（中）宝照”等名称，也可和卤簿图比证，会得一比较印象。元代则九种印染丝绸名目，载于通俗读物《碎金》一书中。名目中大部分或即南宋以来印染法。唐宋以来蜀中染缬极著名，南宋则杭州临安为特出。据陆游文，且称有把四季花著于一种丝绸上，称“一年景”图案的，流行于靖康末年。明代绸子中尚可发现这类四季杂花材料数种。

宋代丝绸加金已较多，金线织的称“捻金锦”，切细金片织的称“明金”。王栐著《燕翼诒谋录》称仁宗时用金已到十八种，大部分即和女子衣著以及织绣相关。以文彦博在成都为贡谀张贵妃织造“金线莲花灯笼锦”一事最著名。稍后虽有禁令，十八种金均不许用。照王栐所说，则“禁者自禁，而用者自用”，可知必依旧流行。“捻金锦”名目，史志中即有不少处提到。至于《大金集礼》记载，则金代官服用“明金”绸缎的即多不胜数。有一种“红地藏根织金牡丹锦”，明经面锦即有发现。《金官格》一书中称用“鱼戏藻锦”作诰封包首，明红锦中亦有发现，鱼多作鲢鱼形。《金史·舆服志》则称当时穿衣或帐子用花朵大小定品级，高级官僚有花大到六寸的，下级则只穿“芝麻罗”。明金锦中大串枝花即有花朵大及六寸的，又有“捻金番缎”记载。洪皓《松漠纪闻》成于南宋初出使见闻，称回鹘金绮工种种特长；而《金史·张汝霖传》也提到燕京建都，装一殿庭用金绮织绣工到千多人，费时二年才完成。可以想见消耗人力物力之众且大，到织金中必占一重要分量也。后来元代之纳石失金锦，占官服中主要地位，亦非凭空产生，即由之而来。元明衣著禁令（元代见《元典章》）也提到某某色、某某材料必照法令规定，龙即分三、

四、五爪，等级分明，花朵分大小，不许乱穿。但演戏承应公事即不受禁止。《大明会典》禁令犹相差不甚多。

宋锦名目除载于米芾、周密、陶宗仪等著录以外，还有元费著作的《蜀锦谱》，且列有官锦坊每年织造名目和匹数。又有“茶马司锦坊”，为向西北换马特织的锦名；内中不少似还保留到明代织品上，继续生产。直到清代，南京织“大云锦”“串枝彩锦”等等，还有部分生产，实专为藏族需要而织；直到解放，花式还变化不大。宋锦名目中有“八答晕”，元则有“六偺韵[1]”；从明锦中得知为八方、六方由龟子锦衍进而成，或即唐之“凿六破”，每方花色均不同。李诫作《营造法式》，内中“彩绘”部门，还保留下一些宋锦式样。

图3　红地灯笼锦　宋　成都蜀锦织绣博物馆藏

图4　八达晕花卉纹锦　宋　苏州丝绸博物馆藏

1　即六答晕。

《诸蕃志》《岭表录异》诸书，则留下些西南诸少数民族木棉提花印花织物，当时且极流行；又有织诗文于上作弓弢（tāo）、琴囊用的。用细织或蜡染法加工极其精细的，有“黎单”“点蜡幔”种种名目。后者系融蜡灌于镂空细花纹板上，压于布面，加染后再煮去蜡，即成细花（近代苗族则用木笔绘出花纹）。又唐代即有“莍布”“草布”等等入贡。宋代则有“鸡鸣布”，连夜织成一匹。有“木棉布”，有“黄草布”等等。有“油布衣”，出行可以防雨，用山柿油加工涂成。还有用纸作“衣”以至于作“甲”、作“帐子”事，反映造纸技术的进展，不仅对于刻书满足了封建文化普及不同需要，还扩大应用范围到衣著需要上。（纸甲的应用，且延续到晚清，是用贵州出“双夹连纸”捶软，累积廿层，中加头发，密纳而成一种背甲；也有内中加编制钱的。黔湘苗族多喜用。由于轻便而易作，可经刀砍，且不犯禁，一般用以防身。）

元代除大量织纳石失金锦，《元典章》还提到种种官服彩缎，龙分各种等级，以爪子多少而定尊卑。色彩也有明确规定，高级官服尚红，平民只许衣黑、白、褐。但统治者衣著却仍喜褐色，分别名目到廿种，见于《碎金》色彩篇。红绿分色也多种多样。纳石失金锦和各种浅色丝织物，近年从元代佛像中均得到不少重要材料。绸子虽多只是些方寸料，色彩却极新，为明经锦所不及。其中似无棉织物。浅色绸子中有鸽桃灰色的，即浅粉紫色，且系细斜纹织，启清代宁绸织法，十分精美。全国设“染织提举司”，监造官用和商品纺织物生产。照记载，当时虽南北（特别是南方）已开始大量种植草棉，棉布有大量生产，以黄道婆由南海传技术，但传文中似只提织细花纹，并不提种植法。但据明代史料，则直到明中期，丝棉交织的云布，还算新事物，一匹价值百金（刘若愚《酌中志》语）。而北方大量草棉南运松江加工，再将布匹北运，实在明代晚期，顾炎武《日知录》

有叙述。这时芜湖的染青，也才得到发展，于全国称首一位。丝绸染色，清初则称扬州，见李斗《扬州画舫录》。清初《古今图书集成》则称江苏若干地区流行“药斑布”，说方法传自宋代，即后来的蓝地印花布。说法部分可信。因史志明载，北宋时，印花织物用于卤簿文武官吏成为定式后，即有法令禁止民间缬板流行（既禁止，即可知仍必已流行或继续流行）。到南宋，受政治影响，仪仗队用衣料织、绣、绘过于费工，才一律改为印花。而同时印花法令也解除。但部分印板似还掌握在官府中，所以朱熹才会有弹劾政敌唐仲友，说唐假公济私，用公家缬板，私印若干自用彩帛事。说的似乎还是绸子，不是一般布匹。在现存明代《大藏经》封面和经帙用材料中，有一部分是用明代蓝青布作成的。数万片材料内，丝绸印花即只发现一种。另有银印花一种。有二可能：一、这些材料多取自宫廷四库库藏（见《〈明锦〉题记》一文）；蓝青布当时一般应用作里子，用处多。西什库贮藏四库中某一库即提及过。至于蓝印花布属民间物，因此四库旧藏不会发现。二、即当时还未流行，未大量应用到棉布上。

至于彩色套印，《碎金》一书中九种印染名内有“三套缬”，应指三色套印而言。明杨慎虽称博闻多识，即自以为不明白内容。可知明代已不生产。而事实上在数万经面材料中，也还无发现。直到近年故宫藏西藏密宗画佛上，才见到有一种黄白薄绫上印有三寸大多彩牡丹、葵花、蝴蝶、西瓜、牵牛花等等花纹，在丝绸印染材料中为仅见事物。设计构图十分壮丽，有可能成于明宣德或早到永乐，因明代西藏密宗信仰似在明代早期。万历则道教抬头，反映到锦缎花纹和雕漆青花瓷相同，为“云鹤游天”或“云鹤清音”等等，图案为云中飞鹤中加各式乐器。亦有大朵牡丹和大朵梅花，花心作太极图所谓“阴阳鱼”式的，花式如宣德以前壮美，其实还反映道教意识鲜明，或传自元代。可能还是万历据宋元旧样织成。至于这种在密宗佛画上所见少量彩印薄绫，似可从三方面注意分析，可以推测出产生相对年代：

一、即从佛画产生的年代间接得知。若本画实成于元代，则这种材料有可能就是元代之“三套缬”。

二、若画迹产生在元明间，而原画实来自西藏，则有可能成于藏族染织工人，而成于明初。因为西藏染织工人作的毛织五色氆氇（pǔ lu），或紫地白“撮晕花”，即在原白色织物上用线扎结一部分，染成后将线解去，即成紫白花。又有黄地紫白花的，染法难明白，在唐代通名为“绞缬”，技法处理为印染中最简便的。藏族工人染法或即由唐初传去。至今还保留有大量明清间材料在故宫库房中，可以作作比较，那么“三套缬”且有可能也是从唐代就传到西藏的。元明犹继续生产，并不出奇。故宫鉴定这种材料，暂定为元或明初，亦不会太错。

图 5　蓝地印花绢　晋至唐　阿斯塔那古墓二号墓出土　吐鲁番博物馆藏

图6　彩色毡毯

三、这种画即或产生于元明时西藏染织工人手中，在明初即已收入宫里。可是这种画一般多系经过清初重新装裱，有的甚至于还重新加色，又原画实出于清初康、雍、乾三朝，则更显明这些附在画上的彩印薄花绫，产生时代亦必在十七、十八世纪间，不会再早。只是还不妨叫做“三套缬”。事实上还另有一个专名，为一般人所忽略，即《红楼梦》一书里曾提起过的“弹墨”。是只这一历史阶段流行，以后即因加工极费事，而效果又不如在清代得到充分发展的多色彩织锦缎及刺绣便利，受织绣制约，因而失传。这种推测可能还有点道理。《红楼梦》里虽没有详细提起宝玉所穿弹墨裤子的花色，新旧注解似乎也无从着笔，但另外清人笔记《扬州画舫录》或×字××里即说到弹墨作法，是分别部位用彩色吹到材料上而成。这个记载尽管极其简单，但却相当明白扼要。试就故宫现存这份材料仔细分析，即可发现种种迹象：彩色极淡，而晕润彩色轻重分界，彼此又不一，只有用管子吹喷淡彩才能得出效果。换言之，即吹得出却印不好的。用的丝绸材料，并且还和清代用的“哈达”大致一样。所以说是清初“弹墨”，大致还是不会大错。但是花式简朴壮丽，却和康、乾织绣设计完全不合。就中且有牵牛花、西瓜等等图案（在明代亦只有宣德青花瓷和景泰蓝、雕漆上出现过）出现，而且又仅仅应用在密宗画佛上。在另外所见过数万种清初纺织物里和衣服上，除《红楼梦》提过一次，即从无实物发现过。所以也不能完全排除这种吹管加工染成的纺织法，或由唐代织工发明，而始终保存于西藏染织工人手中，元代叫做“三套缬”，清代则依据旧技术、旧图案，而应用到佛画以外，也偶一用到宝玉的裤子上。二百年前曹雪芹所见到的和我们目前见到的，还是一样东西！求完全证实这个假定，也并不太困难，即从雍和宫和故宫所藏大量密宗画佛中，再作一番检寻、比证工作。这事外人来作无从着手，丝绣馆对于明清实物花纹保存有十万八万不同印象在脑子里的同志，将是不大费事即可得到结果的事情。清代高级丝绸，也还有应用蜡染法作成的。历博曾收有被面一件，作蜡染团花图案，团花如康熙习惯用博古图，材料则乾隆时极少见。

又宋代绫锦名目中有“褐方团白花”素锦，实物亦难征信。故宫现存丝绸中，有一种淡褐色白花薄质素锦，这种材料曾一见于贵重画册的装裱上。例如传为元代曾巽初纂进（事实上可能是宋代原物残卷）的《大驾卤簿图书》中道段长画卷包首，也用上这种素花锦。还记得在明代邢侗《来禽馆帖》原装本也见过。因为明代记载福建漳州林宏，改造织锦法，织成薄锦名叫“改机”。鉴定同志即把这种薄锦和其他花式不同（如另一落花流水）的同一褐地白花薄质素锦，通通定为“改机”。据个人私见，似乎不大妥当。这只需从三方面注意，即可得到证明：

一、即所见明代经面锦数万件，褐色极少；相反，这种褐色白花却一再著于宋锦名目中。这种素锦不是原物，也是明清仿织。

二、据《天水冰山录》抄严嵩家中衣物及单匹锦缎记录，即有不少正式题名“改机”的衣服匹头，有加金的，有彩色织的，却不见有一种素色的。可知“改机”原是彩色薄锦，不是薄质素锦。

三、明人作《金瓶梅》，衣裙用料反映得相当具体，和《天水冰山录》可以印证。即孝服中，也不载有褐色质地锦或“改机”的名目。

又定陵（地下宫）万历本人墓中出土垫身完整织金加彩锦、缎、纱、罗，约百七十匹。记得初次去看看时，还未经人胡乱动手，还照原来样子；每匹上有保留一个黄纸圈箍，上面写明材料、当时名称。一般名称多相当长，和《天水冰山录》中锦缎名称可以对照。并且另有明确记载织造地名、年月、长短和织工姓名，可作研究明代丝绸第一手材料。就内容说，也可和其他史志记载对比，得到不少知识。例如刘若愚《酌中志》一书中即说到，宫中过中秋节，用“金兔纱”作帐子应节令。这种“金兔纱”在明代经面锦中，虽有发现，但是多已剪裁成不及方尺零料，等于将原来和山兔大小相等的织金兔加以支解，不易复原，即难于明白整体效果。定陵出土物还是整匹，且写明织造年月、地方和织工名称；金兔则错综跳跃，活泼如生。如将十匹料子联成帐子，艺术效果将更惊人。由此明白，另外一时所见明初织造宋式大串枝牡丹、秋葵等青地彩色加金锦缎，花朵单位大到五六寸，各色相配单位大过一尺五寸；如复原成整匹，联缀到十二幅左右成一帐子或锦屏风时，艺术设计效果，也必然格外惊人。并得知当时使用重彩、花下且用深青衬托原因，因展开面积到一二丈时，大红、明黄和浅翠等花头，从深青底子透出，诸色交错，才能充分见出华美特征。若用色稍浅，只注意单朵润色效果，不明白整体要求，则不免如清代装裱彩锦，近视虽五色陆离、润色温雅、构图秀美，若作成一丈大幅屏风或帐子，便诸色相犯，转成一片模糊矣。于此才明白古代织工对于丝绸设计，必针对应用要求而来，配色构图，多具巧思；特别理解整体和局部关系，更重视单一和整体艺术效果。我们说“古为今用”，首先若不照目前需要，明白应用效果，生搬硬套既不成，活学活用恐亦未必即能见功，充分发挥出应有效果！这百多匹明代完整材料，极可惜被一青年保管同志，事先不好好商量，不明白原来附于外面文字和锦缎本身的重要关系，更不明古代绸缎数百年其所以保存完整如新，一方面是阴暗不见天日，另一方面和一定湿度也有关系；只照一般理解，认为必须干燥才好保存，就胡里胡涂撤去了原封，大胆敢想敢干，独出心裁，把材料摊开，一一用塑料涂上。第二次邀请去看时，原包封纸既已和原物脱离，而不少彩锦且已枯败走色，使人哭笑不得。再求设法补救，已来不及了。

图7　织金缠枝莲妆花纱“天鹿万寿”补方领女夹衣（复制品）　明　南京云锦博物馆藏

图 8　红织金妆花奔兔纱（复制品）

明代锦缎当时连同五色料珠还有大量由海运出口，到东南亚各地区，可以从琉球史料《大宝实录》中得到些重要有用知识。记得上面即明载有某色云缎运往某国纪录，如缅甸等等。这种外销锦缎大致是福州、漳州织造，由琉球商人转口的。同时又还记载说起由诸国入口的各种纺织物名目，具体材料虽近于无知，名目（有的还有价钱）也提供了些知识。又还记得《皇明世法录》《格古要论》有从更远些的地区，由南海或西北陆地运来了各种贵重毛织品，最贵重如“琐服”或“速夫”“洒海剌”等等。有部分如“琐服”即说明是长毛头织物，十分贵重。《天水冰山录》中还记载有“西洋布”名称；有的虽还是五百年以前事情，就过去所见材料，竟像是始终还没有从实物得到印象。但是据个人估想，或许从故宫丝绣库藏品以外，依旧可望还有些点滴零星发现，可以和文献结合，供故宫、历博两馆明代文化交流部分填空补缺。名目可列一表，而少量实物则作重点突出陈列。因为比较材料还多，一望而知外来特征何在。至于清代的红蓝咔喇、镜面呢、哔叽，故宫还有相当大量藏品。在当时器物中，如康熙、乾隆使用的蒙古包，记得除边沿用“织金回回锦”外，主要毛织品，似乎就有近似外来物，不一定是当时蒙古织造的。这也得费点时间去作些探索工作，才能和文献互证，具说服力。

关于元代毛织物情况，元代《经世大典》中有个《大元毡罽工物记》，内中有不少重要材料，提起各种羊毛原料名称，和染料名称，以及织物名称。加工除织编以外，大致还有用热压法作成的毛毡。《碎金》一书中则提起一些北方穿用名目，可是具体材料也还近于无知，只能知图像反映点滴，例如敦煌元代洞窟壁画一些贵族商人、香客的拜垫反映。此外《事林广记》和《饮膳正要》木刻图中，以及明代《三才图会》，即有形象明白如何应用，求进一步即无望。记得旧《故宫周刊》四十多年前曾刊载过些明代档案，内中提起给俺达头目的礼物中有“西藏氆氇”和“蓝青布”等等。这两种纺织物，当时显明对于北方游牧民族说来，都比一般丝绸还得用。也说明藏族纺织工人在毛织物中的贡献，当时即占有个较重要位置。就近廿年在市面和故宫藏品看来，氆氇和驼绒相近；而羊毛实较细软，且经久耐用，染色水平也较高。《红楼梦》似曾提到当时作披风使用，和外来的“猩猩毡”比美。就现有材料分析，花纹计分两大类：一用唐式绞缬法，即撮晕法；一用近似刷印法作成柿蒂纹样，也还是唐代染缬通用技法。另一种则为五色夹织，毛线不起绒，和刻丝作法有类似处；但不见具体花朵五色相错，共同形成虹彩效果。宋人所说的“刻色作”，是否即指的是这一种织法？有待探讨。但织法与刻丝有类同处则极显明。应用多在胸前，如中国古代的“蔽膝”。蔽膝制度来源极远，从商代一石刻人像、一陶俑、二玉人均可证明。周代即转成一种官服制度，分别等级，朱色织绣黼（fǔ）纹为上。南朝宁万寿孝子棺上人像，及《列帝图》，以至于明代朝服均可发现，小花纹则随时变化不同。藏族可说是最后继承者。这种当围裙用的五色织物，北京市商似另有专名，故宫库品签条是否通名“氆氇”？也还有待查看。

又清雍正时彩绘《广舆胜览》，附有西北、西南各少数民族文字说明，曾提及部分少数民族纺织刺绣特征；故宫且藏有部分实物，亦有待对比、检查。如和故宫另有部分各色丝绸极细薄质加金银丝绸缎，搞一陈列室，可用材料还不少。这种金锦过去部分作为旧画包首而留下的，通称为“倭锦”，实非日本织物。日本锦缎最早交流中国，据记载，实早在三国时的鱼豢《魏略》中，就已道及，但此后即无所知。直到乾隆时，故宫库藏中才有部分挖金大串枝花锦缎。串枝非中国形式，花纹组织和圆明园柱子石刻极相近，金银丝均较粗，捻法也不大和中国传统相同，但缎地则相同。如非意大利织物，也可能成于西欧某一国家，更有可能当时为配合圆明园装饰，如帐幔枱垫、被面、椅垫需要，而由外国技师设计出样，而仍由江宁织造督造的。较晚的一种织银的，是否也有部分属于日本来的？有待就存库旧档册查查，或可望得到些比较可靠材料。目前为止，实物虽不少，来源却难言。至于所谓“倭锦”，据旧货铺通称为“回回锦”，这个名称具体含义地域实相当广泛，远则可及印度、巴基斯坦，或直到波斯。波斯“捻金绮”来中国，早在《南史》中即提到。唐代文化交流极广泛，但织物却少道及。但到南宋初《松漠纪闻》和《松漠纪闻续》中，却又比较具体提及住燕山以北自营族帐的回鹘族织工，除善作捻金织物外，还能织“毛缎子”，及许多不同名目纺织品。元代大织“纳石失”意即波斯金锦。如据元帝后像部分领沿花纹看来，小团窠还是唐式图案。而最近在北京元佛像中发现一个元代织金披肩，材料还是宋代中国浑金织的片金；图案作双灵鹫，本近外来。故宫藏有一件唐五代锦衣，上面大团窠也作双灵鹫图案。日印《世界美术全集》元代部分，似乎也有一片锦作双鹰加阿拉伯文。但现存宋紫鸾鹊大幅刻丝中，俊鹘衔花形象已极近似现有元金锦上反映，可知中国织锦或刻丝采用实不起始于元代。从稍后材料作比较推测，明代有一种大红地作满地葡萄花纹的，大有可能是外来式样或西北回鹘族式样。若据《帖木耳事迹》（？）一书中若干彩色生活插图反映，则有些近似印度或中亚建筑墙壁上和门前，多悬挂有一锦旗式的织锦彩锦，作用介于壁挂、旗帜之间，多和故宫现存的大量回回锦实物相近似。一般幅度多在二尺三四，长在三四尺间，下坠极细捻金银丝缕长约三寸。多近似单幅设计织成，不加剪裁，所用织机也不像中国式。除捻金银丝极细外，还有织法组织也不像中国彩锦提花，有的经纬均较粗，如刻丝双捻线。有的缎地深蓝色细花，又特别细薄，介于中国绸缎之间。就颜色言，则有胭脂红地、焦黄地等，均为中国少用。就花纹图案言，有作单株小草花，平平排列，尚近唐式小簇花；或在下脚平列一挂，而上部则作小簇散装花，为唐式所少见，以后即少有。又有下排作似兰似水仙之间草花的，不是中国花。总之，局部小簇花还可从敦煌唐壁画中有相似反映；至于成排布置的草花，则中国任何一代丝绸中从未发现过。种种特征均可证明非本国产。以染料之精美和捻金银丝之细致，及织法别致而言，悉又非清代西北地区回族所能及。深紫或较浅之胭脂红及焦黄色，除康熙时新疆制地毯用色有相同点，及康熙时在中国彩色加金锦缎亦出现过少量细捻银丝织物外，其他均难于说明系西北织物，和中国锦缎更少联系。因此它的来源还值得从库藏老档册查查，才能明确。记得在康熙或乾隆所使用的蒙古包上部，就已剪裁约一寸许宽条子使用，作为沿边包裹。又这类特种锦缎，原来当时似乎还有入库年代黄字条子，上多某某回王某年进贡，或某年入库，可惜多已和原材料脱离散失。这方面比较材料缺少，因此实物虽不少，却无从进一步明白来源的机会。这就同样有待知识更广博的年青同志，来就实物和有关西北或近东明清两代文化交流的文献，更加上还有机会就中国、印度、阿富汗、伊朗各博物馆陈列品或画迹作进一步研究来解决了。工作当然不免也就比较麻烦些。但是除此以外，求正确解决，大致是无可望的！

清代纺织物的生产，可说已发展到历史最高水平，主要原因是江浙生产的发展。制丝和染料都有所提高而加精，在图案设计方面，一面既充分利用优秀遗产有所创新，另一面在提花技术和润色艺术上又大有改进，因此得到全面发展。在生产区域上也有了极大改变，除广东、四川、福建外，已集中于江浙三大产地。广东则以外销细花洋色薄质广缎为主。福建以漳绒、漳缎著名。四川成都只以被面锦为重点。官服大量应用的“石青缎子”、“宁绸”和纱罗，无不料精质美。“天鹅绒”成就更极突出。“鸳鸯缎”则两面提出不同花纹，在缎子类为仅见。先是蟒袍料为整件预织，明代即还有材料保存。清代作得更精致。绒类预件先只见于炕垫、椅披、杯围，随后才发展到衣物上；绒类衣料均预制整件，只需

图9　石青缎蟒袍　清　内蒙古博物院藏

照样剪裁，即可缝制成衣。单色居多，也有加金彩丝绒。特种彩色袍服，有的用色竟达卅种以上。康熙一代细切金丝竟如发缕，捻金织物亦达到历史最高水平。

捻银情况相同，历时三百年犹未走色。有康熙作特制织金佛披，有宽达二丈见方，上面满缀真珠、珊瑚团窠花的。有乾隆时作刻金加彩，及织金加彩佛说法图，高过八尺，宽及六尺，整幅必经三五年始能完成的。又有用孔雀毛捻线铺地子，上用真珠绣大团龙的。天坛大殿里的大丝绒毯，闻说原来均就全殿面积织成，绒头长过二寸，壮观无与伦比。棉布则因靛青染料提高了品质，全国流行蓝地白印花布；各地花色之多，亦为历史少见。西南少数民族织绣成就，更是百花齐放，如瑶、黎、傣诸族织绣，无不彩色斑斓，精工至极。有为结婚、给孩子、给情人，一衣一被必经年始完成。苗族刺绣和蜡染，土家族之编织五色被面，无不独具巧思，和色极美，得到高度艺术成果。西北毛织毡毯，西藏细毛织氆氇，均有大量生产，运往北京。丝织物锦、绣成就互相转用，且影响到高级细瓷及描金彩漆的色釉品种的增加，和花纹图案的多样化。而南方各省葛、麻织物精细，也无不得到共同提高。苏州刻丝仿制宋代名画和种种创新，也为这一品种的生产技术和艺术提供了十分丰富新内容，由康熙到乾隆前后一世纪有余，到道光后才逐渐下降。有关外销方面，前期高级织物似以赠与为主，商品贸易尚不多，主要出口在广东。直到帝国主义炮舰政策入逼中国后，大量原料的掠夺日益加剧，生丝和绸缎出口也必随之增加。记得在解放后不久，在书市里曾见到光绪六年及廿×年一种海关出口册子，内中有部分绸缎名目，和入口染料、毛织物名目，多比较熟习品种，湖绉或洋绉（乾隆时起始织造多水蓝色，练丝极熟，厚重而柔软，晚清犹有生产）占一定分量。自成一格的“广缎”的不同花色品种，故宫库藏中虽有部分材料，如果能从广东海关晚清出口册子参考，必可望更明确些地知道些当时出口的广缎名目和数量以及价格方面的知识。广东特制的“香云拷纱”，必有大量行销华侨集中的南洋群岛各属，也可能从海关出口册子上得到一些不同品种名目知识。

# 谈锦——矩纹锦的本源及其发展[1]

中国织锦，从比较可靠的文献——《诗经》《左传》《国语》等称述，至少已有了二千五六百年的历史。古代所谓贝锦、重锦、纯锦，虽为二千年来经史学人时常称引疏解，实物究竟应当是个什么样子，却少有人具体提出。即或比较后来一些记叙，由于近半世纪的出土实物日益增多，把文献和实物相互印证，工作上得到许多便利，有种种可能，过去学者通人如汉代郑玄释三《礼》，晋代郭璞注《尔雅》，唐代颜师古注《急就章》，及明清以来如顾炎武、赵翼等，孤立引书证书，即再博学多通，不易弄得清楚明白的问题，也可起始从文物互证得到许多新的认识、新的理解。例如对于《急就章》中涉及丝绸部分，前人以为属于色泽形容的，新的发现已明白大部分实为花纹形象。但从整个情形说来，这部门生产成就及其在发展中如彼如此原因，问题还可以说是一片空白，不仅仅是汉代的知道的不够多，即近五百年生产，也还是所知有限。既未在艺术史研究工作范围之内，也不曾在国内几个有条件大博物馆，成为一个专题研究课目，布置一点人力，来起始认真作些初步探索工作。因此文化史或艺术史涉及这部门艺术成就时，多缺少应有理解，只能空泛交代几句不着边际的说明，居多完全触不着本题。一面涉及百十万劳动人民，累代连续生产

1 本文作于20世纪60年代初期。

了大几千年，还留下实物以十万计的艺术品，我们对之还十分陌生；另一面是明清以来，少数文人画家，在笔墨艺术风格上，略有突破，直到如今，还在艺术上占用若干篇幅，作详尽分析，而在艺术出版物上，也一再重印，还在国内作各种不同规模的展出。从这一点上，让我们感觉到，若对于“民族优秀遗产”的“古为今用”要求落实时，发生困难是意中事。特别是关于丝织物这一部分在艺术上的伟大成就，所抱的轻视、忽视态度，是不大合理的，有负于古人的。因不揣鄙陋，试从常识出发，作些探索工作。抛砖引玉，实有待国内专家学人共同努力。

唐有“双矩锦”“盘绦绫”，和其他花纹一样，内容似还少人分析过。比较说来，这类丝绸花纹，实同源异流，同出于古代竹篾编织物，由之影响发展而成，且可代表较原始提花织物纹样。时期早可以到三千年前的商代，晚也必在春秋战国时期中即已成熟。古人所谓“纯锦”“重锦”，或陈留出的“美锦”，这种矩纹锦即或不占主要地位，也必然有一定地位。

双矩锦得名虽出于唐代，敦煌唐代壁画服饰部门和边沿彩绘部门，均少有反映。恰说明唐代装饰艺术在丝绸上的要求，已将重点放在团窠图案一类以宝相、牡丹、地黄、交枝小簇花为主的植物纹样，和鸳鸯、鸾凤及其他鸟鹊含绶穿花等动物图案相互交错处理上，较古式的矩纹图案已不再占重要位置。但是它的继续生产还是事实。而且还在发展中，千年来依旧生产，且衍进变化成种种不同花式。在稍后的宋代及近三百年，在锦类生产中，还续有发展，作出百十个新花样。

矩纹锦在唐代，似只在张萱《捣练图》卷中一个骨牌凳垫子（图1）上绘出过，从比较得知它和青绿簟（diàn）纹锦、金银锭式锦均同属一格。传世实物虽不多，惟《营造法式》彩绘部门，却还保留下好些种不同格式。明清仿宋锦实物，以康熙有代表性，大致还可找出卅种不同样子，可以证实它原来的式样和衍变的过程。由此明白它在提花彩锦中出现，可能比龟子锦还早些。锦纹基本既从竹篾编织物而出，至少商代已可能有这种花纹产生，而在春秋战国时期却逐渐成熟，发展成各种相似而不同的图案。尽管到目下为止，还未发现过这种锦缎，另外一时必将从新的发现实物中得到证实。因为一切事物不是孤立存在，而又必然和其他事物有一定联系，且在不断发展中的。我们无妨从“联系和发展”来作些初步探索：

图 1　张萱《捣练图》(局部)　唐　美国波士顿美术博物馆藏

一、商代白陶器上有相同连续矩纹图案。

二、同时或早些青铜器上也有相同矩纹图案。（方鼎上反映特别具体）

三、安阳出土一个白石雕刻人像，衣服上即使用这种矩纹图案，而且反映得十分清楚明白。

特别重要便是白石刻人像上的花纹，虽间接却具体。且不仅商代各物上存在种种相同花纹图案，此后也还并未绝迹失踪，还继续反映到工艺品中，成为装饰图案一部门。

一、春秋战国中原地区各处出土青铜车轴头上还有这种连续矩纹，地子或作芝麻点，或作羽状卷云纹。时间比楚式镜子上反映当略早些。

二、楚式青铜镜子上，主要花纹图案之一种，且形成种种不同变格式样，底子或作整齐细致羽状卷云，或作不规则螺旋云纹。由于过去对于它的来源成因不明白，或称“山”字镜（图3），或称“T”形镜，或称矩形镜，或称规矩镜，可极少注意到它和纺织物纹样的关系。并且它既和十二章的“山”字可能有一定联系，也和礼制玉中的“蒲纹”不可分割。

三、战国或秦汉之际大型空心砖边沿有这种连续矩纹。从类似砖上使用  纹已确知为丝绸中的绫纹，则砖上连续矩纹，更必然是一种织物花纹。

四、战国玉璧上有这种连续矩纹，此外玉羽觞、玉具剑上之玉璏（zhì）上，也使用过这种连续矩纹。这个一般可说是一种云纹的变格，事实上却更近于连续矩纹的缩小。（周代礼制玉说的蒲纹，如非指这类纹样，即应当是另外一种青苍玉大璧上所反映的一种直格纹和纵横交错的条纹。至于《三礼图》所绘在璧上作小簇写生蒲纹，则只是宋人以意为之，完全不符实际。因直到目下为止，出土周代大小玉璧千百件，还从无作《三礼图》上那种写生般蒲纹的。径尺苍璧以图中所见较多。）

图 2　跪坐玉人　商　安阳殷墟妇好墓出土　中国国家博物馆藏

图 3　四山纹镜　战国

图 4　青玉卷云纹剑珌　西汉

图 5　错金博山炉　西汉　满城汉墓出土　河北博物院藏

五、长沙战国楚墓出土彩绘俑，有些衣沿作这种连续矩纹。如结合史志上说的“衣作绣，锦为缘”的记载，则无疑这种花纹，事实上即当时一种锦纹。最具说服力也是这个俑上衣沿的反映，和商代那个白石刻人像花纹一样，是直接出现于衣服上的。

六、山西侯马近年出土大量铸铜用陶范，有几个约四寸长人形陶范，有著矩纹短短花衣的，也有著条子式三角日旋云纹花衣的。这个材料且进一步为我们说明，既有全身矩纹图案，又有间隔条子式花纹图案，白陶早已发现过这种条子式作方折回旋云纹，彩陶则间隔条子也常有发现。白陶上矩纹且和人形泥范上衣著花纹完全一致。由此可知，当时生产这种花纹纺织物，至少已有几种不同方式，幅面较窄只堪作衣沿或腰带用的，或和目前还在西南苗族、西北回族用粗毛编织的带子式材料技术相差不多，是属于原始腰机地机，用手指凭操作习惯理经提花，而用一种木石璋式刀具或牛肋骨作工具，代筘压线进行的。这虽是种原始提花机，而直到如今，却还在边远地区继续使用。十八世纪海南岛黎族使用的工具全份，还陈列于北京故宫博物院。运用这些工具进行织作方法，则在云南石砦山出土铜器上，还有极典型形象保存，陈列于北京历史博物馆。这还是一千九百年前留下来的。（至于西藏式织氆氇工具，却已有了进一步改进。）同一时期也正是中原地区如陈留襄邑使用新式提花机织出“登高明望四海”“长生无极”“韩仁”诸彩锦时！这些发现为我们提供了一种新的假定，即由商代到东周，这种矩纹彩色提花纺织物至少有两种不同幅度：一种不过三五寸宽，楚俑所用衣边，是不用剪裁照原来幅度缀上的；商白石人像和侯马陶范人形所穿花衣材料，却是照古代二尺幅筘立式提花机作成的。

矩纹锦在汉代已少见，同式花纹反映到其他装饰图案也少见。说明了一个问题，即由于生产发展，织机改进，这类近似几何规矩图案已不能满足生活要求。因此汉代彩色花锦出土不下数十种，基本纹样多是以云山中鸟兽奔驰为主题，打破了传统束缚，自出新意。图案来源不外从两个方面：反映现实主义的游乐狩猎生活，反映于文字则产生《羽猎赋》《上林赋》等叙述；其次反映浪漫主义的对于神仙方士长生不死的迷信情形，反映于文字，则有如《史记·封禅书》《汉书·武帝纪》有关海上三山等叙述，及乐府诗关于博山炉形容。这两种思想影响到工艺装饰图案各部门，产生冠饰上的盾形金博山，和陶井栏青铜灯上的金博山形装饰。产生五鹿充墓出土的错金戈戟附件上的花纹，上作仙人驾鹿车在云中驰逐，各种鸟兽骇跃腾骧于山云间。产生朝鲜汉代古墓出土的同式错金银附件花纹，上作骑士射虎，及孔雀、鸿雁、麋鹿、野豖于山云中奔走驰逐。影响到翠绿釉陶和栗黄釉陶鼎或尊盖部博山，产生千百种各具巧思的金铜博山炉（图5）。反映于丝织物，则成各种大同而小异的锦纹，而以较著名的“韩仁”锦和“登高明望四海”“新神灵广”“明光”诸锦最有代表性。事实上这种锦纹也可以说是立体博山炉的平面化，图案来源是共通的，都出于海上三神山的传说。这种锦纹的成熟，如据上面文字分析，早或在秦始皇，晚亦不会到武帝以后，因为“登高明望四海”必然和当时封建统治者妄想长生不死、上泰山封禅有密切关系。锦上字体也具秦刻石风格。有些也可能早到战国中晚期，因为花纹作式云纹，正和战国楚式铜镜花纹及彩绘漆盾花纹有共通点。古代有关丝绸名目的“纨”和“绮”，可能和这个花纹有关。“长乐”“明光”则系秦汉宫殿名目。这种花纹锦缎，直到晋代还继续生产。《邺中记》所说“大登高”“小登高”“大明光”“小明光”及《南史》称“仙人鸟兽云气异样花纹”，和米芾所见晋永和时“仙人鸟兽云气织成锦”必然有密切联系。或简直就是同一织物。到北朝晚期或唐代初期，锦类才有进一步变化，龟子纹锦或属固有格式，连珠团花、对羊、对灵鹫、对天王狩猎、野猪头等图案，则有可能来自西域，或更远一些地区。根据见多识广的张彦远记载，说窦师纶在成都作行台官时，出样制作的瑞锦，游龙翔凤诸花样。既称章彩奇丽，流行百年不废，可知花纹图案组织及和色方面成就，均必有过人处。从日本正仓院所藏唐代实物及敦煌唐代彩绘壁画种种壮丽丝织图案还可窥见大略。韦端符《李卫公故物记》和《唐六典》罗列了部分绫锦名目，并特别对于一近似织成锦式刻丝衣袍花纹加以赞美。陆龟蒙《古锦裙记》则记述所见特种锦裙，虽说或陈隋间物，其实以鸟衔花使用习惯而言，则大致成于唐初。

双矩纹绫锦见于《唐六典》诸道贡赋，盘绦绫锦则著录于较晚的大历禁织绫锦纹样诏令中，李德裕《会昌一品集》谏织缭绫奏议也提起过。唐代以来，大撮晕彩锦类，虽已达到和色极高艺术效果，惟在应用方面似以本色花绫和染缬比较广泛。红紫使用有一定限度，惟青碧色不受何等拘束。

彩锦类在历史各阶段中如玄宗开元初年和肃宗时，常因政治上原因，一再明令禁止。矩纹和盘绦在织法上比较简单，且切合新流行于上中层社会坐具垫子类需要，从而得到发展是意中事。但从谏织盘绦缭绫奏议中，可见比一般本色花绫还是华美难织，货币价值也必然较高。直到宋代，社会生产有进一步发展后，锦缎花纹也因提花技术有了提高，更重要是丝绸生产数量的扩大和品种的加大，彼此竞新立异，因此由比较简单的龟贝锦发展而成的八答晕锦，由团窠锦发展而成的大宝照锦，由一般花纹比较疏朗的素地串枝牡丹锦发展而成的满地金，或间金红地藏根满地花加金锦。灯笼式也由北宋成都起始织造金线莲花灯笼锦而发展成各种各样不同式样。梭子杏仁式樗蒲绫，也由唐代遂州所织，到宋代发展而成许多相似不同花纹，有对凤、游龙、聚宝盆、牡丹等等，就织法说则有罗、纱、缎，就材料说有织金，有间金，有装花，有本色花等等。从簟纹发展而出的矩纹锦，这时节由于应用面的扩大，也得到进展，从《蜀锦谱》和后来些《博物要览》所记宋代几十种绫锦名目中试加分析，即可知至少有×种和簟纹有关。或由之发展而成。即明代普遍流行，清代又在南京、苏州大量织成的万字地大小折枝串枝花式，明人所谓“落花流水”锦，不下百种式样，也无一不是由之发展而来。这类宋锦实物虽保存已不多，但《营造法式》彩绘部门若干种花式，基本上即是锦缎式样，可以用来和现有明清同式锦缎互证，给我们对于它有深一步认识。

# 蜀中锦[1]

谁都知道“蜀锦”是指四川成都织造的花锦，可是蜀锦究竟是个什么样子，在历史发展中，每个时代花样有什么特征，它和江浙生产又有什么不同？还少有人认真注意过。试来问问在学校教纺织工艺图案的先生，恐怕也不容易说得明白。原因是如不能把文献和实物相互印证，并从联系和发展认真探讨分析，不论是成都蜀锦，还是江宁云锦，都不大容易搞清楚。

春秋战国以来，锦出陈留，薄质罗纨和精美刺绣出齐鲁。可知当时河南、山东是我国丝绣两个大生产区。汉代早期情形还不大变。因此政府除在长安设东西二织室外，还在齐地设三服官，监造高级丝绸生产。为团结匈奴，每年即有几千匹锦绣运出关外，赠与匈奴诸君长。近年在内蒙古、新疆出土的锦绣，证明了历史记载的真实。当时上层社会用锦绣也格外多，“刺绣文不如倚市门”之谚，一面反映经商贩运的比生产的生活好，另一面也说明生产量必相当大，才能供应各方面的需要。

蜀锦后起，东汉以来才著名。三国鼎立，连年用兵，诸葛孔明在教令中就曾说过，军需开支，全靠锦缎贸易，产量之大，行销之

1 本文1959年7月5日发表于《装饰》第6期。1986年5月收入商务印书馆香港分馆《龙凤艺术》一书。

广，可想而知。曹丕是个花花公子，好事买弄，偶而或者也出点主意，作些锦样，因此在《典论》中曾说，蜀锦下恶，虚有其名，鲜卑也不欢迎，还不如他派人织的“如意虎头连璧锦”美观。说虽那么说，曹氏父子还是欢喜使用蜀锦。到石虎时，蜀锦在邺中宫廷还占重要地位。唐代以来，河北定县、江南吴越和四川是三大丝绸生产区，吴越奇异花纹绫锦，为巴蜀织工仿效取法。然而张彦远写《历代名画记》，却说唐初太宗时，窦师纶在成都作行台官，出样设计十多种绫锦，章彩奇丽，流行百年尚为人喜爱。唐代官服计六种纹样，又每年另为宫廷织二百件锦半臂、二百件赠外国使节礼品用的锦袍，打球穿的花锦衣，且有一次达五百件记载。《唐六典·诸道贡赋》中，且具体说起四川遂州、梓州每年必进贡“樗蒲”绫。这种梭子式图案织物，到宋代发展为“樗蒲”锦，元明还大量生产，现存不下二十种不同花样，极明显多由唐代发展而出。

图 1　黄地樗蒲纹妆花缎　清　中国丝绸博物馆藏

五代时，蜀中机织工人又创造大幅“鸳鸯衾”锦。后来孟昶投降北宋，仓库所存锦彩即过百万匹。北宋初文彦博任成都太守，为贡谀宫廷宠妃，特别进贡织造金线莲花灯笼锦后，直到明清还不断产生百十种各式各样灯笼锦。成都设“官锦坊”，所织造大小花锦，又设“茶马司锦坊”，换取国防所需要的车马。有些在《蜀锦谱》中还留下一系列名目，且在明清还有织造。宋代每年特赐大臣的七种锦名，也还可在明清锦中发现。元代成都织十样锦，名目还在，就现存过万种明锦分析，得知大部分花纹图案，到明代也还在生产。

图 2　对雁对含绶鸳鸯纹锦　隋唐五代

图 3　复原的成都老官山汉墓提花织机

蜀锦在艺术上的成就或工艺上的成就都显明，是万千优秀织工在千百年中不断努力得来的。蜀锦式样，从现存明锦中必然还可以发现百十种。近百年来格子式杂色花五彩被面锦，清代名“锦绸缎”，图样显明出于僮锦[1]而加以发展，十九世纪晚期生产，上至北京宫廷，下及民间，都还乐于使用，其实也远从唐代小团窠格子红锦衍进而来。现代晕色花样花锦，则是唐代蜀中云裥锦的一种发展。

图 4　红地五彩鸟纹锦（复制品）

1　即“壮锦”。

蜀锦生产虽有悠久光辉工艺传统，二千年来究竟有些什么花样，特点何在，元人费著《蜀锦谱》曾为我们提供了一些线索。但是过去实少有人能结合实物，作进一步研究。一般人印象，只不过知道近代格子杂色花被面锦，是蜀中锦之一而已。近年来，我们对于古代锦缎，曾作了些初步探索，对蜀锦才有了些常识。古代工艺图案花纹，极少孤立存在。汉代部分工艺图案，多和当时神话传说有一定联系。《史记·封禅书》等记载东海上有三神山，上有白色鸟兽和仙人一道游息同处，长生不死，通过艺术家想象，因此不仅反映在当时铜、陶制博山香炉和酒樽等器物上作为装饰，同时还广泛使用到一般石、漆、铜、木的雕刻装饰纹样上，丝绣也多采用这个主题，作成各种不同发展。图案基本是鸟兽神人奔驰腾跃于山林云气间。有些锦缎又在花纹间加织文字，如“登高明望四海”，可知创始年代，显然和登泰山封禅有关，如非出于秦始皇时期，必是汉武帝刘彻登泰山时。“长乐明光”是汉宫殿名目，“子孙无极”是西汉一般用语，由此得知，这些丝绸图案必成熟于西汉。汉文化的普遍性，表现于各方面，丝绸也受它的影响，这些在中国西北边缘地区发现的二千年前锦缎，既或是长安织室的产物，我们却可以说，古代蜀锦，也必然有这种花样。晋人陆翙（huì）著《邺中记》，即提起过“大小明光”“大小登高”诸锦名目，更证实直到晋代，蜀锦生产还采用这种汉代图案。唐代蜀锦以章彩奇丽见称，花树对鹿从图案组织来看，还保持初唐健美的风格。梭子式图案的樗蒲绫、锦，花纹有龙凤、对凤、对牡丹、聚宝盆等不同内容一二十种。宋代灯笼图案花锦，发展到明清更加丰富多彩。格子杂色花样，如用它和汉代空心砖图案比较，可知或许汉代就有生产。特别是中心作柿蒂的，原出于汉代纹样，惟就目下材料分析，则出于唐代，建筑彩绘平棋格子的形式，和它关系密切。此后约一千年，凡是这种格子花锦，即或不一定是蜀中生产，也可以说是“蜀式锦”一个典型品种。

图 5　长乐大明光锦女裤　东汉　和田尼雅遗址出土　新疆文物考古研究所藏

图 6　长乐明光锦（复制品）

近半世纪以来，由于旧政权官僚政治的腐败无能，军阀连年混战割据，蜀锦生产受摧残打击，十分严重。仅有一点残余，在生产花纹图案方面，又因为和优秀传统脱离，无所取法。提花技术方面，也不能改进。花纹色彩，都不免保守，难于和日新月异的近代上海、南京、苏杭各地生产竞争。直到近年，生产组织有了基本改变，由分散到集中，才得到新的转机。近年来虽努力直追，还是进展较慢，不能如本省其他部门工艺生产有显著提高。因此，谈到民族优秀遗产，求古为今用，综合民族的和民间保存下来的万千种锦缎好花样，并参考苏杭新提花技术，求改进蜀锦生产，使蜀中锦在国内外重新引起广大人民的重视，恢复本来盛名，应当是今后作研究工作的和主持生产工艺设计以及保有优秀技术和丰富经验的织锦工人共同努力的一个方向。看看近年四川改进的竹器，成绩就十分出色。但是研究工作要踏实，首先得有种新的认识，工作也相当艰巨。得抽出一定人力，投入大量劳动来整理材料，必需真正明白有些什么优秀遗产，才能好好利用这些优秀遗产！如停顿到原来认识基础上，只根据极少部分资料，半出附会，半出猜想，说这是唐，那是宋，谈研究，谈改进，都不能不落空。

一九五九年写

# 湘西土家族织锦[1]

我国是个多民族的国家，在这个民族大家庭中，数千年来文化艺术的成就，是多种多样、无比丰富的。但过去长时期以汉文化为中心的阶级社会里，民族文化从来没有得到应有的重视和发展机会。特别是近百年来受帝国主义的长期侵略，半殖民地的文化艺术泛滥所及，使固有文化艺术普遍遭受到严重毒害和摧残，民族文化艺术的成就，因之更容易看成落后和幼稚，加以忽视或轻视，终于逐渐消失灭亡。幸我国地大人口多，成于人民的大量民族和民间艺术品，始终还能有一部分保留在我国边沿地区的人民群众手中，不至于完全受糟蹋，或被无孔不入的帝国主义者巧取豪夺、盗掠出国。

解放以来，由于党的民族政策的正确执行，全国各族人民，在政治上和经济上都释去了千百年来的束缚和重压，得到真正解放。不仅生活发生了基本变化，色彩壮丽、风格鲜明的民族艺术，也有机会和全国人民见面，得到普遍尊重和好评。艺术中的音乐歌舞，首先引起国内和世界观众的注意，例如新疆维吾尔族的乐舞，蒙古族的马头琴抒情歌曲，贵州苗族的芦笙舞，云南彝族的弦子跳月舞，以及陕西、云南汉族的民歌……无不以崭新面貌在国内外千万人民群众间留下个深刻难忘的印象。新近在首都举行的解放军文艺会演，根据海南

1　本文作于1959年。

岛黎族革命斗争故事，采用黎族乐舞加以发展，得到巨大成功的《五朵红云》新型乐舞剧，进一步为我们证明，民族文化艺术中，还储蓄着无限富厚的矿藏，等待有心人去发掘和利用。一个新的人民艺术家，如善于学习取法，能就固有的种种优点，加以提炼、综合，作出新的创造，必然可望得到满意的丰收。因此，民族文化艺术的发展，显然是前途远大、令人乐观的。文化高潮的来临，民族文化艺术必有个显著地位。

音乐歌舞是民族文化艺术成就一部分。此外还有影响到各民族人民日常生活更密切，完成于万千妇女直接生产劳动的服饰中的编织刺绣。这里介绍的一部分湘西土家族织锦，就属于这一部门生产特别值得重视的成就。

土家族是我国古老民族之一。传说是巴族一个分支，它的历史可上溯到奴隶社会制的商代，《周书·牧誓》中即提起过，三千年前由周族联合西南巴濮八个民族共同推翻了大奴隶主纣辛时，巴族就曾参加这个历史上有名战役。现在分布的地区，主要是我国中南川、鄂、湘、黔诸省边沿山区。西北到青海、宁夏，西南的两广，也有这个民族居住。在湖南的多集中于龙山、古丈、永顺、永绥、保靖各县，目下统属湘西土家族苗族联合自治州行政范围，共有人口三十余万。虽至今还没有独立文字，惟习汉文的知识分子已相当多。歌舞中的摆手舞和编织物中的织锦被面，是本民族文化两大特征。前几年，中央民族音乐研究所，对于摆手舞闻曾作过一回调查工作，还有待其他艺术家深入一步，把它当成祖国民族文化艺术优秀遗产介绍给国人。至于织锦被面，却因为在全国手工艺美展，和中央及中南民族学院文物展、湖南省民族文物展，以及最近一回由对外文化联络委员会筹备出国展的预展中，引起文化教育、工艺生产方面的浓厚兴趣，和一般观众的共同好评，多认为这部门艺术成就是惊人的。图案组织的古典式样，或可上溯到三千年前，比白陶、青铜器纹样产生更早一些，但是每一件艺术品都有它特殊艺术风格，且充满现代生活气息，充满现代感情。这些纯粹出于劳动人民的成就，世代相传把技术保留下来，是祖国民族文化艺术重要优秀遗产，值得我们好好学习。

图 1　土家族神龛茶几织锦被面料　上海博物馆藏

图 2　土家族阳雀花织锦被面料　上海博物馆藏

文化艺术中的"古为今用"是一个重要提示，敢学敢想敢作的工艺美术设计者，如能把这些健康美丽的花纹图案，转用到现在生产中的棉毛编织物如地毯、床毯、帐幕、窗帘、手提包、围巾以及衣裙用料，或其他室内外装饰彩绘上去，都可望令人眼目一新，得到应得的成功。

其次，即这部分艺术遗产，不仅对生产有用，即对于我们研究古代编织物纹样史，也具有重要意义。因为纺织物艺术加工的历史发展，就文献记载，位居西南、中南各民族实各有一定的贡献。它是后来锦缎的发源地。《禹贡》中提及的织文、织贝，《汉书·西南夷传》所说的帛题和阑干布（也称阑干斑布），唐宋以来文献记载中涉及的诸葛锦、兜罗绵、黎单、侗锦、瑶斑布以及十八世纪的纳布，产生时代虽不相同，加工过程也必然多种多样，花纹更常在变化进展中。就各地现有生产情况了解，实相差不多。如能够把现存土家族的大量织锦，和现存西南、中南其他少数民族编织刺绣不同成就，以及十八世纪以来各民族贡物、保存于故宫的千百种不同材料，来加以综合比较，即可望得到一种十分有益的启发，为研究古代纺织物花纹史提供了重要的线索。这部分研究工作，过去认为相当困难，无从着手。由于新材料的大量发现，许许多多问题，都可望在不久将来，有新的理解，作出新的说明和结论，填补这个空白点。至于这种织锦的美丽处，对读者来说应当是有目共赏，一望而知，我就不用多说了。

# 织金锦[1]

中国丝织物加金，从什么时候起始，到如今还是一个问题，没有人注意过。比较正确的回答，要等待地下新材料的发现。以目下知识说来，如把它和同时期大量用金银装饰器物联系看，或在战国前后。因为这个时代，正是金银错器反映到兵器、车器和饮食种种用器的时代，是漆器上起始发现用金银粉末绘饰时期，是用金捶成薄片、上印龙纹作为衣上装饰时期。但是文献上提及锦绣时，是和金银联系不上的。春秋以来只说陈留襄邑出美锦、文锦、重锦、纯锦，“锦”字得名也只说“和金等价”，不说加金。迄今为止，还没有发现过这时期墓葬中丝织物加金的记录。长沙战国古墓中，得来些有细小花纹丝织物，（新近还发现棺木上附着的黼绣被）可不见着金痕迹。陕西宝鸡县斗鸡台，发掘过西汉末坟墓，虽得到些鸟兽形薄金片，或是平脱漆上镶嵌的东西，可不像是衣服上的装饰。西北楼兰及交河城废墟中，掘出的小件丝绣品，其中有些金屑存在，丝织物还极完整，不见剥损痕迹，当时是用金箔粘贴，还是泥金涂绘，又或只是其他东西上

1　本文曾以《中国织金锦缎的历史发展》为题，发表于1953年9月3日《新建设》第9期，署名沈从文。1960年收入北京作家出版社《龙凤艺术》一书，文字稍有增改，并改篇名为《织金锦》。1986年5月商务印书馆香港分馆《龙凤艺术》一书收入《织金锦》时，将文末最后四个涉及明织金锦的段落移到《明织金锦问题》文后。现据商务印书馆香港分馆《龙凤艺术》编入。

残余金屑，不得而知。东汉以来，封建帝王亲戚和大臣的死亡，照例必赐东园秘器，有用朱砂画云气的棺木、珠襦玉柙。这种玉柙，照《后汉书·舆服志》解释，是把玉片如鱼鳞重叠，用金银丝缕穿缀起来裹在身上的。一般图录中还没有提起过这种实物式样。中国历史博物馆中有份刘安意墓中出土遗物，有骨牌式玉片一堆，上下各穿二孔，穿孔部分犹可看出用金缕的方法，还是用细金丝把玉片钉固到丝织物上。当时这种金丝有一部分必然外露，但决不会特别显著。

《史记》《汉书》都称西北匈奴胡人不重珠玉，欢喜锦绣。汉代以来中原每年必赐匈奴酋长许多锦绣。中原向大宛、楼兰诸国换马和玉，也用的是锦绣和其他丝织物。这种丝织物中，是有加金的，如《盐铁论》说的中等富人的服饰，即有“罽衣金缕，燕貉代黄”。说的金缕也可能指的是大夏、大秦外来物。《晋书·大秦国传》称大秦“能刺金缕绣”。西北匈奴羌胡民族，既欢喜锦和金银，就有可能从大秦得到金缕绣。近半世纪西北发掘的文物，证实了史传所称西北民族爱好锦绣的习惯。在内蒙古和新疆沙漠中，得到的汉代丝织物，如带文字的“韩仁”锦（见P176图2）、“长生无极”锦、“宜子孙”锦、“群鹄”锦、“新神灵广”锦、“长乐明光”锦，和不带文字的若干种绫锦绣件。截至目下，还是中国古代丝织物中一份最有代表性的、珍贵的遗物。它的纹样和古乐浪汉墓出土的丝织物大同小异，恰是汉代中原丝绣的标准纹样。（正和《盐铁论》说起过的，两地当时受中原墓葬影响情形相合。）中国科学院黄文弼先生，在他作的《罗布淖尔考古记》中说：“孔雀河沿岸之衣冠冢中，死者衣文绣彩，甚为丽都，虽黄发小儿，亦皆被服之。”（见该书第七十页）遗物中有一片近乎织成刻丝的织物，上面作的是一匹球尾马拉一辆车子，文献和其他报告图录中，还从来没有提起过。但似乎没有见过刺金缕绣。

其中一个青红锦拼合成的锦囊，记录上虽说是从魏晋之际古墓中得来，其实是正格汉式锦，一作龙纹，或即《西京杂记》所谓蛟龙锦，有“无极”字样。一作对立小鸳鸯花纹，有一“宜”字，似“宜子孙”锦，已启唐代作风。这些丝织物，据朱桂莘先生说，当时或着金。但从提花纬线考查，不像加过金。在北方古坟中，曾得到一小片桃红色有串枝花的毛织物（见《北方系文物研究》，第一六一页后图五十三）。花纹和一般丝织物截然不同，和汉末镜缘装饰倒相近。如非当时西北著名的细罽，从花纹看，有可能来自大秦或西方其他国家，时代当在魏晋之际。

因《西域传》记载，中国丝织物加金技术上的发展，一部分学人即以为实来自西方。但是，一切生产都必然和原料发生联系。锦缎类特种丝织物生产，除古代的陈留襄邑、山东临淄，汉以来即应当数西蜀。金子生产于西南，汉代西蜀出的金银釦漆器，在国内就首屈一指。因此，中国丝织物加金的技术，说它创始于西南，或比较还符合事实。最早用到的，可能是金薄法，即后来唐宋的明金缕金法，明清的片金法。丝织物纹样既和同时金银错纹样相通，加金部分也必然和金银错大同小异。

张澍《蜀典》引魏文帝曹丕《典论》，批评三国时丝织物说：“金薄蜀薄不佳，鲜卑亦不受。如意虎头连璧锦，来自洛邑，亦皆下恶，虚有其名。”循译本文的意思，即川蜀织的金锦和彩锦，送给鲜卑民族，也不受欢迎！洛阳有名的出产，品质并不高。《诸葛亮文集》则称“蜀中军需惟依赖锦”。可知当时蜀锦生产还是军需主要来源。川蜀是金子重要生产地，捶金箔技术，于蜀中得到发展，是极自然的。

另一方面也反映出社会的需要。《三国志·魏书·夏侯尚传》称：“今科制自公、列侯以下，位从大将军以上，皆得服绫、锦、罗、绮、纨、素、金银饰缕之物。”说的即明指各种丝织物衣服上加金银装饰。或刺绣，或织成，则不得而知。（用金银缕刺绣作政治上权威象征，从此一直在历史发展中继续下来，到以后还越来越广泛）

欢喜用金银表示豪奢，在西北羌胡民族中，最著名的是石虎。陆翙著《邺中记》，称石虎尚方锦署织锦种类极多，可没有提过金锦。其中有“大明光”“小明光”诸名目，这种锦在汉墓中即已发现，还是“韩仁”锦类汉式锦。但这时节印度佛教大团花已见于石刻，反映于丝织物，很可能就有了后来唐代的晕锦类大花锦。宋时的大宝照锦，用虹彩法晕色套彩，技术上比“韩仁”锦已大有进步，可不一定加金。至于当时的织成，则近于宋以来刻丝。有几种明白称金缕和金薄，说明小件丝绣用金的事实。《邺中记》又称，石虎猎则穿金缕织成合欢袴，可见当时也用到比较大件衣著上。所说金缕即唐宋的捻金，金薄即后来的明金和片金。（但唐人说缕金，却有时指明金，有时指捻金。捻金又可分后来克金式的和一般库金式的）

《西京杂记》也记了许多特别丝织物，曾说“蚁文万金锦”，这个著作说的虽是汉代故事，反映的却多是魏晋六朝时物质，“蚁文万金”似乎只是奇异贵重的形容，花纹正如西域所得锦缎，并非用金织就。

许多记载中，惟《蜀典》引曹丕批评，所说“金薄”“蜀薄”，指的近于后来织金，且和曹操《上杂物疏》文中一再提起的“金银参带”漆器相关联。文中还提起许多漆器是用金银绘画的。

另外东晋时也用泥金，王隐《晋书》称，江东赐在凉州的张骏以金印大袍。如金印大袍指一物，用金印必泥金方成功。

又《北史·李先传》，说赐先金缕绣命服一袭，还是像捻金绣，不是织金。

就情形说来，织金法大致至迟在东汉已经使用。川蜀机织工人所作金薄，必和所作金银釦漆器一样，当时实在具有全国性，既可得极高利润，自然会继续生产。

到三国时，由于中原长年战争影响到销路，也必然影响到生产。这时生产技术虽保留，品质已退步，不如本来。至于用捻金刺绣和捻金法，技术上有可能是从西方传来的。鱼豢《魏略》即称大秦能织金缕绣。至于在中国和泥金涂画，三种加金同时用到，当在晋六朝之际。以北方用它多些。原因除奢侈享乐，还有宗教迷信，谄媚土木偶像（《洛阳伽蓝记》提金银着佛像极多）。不久南北同风，南方用于妇女衣裙，且特别显著。隋代用泥金银即极多。到唐代，贞观时先还俭仆，及开元、天宝之际，社会风气日变，一般器物多用金银，或金银装饰，如漆器中的平脱镜子、桌几、马鞍。（姚汝能《安禄山事迹》还提到金银杓、瓮、笊篱）加之外来技术交流，一般金细工都有长足发展，从现存实物可以明白。丝织物加金技术，也必然于此时得到提高。拈金织物于是同样得到发展机会。不过从唐人诗词描述中看来，用于女子歌衫舞裙中的，还不外两种方法：一即销金法的泥金银绘画或印花；一即捻金线缕金片的织绣。以泥金银绘和捻金刺绣具普遍性，织金范围还极窄。

“银泥衫稳越娃裁”“不见银泥衫故时”“罗衣隐约金泥画”“罗裙窣地缕黄金”，即多用于女人衣裙的形容。也间或用到男子身上。《鸡跖集》称：“唐永寿中，敕赐岳牧金银字袍。”又：“狄仁杰转幽州都督时，武后赐以紫袍龟带，自制金字十二以旌其忠。”这可见男子特种衣袍上加金银文字，从晋以来就是一种政治上权威象征，不会随便使用的。又《唐书》称：“禁中有金乌锦袍二，昔玄宗幸温泉，与贵妃衣之。”段成式《酉阳杂俎》记元宗[1]赐安禄山衣物中，也有“金鸾紫罗、绯罗、立马、宝鸡袍”。指的都是当时特种统治身分才能用这种加金丝织物衣服。

又《唐语林》称，贵妃一人有绣工七百余人。为了满足当时杨家姐妹的穷奢极欲的享乐，衣裙中用金处必然极多。至于如何使用它，从敦煌唐代女子服装可以见出当时花朵的布置方法，主要多是散装小簇，即宋时金人说的“散答花”。串枝连理则多用于衣缘、斜领和披肩、勒帛。花式大都和现存唐镜花式相通。（特别是男子官服中的本色花绫，如雁衔绶带、鹊衔瑞草、鹤衔方胜、地黄交枝等等，反映到遗物和镜文中，都极具体分明）它的特征是设计即或用折枝散装花鸟，要求的还是图案效果。作法则刺绣和销金银具比较普遍性，也有可能在彩色夹缬印花丝织物上，再加泥金银绘的。

《新唐书·肃宗纪》：“禁珠玉宝钿平脱、金泥刺绣。”正反映元宗时金泥刺绣必十分流行，经安史之乱后，才用法令加以禁止。但唐代特种丝织物，高级锦类，一般生产我们却推想是不用织金，也不必用金的。韦端符记李卫公故物中有锦绫袍，陆龟蒙记所见云鹤古锦裙，说的都是唐代讲究珍贵彩色绫锦，文字叙述非常详细，均没有提起锦上用金。两种织物照记载分析，都近于后来刻丝。

日本正仓院收藏唐代绫锦许多种，就只著明有四种唐代特种加金丝织物。惟用金到衣服上，且确有织金，和许多不同方法加金，开元、天宝间《唐六典》已提到，用金计共有如下十四种：销金、拍金、镀金、织金、砑（yà）金、披金、泥金、缕金、捻金、戗（qiāng）金、圈金、贴金、嵌金、裹金（此为明杨慎所引，今六典无）。

1 元宗，指唐玄宗，因清代避讳康熙帝玄烨之名而称“唐元宗”。

唐人记阎立本画，用泥银打底，是和泥金一样把金银作成细粉敷上去的。若用于衣裙帐幔，大致不外是印花和画花。捻金是缕金再缠在丝线上成线，也可织，也可绣。一般说来，绣的技术上处理比较容易，用处也比较多。织金通常却用两种方法：一则缕切金银丝上机，是三国以来金薄法、唐宋明金法、明清片金法；一作捻金线织。捻金法有可能从西域传来，早可到三国时，由大秦来，晚则唐代由波斯通过西域高昌、龟兹诸地区民族，转成中原织工技术。北宋末文献记录已有捻金青红锦五六种。但直到明代，织金锦中用到捻金的，占织金类比例分量还是极少。清代方大用，是因细捻金线技术有了特别进步，才把这种捻金范围扩大的。（最有代表性的，或者应数清华大学藏乾隆两轴刻丝加金佛说法图，径幅大到一丈六尺以上。原藏热河行宫，共十六幅；辛亥革命以后取回北京，存古物陈列所；日本投降后，不知为何被人偷出，售于清华。还有一种细拉金丝织成的纯金纱，明代已见于著录；北大博物馆曾藏一背心，似清代剪改旧料作成）

唐代宗时禁令中称：大张锦、软锦、瑞锦、透背、大裥锦、竭凿锦（凿六破锦，龟子纹发展而成的）、独窠、连窠、文长四尺幅独窠吴绫、独窠司马绫……及常行文字绫锦，及花纹中盘龙、对凤、麒麟、天马、辟邪、孔雀、仙鹤、芝草、万字、双胜，均宜禁断。

禁断诸绫锦名目，如瑞锦、大裥、麒麟等锦，有一部分还可从正仓院藏绫锦中发现。这些锦样的设计，多出于唐初窦师纶。张彦远在《历代名画记》说得极清楚：

> （窦师纶）敕兼益州大行台、检校修造。凡创瑞锦宫绫，章彩奇丽，蜀人至今谓之“陵阳公样”……太宗时，内库瑞锦，对雉、斗羊、翔凤、游麟之状，创自师纶，至今传之。

张彦远见多识广，笔下极有分寸，说的章彩奇丽，必然是在讲究色彩的唐代，也非常华丽。这些锦样真实情形，已不容易完全明白，但从正仓院藏琵琶锦袋（似织成锦），和时代虽晚至北宋、花式尚从唐代传来的紫鸾鹊谱刻丝（在《纂组英华》彩印过，见图1），内容我们还可仿佛得到一二。这种华丽色调，在宋锦中已有了变化发展，但反映于这片刻丝，还十分动人。一切事物都不是孤立存在的，所以此外我们也还可以从同时流行反映于敦煌洞窟天井墙壁间彩画团窠方胜诸锦纹，及铜镜、金银器上的花纹图案，得到唐代丝织物花纹基本特征。

图1　缂丝紫鸾鹊屏　北宋　辽宁省博物馆藏

因此我们明白，唐代丝织物工艺上的重要贡献，还是以花纹色调组合为主，即部分加金，也是从增加装饰效果出发，如正仓院藏加金锦，和元明以来之“纳石失”、遍地金、库金、克金，以捻金或片金为主要的丝织物，是截然不相同的。

丝织物加金有了进一步发展，大致是在唐末、五代之际。丝织物花纹由图案式的布列，发展为写生折枝，也是这个时期。其时中原区域连年兵乱，已破败不堪。前后割据于四川的孟昶，江南的李煜，吴越的钱俶，政治上还能稳定，聚敛积蓄日多；中原画家和第一流技术工人，能逃亡的大致多向这些地方逃去。几个封建统治者，都恰是花花公子出身，身边又各有一群官僚文人附庸风雅；金银一部分用于建筑装饰和日用器物，一部分自然都糜费于妇女彩饰衣裙中。这些地方又是丝织物生产地，织绣工和当时花鸟绘画发生新的联系，大致也是在这个时期。惟关于这个时代的丝织物，除诗词反映，实在遗物反不如唐代具体（仅近年热河辽驸马墓出一件捻金织云凤类大袍或被面）。诗词中叙女子服饰用金极普遍。在瓷器上加金银边缘装饰，也是这个时代，从吴越创始各种“金银棱器”。

图 2　金花银枕头　辽　陈国公主墓出土　内蒙古自治区文物考古研究院藏

到宋统一诸国时，从西蜀吴越得来锦缎数百万疋（pǐ），除部分犒军耗费，大部分是不动用的。北宋初年，宫廷俭朴和社会风俗淳厚，都极著名。旧有的还不大用，新生产也不会在这个时间特别发展。直到真宗时，社会风气才有了变化。由于政治上的新中央集权制，一面是从诸国投降得来无数金银宝货，一面是从各州府财政收入统属中央，且集中京师，就有了个可以奢侈浪费的物质基础。其时正和占据北方的契丹结盟议和，权臣王曾、丁谓辈，贡谀争宠，企图用宗教迷信结合政治，内骗人民，外哄契丹，因之宫中忽有天书出现，随即劳役数十万人民，修建玉清昭应宫，存放天书。把全国最好的工人、最精美的材料，都集中汴梁，来进行这种土木兴建工程。并集天下有名画师，用分队比赛方法，日夜赶工作壁画。一千多间房子的工程全部完成时，君臣还俨然慎重其事，把天书送到庙里去，大大的犒赏了参加这个工程的官吏和工人一番。丝织物用金的风气，也因之日有增加。

宋王栐著《燕翼诒谋录》，记述这个用金风气的发展，便认为实起于粉饰太平，上行下效，不仅士大夫家奢侈，市井间也以华美相胜。用金情形，则可从反复禁令中充分反映出来。其实，当时禁者自禁而用者自用。例如：汴梁城中二十余酒楼，特别著名的樊楼，楼上待客用的大小金银器具，就有二万件。三两个人吃喝，搁在桌面的银器也过百两。即小酒摊吃过路酒的，也必用银碗。大中祥符八年诏令，提起衣服用金事，名目即有十八种之多。计有销金、缕金、间金、戗金、圈金、解金、剔金、拈金、陷金、明金、泥金、榜金、背金、影金、阑金、盘金、织金、金线……

除部分是用于直接机织，其余大都和刺绣、印画、缠裹相关，即从用金方法上看，也可以想见这个中世纪统治阶级，是在如何逐渐腐败堕落，此后花石纲的转运花石、寿山艮岳的修造，都是从这个风气下发展而来的。

不过，现存宋锦或宋式锦，都很少见有加金的。说宋锦加金，且和一般习惯印象不相合。这有两个原因作成。一、照习惯，鉴赏家对于锦类知识，除从《辍耕录》《格古要论》《博物要览》诸书，知道一些名目，居多只是把画卷上引首锦特别精美的龟子纹、盘绦琐子纹、八达晕等几何纹式彩锦，就叫做宋锦，即名目也并不具体清楚明白。因此不闻宋锦有织金。二、宋人重生色花，即写生折枝，这些花也反映到锦的生产中，打破唐以来的习惯。这种生色花，而且部分加金，或全面用金。明代把这些花锦，斜纹织缪丝地的叫“锦”，平织光地的叫“缎”，福建漳州织薄锦叫“改机”（弘治间织工林宏发明）；凡彩色平织、带金的叫做“妆花缎”或“织金缎”，不作为锦。因此，即遇到这种宋锦或宋式锦，也大都忽略过了。其实宋锦和社会上的一般认识，是不大相合的。折枝写生花部分加金和全面用金，在宋锦中是不少的。文献中提起的近百种锦名，大部分还可从明锦中发现。

宋锦加金至少有两种方法，我们已经知道。一即古代之金薄法，宋代称为明金。《洛阳花木记》称牡丹中有“蹙金球”，以为色类“间金”而叶杪皱蹙，间有黄棱断续于其间，因此得名。又记“蹙金楼子”，情形也相差不多。宋人欢喜把本色花鸟反映到各种工艺品上去，若反映于丝织物上时，自然即和建筑中的彩绘勾金，及现在所见织金妆花缎用金情形大体相合。宋锦中是有这种格式的。加金有多少不同，在宋人通呼为“明金”。记载这种丝织物名目、花纹和用处较详的，以《大金集礼》提起的比较多而具体。说的虽是南宋时女真人官服，我们却因此明白许多问题。因为这种服制花式，大多是抄袭辽和宋代的。也有捻金锦，如明清捻金或库金。文献上提起捻金锦的，多在南北宋之际。《大金吊伐录》记靖康围城时，宋政府和金礼物中即有金锦一百五十匹。周必大《亲征录》称南宋使金礼物中，即有捻金丝织物二百匹。周煇《清波杂志》卷六，载给北使礼物，也提起过青红捻金锦二百匹。又周密记南宋初年高宗赵构到张浚家中时，张是当时有四万顷田的著名大地主，献锦数百匹，其中也有捻金锦五十匹。可知这种捻金锦在当时实在是有代表性的高级丝织物。同时也说明这种金锦，至迟在北宋中叶已能生产，但始终不会太多。《大金集礼》又叫作“捻金番缎”，说明在金人眼目中它既不是宋人织法，也不是金人所能织，显然是西域金绮织工作的。又叫作捻金绮，和锦的区别或在它的织法上。关于这种织工，南宋初洪皓著《松漠纪闻》说得极详细：

> 回鹘自唐末浸微。本朝盛时，有入居秦川为熟户者，女真破陕，悉徙之燕山、甘、凉、瓜、沙，旧皆有族帐，后悉羁縻于西夏。惟居四郡外地者，颇自为国，有君长。其人卷发深目，眉修而浓，自眼睫而下多虬髯。……帛有兜罗绵、毛罽、狨锦、注丝、熟绫、斜褐。……又善结金线……又以五色线织成袍，名曰克丝，甚华丽。又善捻金线，别作一等背织，花树用粉缴，经岁则不佳，惟以打换达靼。辛酉岁，金人肆眚，皆许西归，多留不反，今亦有目微深而髯不虬者，盖与汉儿通而生者。

这个记载极其重要。我们知道，唐代工艺生产中若干部门，是和印度、波斯、阿拉伯，或西域回鹘技工关系密切的。丝织物加金工艺，在唐代得到高度发展，由金薄进而为捻金，和这个盛于唐、到宋代入居秦川为熟户的回鹘，必有联系。金人称“捻金番缎”，也是这个原因。

金锦中明金和捻金花缎，说的比较具体的，是《大金集礼》提起金人服制中的种种。可知道明金还是用处多。时代稍后记录中，元人费著作的《蜀锦谱》只提及一种，可推测得出纹样的，即“簇四金雕锦”。如簇四和《营造法式》彩绘簇四金锭相通，“金雕”即盘绦，则这种锦必然是捻金，不是明金。因为这种锦正如同琐子一样，捻金可织，片金织不出。至于陶宗仪《辍耕录》说的一种“七宝金龙”宋锦，却有可能是片金兼捻金两种织法。明织金中还保留这种锦类式样。

更详细地叙述这种宋代金锦花纹色泽的，只能靠时代晚后三百年《天水冰山录》记严嵩家中收藏的宋锦名目得知。纪录中明说是宋锦的，计有大红、沉香、葱白、玉色种种。其中有三种织金锦，名目是：青织金仙鹤宋锦、青织金穿花凤宋锦、青织金麒麟宋锦。

图3　缂丝凤穿牡丹团花　明　清华大学艺术博物馆藏

图4　鸾凤穿花纹织金锦姑姑冠罩　元　北京服装学院民族服饰博物馆藏

这个文献对于明代锦缎名目，记得非常清楚。当时说宋锦，必有不同于明锦的地方，如不是宋代旧织，也必然是宋式锦。但宋织锦和明织锦根本不同之处在什么地方？如不能从用金方法上区别，问题就必然是在配色艺术和组织技术上有个区别。从宋代种种工艺来比较，我们都可知道宋锦不可及处，即打样设计时，布置色泽、组织纹样都当成一件大事；而用金，从艺术上说来，却不怎么重要。这三种青地织金锦，有可能是部分明金，不是全部用金的。

宋范成大《揽辔录》记南宋乾道六年使金时，在路上见闻和京师印象：

> 民亦久习胡俗，态度嗜好与之俱化。最甚者衣装之类，其制尽为胡矣。自过淮以北皆然。而京师尤甚。唯妇女衣服不甚改。秦楼有胡妇，衣金缕鹅红大袖袍，金缕紫勒帛；掀帘吴语，云是宗室郡守家也。

根据这个记载，可知开封被金人占据后，中国淮河以北人民的服装，即多在压迫中改作金制，惟妇女不大变。（这里所记某妇人穿的金缕鹅红或系鹅黄，是小鹅毛色。如鹅红，即只能是鹅顶、鹅掌红色了）金人服制各以官品大小定衣服花头大小，文献上记载得极详细。照《大金集礼》记载，且知道官吏衣服上的花纹用牡丹、宝相、莲荷甚多。有官品的通是串枝花。这是沿袭唐碑墓志、敦煌彩绘、《营造法式》、辽陵墓志等等花式而来的。这些花还继续发展到元代纳石失金锦纹样中，也反映到明代织金中。史传记载，金兵破汴梁后，除织工外，妇女多掳去刺绣。《金史·张汝霖传》称章宗时为改造殿廷陈设，织锦工用到一千二百人，花费两年时间才完工毕事。后来更加奢侈。这种织工自然大部分即得于汴梁和定州一带，有北宋初年由川蜀、吴越江南来的头等锦工，也有唐以来即在西北、宋代成为秦川熟户的西域金绮织工。这种织锦工人和中国丝织物史发展，还有不可分割的联系，即元代纳石失金锦的生产，实由之而来。《元史·镇海传》说：

> **先时收天下童男女及工匠，置局宏州（山西大同附近）。既而得西域织金绮纹工三百余户，及汴京织毛褐工三百户，皆分隶宏州，命镇海世掌焉。**

这里所谓“西域”人，显然即是洪皓《松漠纪闻》说起过的先居秦川为熟户，后为金人迁徙于燕山及西北甘肃一带，为人卷发深目，眉修而浓，眼睫以下多虬髯，善捻金线，又会刻丝织作的回鹘族织工！

镇海管理的丝毛织物生产，即元代著名的纳石失，名义上虽还叫作波斯金锦，其实生产者却有可能大部分都是中国人，和同化后的金绮工。《元典章》五十八，关于它的使用记载得极详尽。《舆服志》称天子质孙冬服即分十一等，用纳石失作衣帽的就有好几种。百官冬服分九等，也有很多得用纳石失。《元典章》织造纳石失条例，许多文件反复说到应如何作，不许如何作。对于偷工减料的低劣货色，禁止格外严，也可反映当时生产量之大。在当时，不仅丝织多加金，毛织物也用金，叫做毛缎子。不仅统治者百官衣服上用织金，三品以上官吏帐幕也用织金。（萧洵记元故宫殿廷时曾描述）国家生产纳石失，不仅宏州设局，另外还设有许多专局，同属工部管辖监督。如撒答剌欺提举司，即有别失八里同。又织染提举司，也有专织纳石失局。《元典章》提起纳石失或织金缎时，虽一再传达诏令，说某某种龙形的不许织造应市，却又说织造合格的即允许市面流行。这种特殊丝织物随蒙古族政权织造了将近一百年，曾经反映到游历家马可·波罗眼目中，因之也反映入世界各国人民眼目中。但是这种丝织物，竟和元代政权一样，已完全消灭，明代即少有人提起，这是和历史现实发展不大符合的。

丝织物虽然是一种极易朽败的东西，一世纪的大生产，总还应当有些残余物品留下来，可供研究参考。从图画中可见的，如元帝后妃像中几个后妃缘领花纹装饰，可推测必然是纳石失。元著名武将画像披肩，可能是纳石失。《明实录》记洪武初年赐亲王功臣锦绮织金，必然还是元代库中旧存旧样丝织品。明初画像服饰材料，因之也必然有部分反映。

图 5　武宗皇帝后半身像　元　台北故宫博物院藏

实物发现最有希望的地方，是故宫和中国北京、西北各地大喇嘛庙里，保存得完完整整的成匹成幅的直接材料。因明清二代的兴替，宫廷中或已无多存余。至于零碎间接的经垫、佛披、幡信、袈裟和其他器物及密宗佛像边缘装饰上的，却必然还有不少可以发现。在故宫库藏里，许多字画包首、册页扉面，和其他宋元旧器衬垫丝织物，同样可希望这种发现。其次，即明《大藏经》使用的经面、经套，其中织金部分，或出于纳石失式样，或即是本来的纳石失。前一部分，北京庙宇里的东西，剩下的也已经不会怎么多。因为元明以来密宗佛像，近数十年被帝国主义豪夺巧取，盗出国外的不下万千件。稍好的就不容易保全。但是，即就北京市目下能得到的而言，如果能集中一处，断缣败素中还是可希望有重要发现。（有小部分可能是宋锦，大部分却是明织金锦缎，纹样还是极有价值的）西北区大庙宇，由于宗教传统的尊重，不受社会变乱影响，就必然还有许多十分重要的材料。故宫收藏则从中得到的明清仿宋彩锦，或多于元纳石失金锦。至于明《大藏经》封面，就个人认识说来，即这份材料，不仅可作纳石失金锦研究资料，好些种金锦本名或者就应当叫做纳石失，并且还是当时的纳石失。

我们说明代加金丝织物，大都是元代纳石失发展而来，从《野获编》记录洪武初年，向北方也先聘使礼物中的织金名目，也可见出。五彩织金花锦由一寸大散答花朵到径尺大的大串枝莲、大折枝牡丹，和三五寸花头的蜀葵、石榴、云凤、云龙、云鹤，不宜于衣著，可能作帐幔、帘幕、被褥的材料。和其他文献记录比较，我们就会具有一种新的认识和信念，纳石失金锦问题，虽在多数学人印象中，还十分生疏，却是个可以逐渐明白的题目。明织金是一个关键，必须给以应有的重视。其次，即现存故宫部分充满西域或波斯风的小簇花织金锦，通名“回回锦”，在乾隆用物帷帐和蒙古包帐檐中都使用到。整件材料，部分还附有乾隆时回王某某进贡的黄字条，可知这类金锦至晚是乾隆时或较前物品。这类“回回锦”特别值得注意处，即花纹还充分具有波斯风，和唐代小簇花装饰图案近似。在有关帖木儿绘画人物服装和元帝后像领沿间用金锦花纹，也十分相似。元代纳石失也许仅指这类花纹金锦而言，还须待进一步研讨。

说到这里，我们可以为中国丝织物加金历史发展问题，试重复一下，提出如下意见，供国内专家学人商讨。

用金作装饰的丝织物，在战国有可能已产生，汉代以后得到继续发展。但真正的盛行，实只是元、明、清三代。起始应用虽可早到二千二三百年前，作用不会太大，用处也不会如何多。但至迟在东汉时，明金作法已能正确使用。六朝到唐末，是一个过渡阶段，在这个时期中，或因佛像中的金襕，影响到封建统治阶级妇女的装饰，衣裙领袖间除彩色描绘外，用金已比较多。特别是当时贵族妇女，需要用金表示豪富甚过于用色彩表示艺术时，金的使用范围必然日渐增加。但是，金银在丝织物中的地位，始终还是并没有超过具有复杂色彩的传统刺绣和织锦。在装饰价值上，则只有小部分的泥金缕绣的歌衫舞裙，有从彩色刺绣取而代之的趋势。到唐代，特别是开元、天宝时代，因王鉷、杨国忠等人的聚敛搜刮，杨氏姐妹的奢侈糜费，和外来的歌舞，西域阿拉伯的金绮织工，以及谄佞佛道的风气，五者汇合而为一，织金丝织物需要范围就日广，生产也必然增多。到这个时代，用金技术已经绰有余裕。但用金事实，还是在社会各种制约中，不可能有何特别发展。到宋代，因承受唐末五代西蜀、江南奢靡习惯，用金技术更加提高，织金、捻金和其他用金方法已到十八种。但使用还是有个限度。譬如说，封建帝王亲戚服制上常用，一般中等官吏衣服即不会滥用。妇女衣裙上局部用，全部还是不用。宣和时，更有两种原因，使丝织物加金受了限制，不至于大行于时：

一、衣著中因为写生花鸟画的发展，把丝织物上装饰纹样，已推进了一步。刺绣和刻丝，都重视生色花，能接近写生为第一等。即染织花纹，也开始打破了唐代以来平列图案布置的效果，而成迎风浥露折枝花的趋势。换言之，即黄筌、徐熙、崔白、赵昌等画稿上了瓷器，上了建筑彩绘，上了金银器，这个风气也影响到丝织物的装饰花纹。所以从唐代团窠瑞锦发展而成的八答晕锦，凿六破锦发展而成的球路等彩锦，几何图案中都加入了小朵折枝花。色调配置且由浓丽转入素朴淡雅，基本上有了改变；金银虽贵重，到此实无用武之地。

二、当时艺术风气鉴赏水准已极高。特别是徽宗一代，由于画院人材的培养，和文绣院技术上的高度集中，锦类重设计配色，要求非常严格。金银在锦中正如金碧山水在画中一样，虽有一定地位，不可能占十分重要的地位。徽宗宣和时，庭园布置已注意到水木萧瑟景致，桫椤木堂的建造，一点彩色都不用，只用木的本色，白粉墙上却画的是浅淡水墨画，和传世王诜的渔村小雪、赵佶自作的雪江图[1]近似。在这种宫廷艺术空气下，丝织物加金，不能成为一个主要生产品，更极显明。

图6　金铠甲　秦国　礼县秦国公墓出土　西安曲江艺术博物馆藏

属于金工技术发展，和社会发展似乎稍有参差。关于金薄、缕金、捻金技术的进展，照近三十年考古材料发现说来，商代即已经能够捶打极薄金片。春秋战国之际，在青铜兵器和用器上，都用到这种薄金片和细金丝镶嵌，就处理技术上的精工和细致而言，是早超过缕

1　分别指《渔村小雪图》《雪江归棹图》。

金丝作衣饰程度的。洛阳金村发现的一组佩玉，是用细金钮链贯串的。寿县和河南出土，捶有精细夔龙纹的金质片，可作战国时期金工高度技术的证明。特别是三年前在河南辉县发现的金银错镶松石、珠玉、彩琉璃带钩，和信阳长台关战国楚墓出土的铁错金银加玉带钩，实可作公元前五世纪中国细金工艺最高记录的证明。这个时期的巧工，文献上虽少提及出处，一部分来自楚民族和西蜀，可能性极大。到汉代，技术上有了新的展开，用金风气发展，仿云物山林鸟兽缕金错银法，已打破了战国以来几何纹图样。漆器上的金银釦和参带法，且使用相当普遍，中等汉墓里即常有发现。讲究处则如《禹贡》文奏和《盐铁论·散不足篇》所叙述，许多日用小件器物都用金银文画装饰。鎏金法应用更加广泛，且使用到径尺大酒樽和别的用具上。但从用金艺术说，比起战国时实在已稍差了些。这个时期蜀工已显明抬头。西北和乐浪所发现的漆器中，都具有文字铭刻。蜀工之巧在汉金银釦器中已充分反映出来。随同丝织物生产的发展，西蜀丝织物加金的技术，必然和釦器有同样成就，到汉末才逐渐衰落，但生产还是能供应全国需要。

晋人奢侈而好奇，王恺、石崇辈当时争富斗阔，多不提金银珠玉，只说南方海外事物中珊瑚、犀象，和新兴的琉璃。在这种情形下，自然不会以金银装饰为重。北魏羌胡贵族多信佛，用金银作佛像和建筑装饰，均常见于史传。但作衣服似和社会要求不大相合。石虎是极讲究用金银铺排场面的一个胡人，算是极突出的，史传才特别反映。西域金工作的捻金丝织物，亦必然在这个时期才比较多。南朝似乎犹保留了汉以来金银镶嵌工艺传统，常见于诗文歌咏中。但这个时代正是越州系缥青瓷在社会上普遍受尊重的时代，金银器在社会上能代替富贵，却不能代表艺术，即衣裙上用金，诗人形于歌咏，也着重在豪华，和服饰艺术关系就并不多。到唐代，豪华和艺术才正式结合起来，这从现存金银平脱和金银酒食用具在工艺上达到的艺术标准可见。但丝织物加金还不是工艺中唯一的重点。因为唐人重色彩浓丽，单纯用金是达不到这个要求的。金的装饰作用，已在丝绣织物上加多，还不至于大用。有捻金、织金等十四种方法，一般使用的是女人服饰上的泥金银绘画。

宋代丝织物用金方法已加多，但工艺重点则在瓷器、绘画和刻丝织锦。瓷器装饰金银，虽从五代吴越起始，并无什么美术价值。宋代定州瓷器，虽还用到这个传统，用金银缘边，分量已减少成薄薄一线。绘画用大小李将军作金碧山水法的赵千里，在宋人画中，即只代表一格，并非第一流。刻丝重生色花，不重加金。克金还未发现。锦缎则如前叙述，要求艺术高点在色彩配合，不在金银。宫廷中织金丝织物，或有相当需要量，一般社会对锦缎要求，必不在加金。因此加金丝织物，不可能在北宋早期有极多生产。文彦博在成都为贡谀宫廷织造的金线莲花灯笼锦，近于突出的作品。南宋捻金锦已当作给金人的重要礼物，在南方大致还是发展有限。因织金固需要一套极复杂的生产过程，更重要的还是极大的消费。南宋时经济情形，是不可能如元明以来那么大量消费金银到丝织品上去的。《梦粱录》虽提起过这个偏安江南的朝廷，于上下因循苟安心理的浸润，和加重税收聚敛，经济集中，社会得来的假繁荣，都市中上层社会，糜费金银的风气，因之日有所增。一个临安就有许多销金行，专做妇女种种泥金，印金小件用品，但是捻金明金，由于技术烦琐，在当时使用还是不会太多。

织金的进一步发展，和女真人占据北方有密切关系。

至于女真人对于丝织物加金的爱好，则和它的民族文化程度有关。金人兴起于东北，最先铁兵器还不多，用武力灭辽后，民族性还是嗜杀好酒。围攻汴梁时，种种历史文件记载，说的都是以搜刮金银、掳掠妇女为主要对象，虽随后把户籍、图书、天文仪器和寿山艮岳一部分石头，也搬往燕京（这些石头最先在北海，明代迁南海瀛台），作设都北京、经营中原的准备。金章宗还爱好字画，和一群附庸风雅的投降官僚文人商讨文学艺术——其实只是近于笼络臣下的一种手段。全个上层统治心理状态，金帛聚敛实胜过一切。八百年前的金代宫室布置，真实情况已不得而知。惟从《金史·张汝霖传》称用一千二百织锦工人，工作两年的情形看来，却可以想见，当时土木被文绣的侈奢光景。金人始终保持游牧民族的生活习惯，除服饰外，帷帐、帘幕使用格外多，建筑中许多彩画部分，在这时节是用丝织物蒙被的。大串枝花丝织物的发展，必然在这个时期。《大金集礼》载文武官服制度，和其他使用织金丝织物记载，都叙述过。元官服制度多据金制，《辍耕录》记载可知。元代的纳石失金锦，就由于承袭了这个用金风气习惯而来。《马可·波罗游记》说的，用织金作军中营帐，延长数里，应是事实。

丝织物加金盛于元代，比金人有更多方面的发展，由许多原因作成。这和当时蒙古民族的文化水准、装饰爱好、艺术理解都有关系。更重要还是当时国力扩张，及一种新的经济策略，用大量纸币吸收黄金方式，统治者因而占有了大量黄金的事实分不开。如没有从女真、西夏、南宋三方面政府和所有人民手中，及海外贸易，得来的无数黄金，元代纳石失金锦的大量生产，还是不可能的。

锦类的纹样发展，春秋以来常提起的襄邑美锦、重锦、贝锦，虽不得而知，惟必然和同时期的铜、玉漆绘花纹有个相通处。到汉代，群鹄、游猎、云兽、文锦和同时金银错器、漆器花纹就有密切联系，已从实物上得到证明。傅玄为马钧作传，称改造锦机，化繁为简，提花方法已近于后来织机。《西京杂记》记陈宝光家织散花绫，由于提花法进步，色泽也复杂得不可思议。唐初窦师纶在成都设计的锦绫样子，和文献上常提及的几种绫锦，从正仓院藏中国唐锦中，犹可见到对雉、斗羊、游鳞、翔凤诸式样。余如盘绦、柿蒂、樗蒲，也已经陆续从明锦中发现。从这个发现比证中，得知道它和汉代已有了不同进展。颜色则由比较单纯趋于复杂，经纬错综所形成的艺术效果，实兼有华丽和秀雅两种长处。到宋代，因写生花鸟画的进步，更新的大折枝、大串枝和加金染色艺术配合起来，达到的最高水准，正如同那个时代的瓷器和刻丝一样，是由于种种条件凑合而成，可以说是空前的。时代一变，自然难以为继。

在金、元之际，丝织物的生产，由以色彩综合为主的要求，转而为用金来作主体表现，正反映一种历史现实，即民族斗争历史中，“文化落后”的游牧民族武力一时胜利时，就会形成一种“文化后退”现象。这种“文化后退或衰落”现象，是全面的，特别属于物质文化和人民生活密切关联的工艺，每一部门都有影响的。也只有从全面看，才容易明白它的“后退”事实。若单纯从丝织物加金工艺史发展而言，则元

图 7　红地织金吉庆双鱼妆花缎（复制品）　清　南京云锦博物馆藏

代纳石失金锦，依然可以说是有进展的，有记录性的，同时还是空前绝后的。因为如非这个时代，是不可想象能容许把黄金和人力来如此浪费，生产这种丝织品，使用到生活各方面去，成为一部分人最高美的对象的！

图 8　绿织金妆花缎立领女夹衣（复制品）　明　南京云锦博物馆藏

图 9　绿织金妆花缎立领女夹衣（复制品局部）

# 明织金锦问题[1]

明代用于佛经封面的丝织物，值得我们特别注意，因为这是目下我们知道的，唯一研究明代和唐宋以来丝织物的重要材料。除去素色彩缎不计，提花的大致可分作三类：一、本色花的（单色），二、妆花的（二色到七色），三、织金的（各种不同加金）。现在说的主要是织金部分。

图 1 《元始天尊说药王救八十一难真经》经皮 明

图 2 黄折枝花卉云龙妆花缎《药师三昧行法》经皮 明 中国丝绸博物馆藏

1 本文曾以《明代织金锦问题》为题，发表于1953年7月26日《光明日报》。1986年5月收入商务印书馆香港分馆《龙凤艺术》一书时，文末补入从《织金锦》移来的涉及明织金锦的四个段落，篇名改为《明织金锦问题》。现据商务印书馆香港分馆《龙凤艺术》编入。

这部分丝织物，从种类区别，计包括有锦、缎、绫、罗、绸、纱、绢和三四种混合麻、毛、棉，名目一时还不能确定的纺织品。从用金方法区别，计包括有部分加金和全部织金，处理技术又可分别为捻金（搓金线）、印金（泥金印花），和片金（缕金丝织），以及用于比较少量刺绣品上的平金、盘金和鹭金。其中应当数片金织成的占主要地位，分量格外多。（这种片金至少在汉末就已使用，当时名叫“金薄”，到宋代名叫“明金”“简金”。）花样则由古式的龟背纹，到唐代的柿蒂、樗蒲、独窠、连窠，宋代的云凤、舞鹤、散答花、生色花，真达到丰富惊人程度。即单纯用金银丝缕加绿蓝织成的条子式闪光锦（或宋人说的金条纱）所得到的华美色调效果，也是后来丝织物中少见的。

这份材料的重要性，并且还是多方面的。工艺上的成就，可给新的生产取法处就很多。或用它作根据，和纪录明代丝织物著名的《天水冰山录》相结合，就可望把明代特种丝织物的名称、性质和花纹，理解得清楚而具体。其实还是一把珍贵难得的钥匙，可以为我们开启研究宋元丝织物的大门，比一般文献都落实、有用。如没有它作比较资料，许多文献记录都是死的，而且彼此孤立存在，始终不大可理解的。特别是关于元代特种丝织物，政府曾设立专局，消耗了中国无数黄金和人民劳力，大量生产的纳石失金锦，究竟是个什么样子？包含了多少种类，多少颜色和花纹？有些什么特征？它和唐宋以来加金丝织物又有什么不同？对于明织金有多少影响？如此或如彼，如仅从《元典章》或元代其他文献来研究，是解决不了问题的。从明织金锦材料的清理中，却有了一条线索，可以试探追寻，不至于迷失方向。这也就是说，我们如善于学习，把实物和文献结合起来，谨慎客观的从更多方面广泛联系比较入手，就可以把研究工作有效推进，不至于如过去学人搞美术史工作方式，研究对象本是某物，只孤立的用书证书，写出的还是书，和实物始终漠不相关。且由于忽略实物，不知不觉间已糟蹋了无数现实重要材料。再如能够进一步，把它和宋代关于丝织物文献，《营造法式》中的彩绘，及其他石刻、壁画、故事人物画里衣著陈列联系，在一定时间中，我们即可希望把宋代锦缎的花纹，和其他问题，也逐渐认识明白清楚，再不至于如前人对于这个工作苦无下手处。我们并且还很可以说，如能把敦煌唐代人物画和几个唐宋之际的重要人物故事画（如《捣练图》《韩熙载夜宴图》）的服装花纹、日本正仓院收藏的中国唐代绫锦花纹、西域出土的绫锦花纹，及史传诗歌涉及唐代丝织物文献，好好结合起来，即有可能把唐代丝织物问题，也清理出一些头绪。很显然，这一环知识，是值得有人来这么用一点心的。若能得到应有的进展，对于其他许多部门的工作，都必然有其重要意义，发生推动作用。

这个工作自然也并不简单，困难处必须想法克服，成就且有一定限度。首先是个人知识见闻有限，而牵涉到的问题却极多。许多小问题目下还少专家学人作过研究。最重要的敦煌材料一时且难得到。其次即文献难征信，实物又不充实。因为仅以明代三百多年生产而言，除川湘不计，江南的苏、杭、嘉、湖、江宁五个大生产单位，每年每处上贡锦缎数万匹，究竟织造了多少不同种类？在社会不断发展下又有多少变化？历史记录就是极不具体的。《天水冰山录》所记的丝织物名目虽不少，现存的实物虽还可到一万点以上（不同种类的约略估计也总可到一千种），但是比起总生产量来说，不免微乎其微。又关于明代外来纺织物，名目已经知道的将近百种，缅甸进贡纺织物特别多。印缅都长于织金襕，当时纺织物可能有加金的。但就现有单位中找寻，除一种铁色斜褐，一种白色地如粗麻布作的织金物品，另有一种满地金作紫藤葡萄花纹的，似非中国习惯花纹，近于印度风，可见不到更多些这种舶来品的痕迹。即以现有材料为限，大部分虽可

图3　顾闳中《韩熙载夜宴图（二版）》（局部）　南唐　故宫博物院藏

以用比较方法，分别得出明代早期、中期和晚期，但正确的时代，还是不容易掌握。又有些丝织物上面还留有明代地方官府检验合格印记，有些还加织工姓名，都十分重要，只可惜太稀少。一部分经板上虽刻有完成年月，只能供参考，可不能完全依赖它作根据。因为经面的材料，若是从明代西什库中的承运、广盈、广惠、赃罚四库取来，事实上每部《大藏经》所用的丝织物，照例就包括了百十种新旧不同、时代不同、种类不同的材料，前后相差可能有数百年。有的印刷虽晚，经面会用元明之际旧材料；有的板片虽早，却能发现有明天启以后万字流水小花锦在内。更有些大小不一的零散经面，来源已不易明白，材料却分外突出，如大宝照锦，大折枝秋葵锦，散花樗蒲锦，大朵梅花、大朵海棠锦，究竟是明还是元以前锦，还得结合其他材料综合研究、分析，才会明白。最无可奈何处，是万千种重要有用的资料，由于从来没有得到应有的注意，业已大部分在近五十年损毁散失。外国人的豪夺巧取、官吏的无识、奸商的无孔不入，共同作成这个文物摧残情形，罪过可真大！办艺术教育作人之师的眼目蔽塞，也有责任未尽处。一九三七以来，日本帝国主义者且明目张胆劫掠了无数重要的珍品出国。（日人收藏彩印的部分，有好些种在国内即从来未发现过）一九四六以后，北京各寺庙五百年来的收藏，许多都上了天桥旧货摊，再转送燕京造纸厂，整车装去作“还魂纸”！织金锦的经面当时认为无用处，就大规模拿去烧金。凡有机会烧的大都在新中国成立前数年中陆续烧掉。目下所谓公私收藏，不过是其中劫余一小部分而已。但截至目下，即想把这部分残余材料集中起来，技术上还是相当费事。此外譬如北京大小庙宇如广济寺、法源寺、雍和宫……西山卧佛寺、大觉寺、潭柘寺及八大处各庙宇，藏经楼中必然还有许多原封不动、保存得比较完整，却包含了更多重要资料的藏经，并其他有用资料。如何组织一点人力，普遍调查一番，再把这些材料集中到一处来，手续也是不简单的。势必需这么材料集中，来作全面了解，才可能把工作做得更具体。由此出发，近千年来丝织物特殊和一般的问题，才可望逐渐得到解决。而这个工作的进展，也才能够真正帮助其他部门工作的进展，例如古典戏剧改良时首先碰到的服装材料花纹制作问题；复原古代人物故事画或历史画、壁画及古坟中彩绘或石刻画，所碰到的衣饰花纹本色问题。特别是新的实用美术教学，和美术史教学，涉及近千年来丝织物工艺发展和成就，应正确交代几句话时，因为有了总结性正确知识，才不至于隔靴搔痒，违反历史本来！优秀遗产值得我们好好学习取法，也可望把工作从具体认识出发，由千百种不同材料、不同花纹中，提出百十种最有代表性和现代性的好式样，不至于到时茫然落空。

现在只就历史博物馆收藏，北大、清华、美院及李杏南同志私人收藏的材料一部分检查分析，已启发鼓励了我们探索古代丝织物的可能性，和工作所能达到的远景。特别是这些材料一和历史文献结合时，它的重要意义即如何分外显明！下面是几个不同的事例：

例一，唐川蜀遂州贡有樗蒲绫，宋有樗蒲锦，文献上都一再提起过。南宋初年宫廷中使用各种不同绫锦分别装裱古代字画，就用樗蒲锦装裱梵隆和尚等杂画。从装裱画迹种类看，樗蒲锦在宋锦中似属于中等。宋人程大昌著《演繁露》，为这种锦作过一回说明："今世蜀地织绫，其文有两尾尖削而中间宽广者，既不像花，亦非禽兽，乃遂名为樗蒲。"虽因此知道比较明确，其实还是并不清楚。樗蒲绫锦究竟是个什么样子？花朵有多大？什么颜色？如何组织？我们都不易想象。但在近万点经面丝织物中，却发现有四种梭子形花纹织金锦，基本上和程大昌叙述花纹都相合。其中一种大红地五彩加金的，还完全是宋人所见的式样，既为唐宋樗蒲绫、锦花纹提供了可靠的物证，且丰富了四种古代蜀锦的花纹。另外三种是黄地和绿地织金缎（明人说缎，即唐人所谓绫）、柿红地织金罗，同是四寸大梭子形花纹，因是纯粹织金，还看得出是由两个楔劈形龙凤拼合组成的花纹，制作时代即或出于明代，花式实更近于唐宋本来（特别是红色织金罗，样式古质，近于明以前作品）。从这里且可看出樗蒲绫、锦花纹唐代原样还是游龙、翔凤，有可能且是张彦远说的，原样出于唐初窦师纶，即唐代流行的"陵阳公样"。到宋代失去本意，才发展成佛背光样子，非花非兽。由这个梭子形纹样，我们也间接弄明了古代樗蒲形制的大略，原来是腰圆形。比《水经注》叙某水说的“石子圆如樗蒲”，又更进一步。（传世唐宋以来牙刻双陆博具，和明代金制仿双陆酒樽，花纹均刻龙凤，也可证明樗蒲原来作龙凤纹的可能性极大。）

例二，唐有盘绦缭绫，见于李德裕《请免造诸锦绫奏状》，以为各种丝织物都文采珍奇，极费人工。这个文件中提及其他几种锦类名目，和张彦远《历代名画记》所说，唐初在益州检校修造的窦师纶设计出样的对雉、斗羊等十余种绫锦名目大都相合。日本正仓院收藏的中国唐锦中，还可发现这些纹样。惟盘绦缭绫是什么，则不得而知。宋有盘雕锦，又有簇四金雕锦，列入每年例赐大臣将帅袄子锦中。花式在宋代文献中也少说明。但知道唐宋男子战袍用锦，总是规矩花可能性大些。晕锦类花式，还可从敦煌唐代武士和神将战袄知道大略。盘雕则难言。《营造法式》彩绘部门，有簟纹格子、金锭、银锭、锁子，都近于编织绦纹。明人笔记称盘绦和簟纹相通。明经面青绿锦中，却发现两种格子锦，和《营造法式》举例完全一样，组织经纬方法，也全是宋式。因此得知唐之盘绦，和宋之簟纹、盘雕、金银锭，名虽有雅俗，东西还是相差不多。这种锦纹和锁子不同处，一为簇四，一为簇三，实同出于编织竹簟席子法。锁子锦明清均有捻金织的，即专作袄袍用，和唐宋画中武将袄子花式还完全相同（画中尚另有龟背、连钱、回文、万字、鱼鳞等等七八种）。因此得知道，唐宋之盘绦、盘雕、青绿簟纹，决不会出于这几种锦式以外。

例三，宋有葵花锦，文献记录无说明。但知宋人重折枝写生，用到工艺上通称生色花。丝织物中生色花，必然和同时代在漆瓷诸器中反映的相差不太多。磁州窑白釉瓷枕、瓶罐、黑白绘剔花，都有折枝秋葵。宋元之际剔红填彩漆盒子，且有满地生色折枝秋葵，和宋人花鸟册页上的彩色秋葵、宋代仿崔白画作的刻丝秋葵，可说是异曲同工，各有千秋。只是宋锦中秋葵，却无人知道究竟。但从明代青红加金缎地锦中，却有二三种不同式秋葵花纹发现。一种是大红地五彩加金的，花朵大过五六寸，并花带叶每一单位占一尺半以上面积。疏朗朗布置方法，竟完全和宋瓷画作风一致。另有两种鸦青地三寸大花头五彩加金的，作满地密集布置法，如宋元雕漆式，用浅蓝、粉绿、明黄、银红和柿红组织花叶，花叶之间再勾金，综合形成一种奇异华美的效果，与陶宗仪著《辍耕录》说宋元五彩雕填戗金漆器竟完全相合。这种秋葵锦设计之巧，和布色之精，都不是明代画家如陆治、林良、吕纪、边景昭诸人笔下能达到。惟有对于自然界生态具有高度颜色感和韵律感的宋代画家和丝织物工人，才有可能作得出这种伟大设计样子来！从比较归纳方式，我们说，这种秋葵锦即非宋时生产，还是出于宋代旧样，大致是不会错的。

图 4　文徵明《秋葵折枝图》(局部)　明　台北故宫博物院藏

图 5　青花折枝秋葵纹玉壶春瓶　明　景德镇御窑出土

例四，宋有青地莲荷锦，内容也不明白。但莲荷反映于宋代其他器物纹饰上时，如建筑彩绘、石刻、瓷器花，特别是瓷器中的磁州窑、当阳峪窑、临汝窑、吉州窑、越州窑等等的折枝串花式，都已具一定格式。明锦青绿加金锦中，串枝花不下卅种，全是唐式、宋式。其中有一种绿地莲荷锦，用绿色地作水，生色花浮沉水面，织银作梗绕花半圈，以极端明确和单纯主题，得到艺术上的惊人效果，也只有把艺术和技术结合而为一的宋代机织工人，才有可能具有这种深刻的理解。把这种伟大的单纯的莲花锦和宋定州白瓷的素描莲花，及赵昌等绘画同列，无人惑疑它不是宋式锦。另有一种青地五彩加金莲花锦，串枝花式既完全和宋代彩绘串枝法相同，晕色方法且比彩绘更完整生动。其中一种红地莲花织金缎，用写生法作串枝，完全是宋人画稿在丝织物上的反映。

图6　白地剔花填黑莲荷纹八角形枕　金　山西河津窑出土

例五，宋有皂木锦，文献一再提过，它的用处也是装裱旧画，属于中下等锦，花式、品质都难确定。可以理解到的，只是在古代棉织品中“吉贝、白叠子布已成过去，越诺布也不再于贡赋，草棉又还未到长江下游大规模种植”这个时代，一种黑色棉锦而已。在明经面丝织物中，即发现过两式墨锦：一种是黑皂地浅蓝串枝牡丹花棉织锦，串花法完全是宋式，地用棉，提花用丝，在明丝织物中为稀有之物。它的织法有可能是从宋代皂木锦传来。另有一种是黑地加金五彩小串枝莲花牡丹锦，经纬均极粗，似有苎麻混合，花朵只一寸大小，而枝干壮实，配色却十分妩媚天真。虽和前一种不是同类，却近于唐宋之际作风。

例六，南宋时记载女真人事的《大金集礼》叙述服制时，常提起一种红地藏根牡丹红锦，明经面丝织物中也有一式，红地红花，串枝法还和唐石刻，宋、辽、金石刻，都极相近，比《营造法式》彩绘还古典稳厚。这种红锦织法，也还是宋代本来的。

例七，宋人笔记称文彦博守成都，因贡谀后妃，曾织灯笼锦以献。明加金锦中也有三式灯笼锦，虽难确定是否北宋花锦式样，但和宋画中所见灯笼样子却相合。我们说，这是宋式锦，也是不至于违反历史本来的。

这类特别丝织物，除明代经面保留部分比较完整，居多都在明清之际或更早些日子里，已被剪裁成更零碎的小片或狭条，用作供佛用的百衲袈裟、幡信、披肩、经垫和装裱密宗佛像边缘装饰，且因在长年香火薰灼中，早失去了本来的华美色泽。但是材料中一鳞半爪，就依然还可见出原有伟大处。其中一部分生产的时代，或即在南宋，有些又和元代纳石失金锦，关系十分密切。

此外在宋元文献上经常提起的几十种宋锦名色，除一部分不易判断，至于龟背、琐子、𪄻鶒、云鹤、翔鸾、舞凤、柿蒂、灵芝、凤穿花、八答晕、牡丹、芙蓉、宝照、方胜、水纹等等绫锦，在明经面加金和遍地金织物中，几乎是随处可以接触。而且用建筑彩绘、石刻、绘画中衣饰桌椅披垫、纹样参证比较，是更容易得到它

图 7　赵佶《听琴图》　宋　故宫博物院藏

的本来面目的。特别是南宋以来提起过的几种金锦，和《大金集礼》提起作衣服、垫褥的锦缎，都无一不可以用现存明锦相近花纹，和现存宋元画上所见的同式金彩锦缎花纹，比较分析，发掘出它本有的色泽和出处。

如另一方面，能把这部分丝织物，和唐宋以来反映到各种工艺上的类似花纹联系，来多用一点心，我们就会肯定承认，这部分残余锦缎，在工艺美术史上的真正价值，实在还远比所叙述的重要，比现存宋元以来文人字画且更值得重视。因为通过这部分材料，对于一个新的艺术史研究者和工艺美术工作者说来，它的启发性将是十分广泛的，即以字画鉴定而言，许多传世名画，如隋展子虔的《游春图》、唐孙位的《高逸图》、宋徽宗的《听琴图》（图7），求符合本来，产生的时代可能都要移晚一些。因为一从器用、服制等等着眼，展画山非唐人所见“钿饰犀栉”作风，格不古。孙画器物非唐制，席上边缘花更错误，近于无知妄人伪造。《听琴图》官服作白靴，和当时规制不相合。疑心它是后人伪托，或粉本着色，都有了个物质根据。还有些时代难于确定的无名旧画，也可望从装裱用的丝织物和纸张绢素上特征联系比较，有些帮助启发，得出一些新的线索。

工作牵涉范围既然极广，问题又多，求一一得到十分正确完满的解决，自然是不可能的。我们还不如说，即把它范围限制在明代经面加金丝织物本身研究上，也不见会常有错误。例如初步检查历史博物馆收藏资料时，对于定名就费踌躇，常有把同一衣料因部位不同，部分加金，部分本色花，误作两种材料来处理的。不过从工作实际摸索中，不断发现问题，改正错误，一点一滴做去，总依然是可望逐渐向前，日有所获的。

目下极重要的事，还是如何把国内各处现有材料集中，不再让它零星分散。属于私人的，应尽可能设法收集，转成公家所有。至于尘封不动、搁在大小庙宇藏经柜里的，安全上虽有了保障，事实上却是呆材料，无多意义。希望这些呆材料见出新的生命，唯一办法即把它集中，调三五个年青艺术工作人员，用一二年时间，来分类整理，一切都可望了解得十分具体。因为许多种绫锦，虽已清楚了它的本来名目和历史地位，但当作当时室内装饰或歌舞戏剧效果来说，理解得还是极少。比如一部分花头大过六寸的秋葵、莲荷、牡丹等织金锦，或八答晕红锦，满地花莲鹭锦，当时似即多用到床榻垫褥、椅披茶围上，或拼合多幅作房室殿堂帷幔屏风用。若照《韩熙载夜宴图》布置，使用锦缎处实在极多，锦步幛面积可能大过二三丈，才充分见出当时设计者组织花纹的匠心独运处。若照《大金集礼》《元故宫遗录》二书所叙，殿堂土木被文绣情形，且必然有五六丈大帐幔，现存经面每片不过八九寸，经套也只有二尺见方，用部分测全体，很像以管窥豹，虽可见到豹身一二斑点，整体的华美和壮丽处，还是不易把握，问题也就并没有真正得到解决。只有材料集中，并能从拼合中试作些复原大件帷帐时，才有希望更进一步了解种种不同材料、不同花纹在不同面积上得到的最好效果。用这种知识来作新的设计参考，或教学引证，也才可说是曾经向优秀伟大传统好好学习过来，不至于自以为是，糟蹋了有用遗产，还向人说是曾经将遗产批判选择过来。

这种材料集中研究分析的结果，对于国家新经济建设中丝毛棉纺织物生产花纹设计，影响启发更必然是空前的。这些前后将近一千年来出于中国伟大智巧劳动机织工人（大部分且是女工）手中的艺术品，所具有的民族性、现代性以及健康性，如善于取法，必然远比目下设计专家作的图样，更合乎新中国人民需要，容易得到亿万人民的热爱和欢迎的！

明代丝织物加金（图8），遗存物如此丰富惊人，必需和这个历史发展联系来认识，才能理解。明代在政治上虽解除了蒙古民族统治百年间的压迫，和完全封建性的工奴制的阶级剥削，恢复了汉人政治上和其他兄弟民族部分的应有地位，但统治阶级的心理状态，却受元代一百年统治影响极大。明代君主的极端专制、猜忌、残忍，大小官吏的贪污和对人民无情，是承袭了元代政治，改变不多的。政府用种种不正当手段、严格法令和纸币政策，把大量金银、土地聚敛到极少数人的手中，这些金银大致分作三方面消耗：一部分打造日用器物首饰，死后还随同殉葬（如定陵和万历七妃子墓，都各有金银器百十斤。相传王振衣冠冢内也有六十余斤金器）；一部分装饰宫殿庙宇、土木偶像；第三种用途耗费，还是承袭元代习惯，用作织金锦缎生产。这也就是明代丝织物加金的物质基础和历史根源。这种风气还是不断发展的。因此从历史文件看来，一再见到禁止用金的法令。但社会另外事实，却越来越加扩大这种用金的范围。例如《天水冰山录》载严嵩家中金银器物首饰名目，即不下数百种，而加金丝织物且难于区别计数。严家比起来还不算大阔佬。至于宦官宠臣如王振、钱宁、江彬辈，因失宠抄家时，照例除百万两黄金、上千箱金珠宝玉外，还常常有几千杠锦缎绫罗。且不独大官豪吏这样，即地方上小官小吏也是这样。《金瓶梅》中的西门庆，不过是山东州府上一个流氓暴发户，找了几注横财，作了一个小官，开了爿绸缎店，拜寄蔡太师作了干儿子，家中三妻四妾，就穿著织金裙袄，丫环使女，也使用销金巾子。故事虽托名说的是北宋末年时事，反映影射的恰是明代中叶以来，中等社会中某种人物的生活。

图 8　暗绿纱织金云肩翔凤短衫　明　孔子博物馆藏

明代这种织金锦，保存于明《大藏经》封面中，目下估计可能还有十万单位，种类杂而多，且有新旧不同，实由于来源不同。据清初高士奇《金鳌退食笔记》称，“明《大藏经》厂在玉熙宫遗址西边”，照旧图推测，即现今北京图书馆附近，和收藏丝织物的西什库，相隔实不多远。西什库是明内藏库一部分，其中储存丝织物的计四库。如经面材料照前人说实出于内库，个人认为大致包含三种不同来源：一、承运库，宫中帝王后妃及其他用过时了的旧衣旧料；二、广盈库和广惠库，江南各省每年上贡制造新旧丝织物；三、赃罚库，没收失宠、犯罪大臣赃罚物中的新旧材料。从现存经面丝织物分析，这种推测大致是和事实不会太远的。

笔记还说这几个库清初有三十年封锢不开，尘封堆积，后来才派人清点。北京各庙宇藏经，一部分印刷或在清代康雍之际，用的是明代材料，就是这个原因。若照版片刊刻年月和丝织物内容试作推测，大体上可分作三个时期：第一个时期或在正统十四年刻经完成后不久；第二个时期或在万历初年刻本完成后；第三个时期或在清初雍正新刻完成稍后，因之用的材料既有了清初浅色花锦，同时还有更多明代旧料。

织金锦的历史探讨，是个国内还少有人注意到的问题，个人只是从常识出发来试作分析。这个叙述，由于个人见闻不广，读书不多，难免会有疏略错误。求比较少些错误，合乎历史事实，实待国内专家学人指教，并将材料更集中起来解决。这个简单报告的提出，是期望能够抛砖引玉，引出真正行家好文章来的。

# 《明锦》题记[1]

中国养蚕织丝起源于有史以前。到殷商时代，已经能够织造花纹精美的丝绸。西周以来，历史进入一个新的阶段，男耕女织是社会生产的主要形式，并且是国家赋税的主要来源，一般纺织物因此得到普遍的提高，丝织品更得到高度的发展。根据《礼记》上《月令》《王制》及《考工记》几篇文献记载，湅丝、染色当时都特别设有专官主管，楚国还设有主持生产作靛青用的“蓝尹”工官，纺织物轻重长阔，各有一定的标准度量，凡是不合规格的生产品，不能用它纳税，也不许上市售卖。到春秋战国，陈留襄邑出的美锦，齐鲁出的薄质罗纨绮缟和精美刺绣，都著名于全国，不仅在经济上占有重要地位，并且在工艺上也达到了高度水平。近年长沙楚墓出土几种有花纹的丝绸，可证明当时丝织物的品质已有很大提高。

汉代统一大帝国完成后，社会有了更进一步的发展。今山东地区特种丝织物，国家特别设官监督生产。长安还另有东西织室，由“织室令”主管。西汉开始有大量锦绣罗縠向外输出。近如今朝鲜、蒙古，远及罗马、波斯，都重视中国锦绣。此种品质精美的生产品，对于世界文化作了巨大的贡献。同时，西北工人织的毛织物氍毹（qú shū）、毾㲪（tà dēng）、花罽，西南织的筒中黄润细布，

1　本文是为李杏南编《明锦》图录所写。

白叠、阑干木棉布，也达到高度工艺水平，经济价值不下于中原锦绣。近五十年来，由于地下材料不断发现，充分证明了历史文献记载的正确性。我们并借此明白，菱形花纹的绫罗，和各种云纹刺绣，图案多出于战国，和当时漆器、错金银器的花纹，都有联系。虎豹熊罴、麋鹿鸿雁和仙真羽人在云气中游行，都是汉代一般装饰艺术的基本花纹，并且是一种新的发展，或创始于武帝时代，因此也反映于当时高级丝织物的锦缎图案中，成为锦纹的主题。许多锦还织有人名和吉祥文字。当时用的染料，只是红花、紫草、栎斗、青芦、蓝靛、黄栀子、五倍子几种容易种植和采集的植物的根叶子实，和价值极廉的黑矾、绿矾。经过了二千年时间，从地下发掘出来的锦绣，图案色泽还鲜艳如新。古代中国工人在印染技术的进步上，和提花技术一样，也创造了奇迹。东汉以来，西蜀织锦起始著名，除彩锦外，已有了加

图 1　氍毹　隋　洛浦县博物馆藏

金锦绣的产生。三国时马钧改良锦机，简化了提花手续，晋代以后的生产，因之得到更进一步的提高。《东宫旧事》叙述到的文绮彩锦，花纹已见出许多新变化。至于蜀中的织锦工业，直到宋代，却还在全国居领导地位，生产产品并且向海外大量输出。

六朝以来，北方定州和南方广陵，逐渐成为高级丝织物生产的中心，花纹也有了新的发展。除《邺中记》提起的“大小明光”“大小登高”“虎文”“豹首”诸锦，犹沿袭汉代式样以外，几种为多数人民所喜爱的花鸟，如花中的莲荷、牡丹、芙蓉、海棠，鸟中的鸳鸯、白头翁、㶉鶒（xī chì）、练雀，也逐渐在锦绣中出现，对于隋唐以后的丝织物图案有重要的影响。隋炀帝是个非常奢侈的封建帝王，传说运河初开时，乘船巡游江南，就用彩锦作帆，连樯十里。唐诗人咏隋堤诗有“春风举国裁宫锦，半作障泥半作帆”“百幅锦帆风力满，连天展尽金芙蓉”语句，一面说明这种荒唐的举措，不知浪费了多少人力物力；一面却可以看到丝织物大量生产，和花纹发展的新趋势。唐代著名锦样，多出于唐初在益州作行台官的窦师纶。张彦远在他著的《历代名画记》上就说起过，所作瑞锦、天马麒麟、花树对鹿、对雉、斗羊、翔凤、游鳞等十多种式样，到中唐以后百余年间还流行。因窦师纶封爵“陵阳公”，当时人就称这种锦作“陵阳公样”。近年在西北出土的丝织物，和唐代流传到日本、保存到今天的丝织物，还可以见出陵阳公锦样的特殊风格，集壮丽秀美为一体，在装饰美术上展开了一个新面貌。唐代官服多用本色花绫、鸟雀衔花作主题，依照不同品级，各有不同颜色和格式。

图 2　红地团花对鸟纹锦　唐　成都博物馆藏

此外用于妇女歌衫舞裙上的，多写生花鸟蜂蝶；用于佛帔幛幔、袈裟金襕上的，多大小缠枝花。除织成外，其中又可分彩绘、刺绣和泥金银加工。一般褥垫屏幛用的，有方胜平棋格子、大小宝照、盘绦、樗蒲等等。这些生产品逐渐都成了丝织物图案的一般格式，得到普遍发展。这时期又发展了六朝以来出自西南民间的印染加工艺术，大致可分“绞缬”“夹缬”“蜡缬”三类。“绞缬”多形成撮晕效果，“夹缬”即蓝地白花布前身，“蜡缬”有用色三种以上的；单色染和复色染都得到了极大成功。印染花纹有团花、连枝和小簇花数种。同时外来的花纹，也融合于中国本来装饰图案中，丝织物图案因之也更多样化。敦煌石窟大量绫锦的发现，和新疆各地有花纹的丝绸的出土，丰富了我们这方面许多知识。宋代丝织物发展了写生花，又发展了遍地锦纹，成为一种色彩更加复杂的工艺品。刻丝出于汉代的织成，到了宋代，把名画家黄筌、崔白等作的写生花鸟，一笔不苟反映到新生产上去，达到了空前的成就。宋代政府制度，每年必按品级分送“臣僚袄子锦”，共计七等，给所有高级官吏，各有一定花纹，如翠毛、宜男、云雁细锦，狮子、练雀、宝照大花锦，宝照中等花锦。另有倒仙、球路（图3、图4）、柿红龟背、琐子诸锦。当时实物虽已少见，但是从名目上和后来实物比证，我们还可以借此认识这些锦类的价值和等级。国家主持茶马贸易的茶马司，还在四川特设锦坊，织造西北和西南民族所喜爱的各种不同花锦，作为交换茶马的物资。宜男百子、大缠枝青红被面锦、宝照锦、球路锦，多发展于这个阶段中。

以上只是我国在明代以前丝织物生产和花纹发展的简略概况，可作为我们认识明代和明代以前丝织物的一种线索，让我们明白，中国丝织物的成就，和一个优秀工艺传统分不开，是从旧有的基础上发展而出，并随时代发展，不断改进，丰富以种种新内容才得到的。

图3　双狮雪花球路纹蜀锦　明　四川博物院藏

本集材料的来源，全部出于明代刊印的《大藏经》封面。经文刊刻于明初永乐正统时期，到万历时期全部完成。这些裱装经面的材料，多从内库和“承运”“广惠”“广盈”“赃罚”四库中取用，有当时新织上贡的，也可能有宋元的旧料。大部分的材料，可以代表明代早期的产品。图案设计的风格，有的富丽雄浑，

图 4　双狮雪球路纹蜀锦董其昌《仿宋元人缩本画及跋册》封面　明　台北故宫博物院藏

有的秀美活泼，处理得都恰到好处。特别是配合色彩，可以说丰富而大胆。其中的洒线绣，继承了宋代的制作方法，宋时或名叫“刻色作”，是说配色如同填彩。“秋千仕女”是明代工艺图案中通用的题材，“描金”“嵌甸”“雕填”等各种制法的漆器，彩绘与青花瓷器，都经常使用到。这幅绣工彩翠鲜明，不啻一幅情调优美的风俗画。极重要是几片复色晕锦，可能是明代以前的产品，这种格式起源于宋代，宋代叫“八达晕”，元代叫“八搭韵”，当时已珍贵著名。配色丹碧玄黄，错杂融浑，达到锦类布色的极高效果。灯笼锦（图6）创始于北宋，别名“庆丰年”“天下乐”。从文彦博守成都织造金线莲花中置灯笼图案加金锦创始，这里选了几片不同式样。就中一片，灯旁悬结谷穗作流苏，灯下有蜜蜂飞动，隐喻“五谷丰登”之意。这种受人民欢迎的题材，宋代以后被普遍使用，一直沿袭下来，更发展到桌围椅靠上。直到现代，西南民间刺绣围裙、头巾和枕套，

图5　八达晕锦

图6　墨绿地婴戏灯笼纹妆花缎[1]　明

1　出自徐文跃：《灯火光焰太乙藜——明清元宵风俗中的灯景》，《紫禁城》2019年第1期，第88页。

图 7　石青缂丝八团庆寿灯笼纹棉褂　清　故宫博物院藏

还经常用它作主题。要求发展生产和悬灯结彩庆祝农产丰收的题材，是具有积极意义的，也表现了人民的生活愿望。这些彩锦，虽不是宋蜀锦格式，但这个风格显然还是从蜀锦发展而来。方胜平棋格子、方胜合罗、龟子龙纹、团凤几种式样，还和宋代李诫（明仲）著的《营造法式》书中建筑彩画相通。此外如翔鸾、舞凤、游鱼、如意云诸图案，全部活泼生动、优雅大方，在艺术上的成就，是新鲜而有现实性的。大小缠枝唐代已盛行，大缠枝最初多用于佛帔金襕装饰，小缠枝多用于妇女衣裙。宋代扩大了使用范围，特别是幛子屏围用大朵花，已成惯例。金时女真人官服规制，更明白记载，用缠枝花朵大小定品级尊卑。三品以上官的幔帐，许用大缠枝，其余用小缠枝。因此花朵变化极多，配合色调更多独到处。其中几种织金，有可能还是元代纳石失金锦样式。蒙古贵族一般使用纳石失于衣领边缘，朝廷举行“质孙宴”时官服上更不可缺少。散朵花大体可分作两式；小簇规矩花出于唐代，朴质中显得妩媚，布局妥贴，是唐人擅长。写生花宋代方流行，有彩的应叫“生色花”，在宋金文献中通称“散搭花”，明代属于“装花”一部分。本集中所收几种不同式样，还可以看出不同设计方法。另外几种折枝，或受宋代染缬法影响而来。特别是几种褐色地浅花绸缎，更可理会到宋元时的生产。禁止服用“褐地白花”丝织物，见于政府法令，因北宋初年染缬限于军用，还禁止印染用的花板流行。北宋缬花纹见于《宋史·舆服志》卤簿部分极详尽。所禁止的褐地白花有可能正是契丹人所通行。南宋则染缬已具一般性，得到发展机会。元代在官品上褐色本不重要，但人民特别欢喜褐色，陶宗仪著《辍耕录》就说起不同褐色约二十种。本集中的银褐地“落花流水”花绫，可说是一幅构思巧妙而有气魄的作品。

以上几种锦缎，在我国丝织物图案发展史上，都各有重要性。我们如进一步把它和唐宋的彩画、雕塑，历史史籍中的舆服志，以及其他文献实物联系来注意，必然还可以触发许多新问题。而这类问题，过去无从措手，现在有了丰富的实物，再和历史知识相印证，是比较容易得到解决的。据目前所知，国内现存明代经面锦，至少还可以整理出近千种不同的图案。这份宝贵遗产，包含了十分丰富的内容，可以作为研究明代丝织物花纹的基础，也是进而研究宋元丝织物花纹的门径。必须全面深入的来理解、来分析比较，才可望得出更正确的结论。这里提起的，不过是就本图录中所选作品略作说明而已。

古代工艺品最难于保存的，无过于丝织物。过去对于古代美术品的研究，多限于铜器、瓷器、字画，没有把绸缎当作中国美术史一个重要部门来注意，因此历代许多遗存的实物，大都在经常的忽视中被毁坏了。汉代锦缎是因埋藏在干燥沙漠中才保全下来的，唐代锦缎也是在沙漠中和敦煌洞窟中偶然保存下来的。宋元锦缎小部分幸而能保存下来，都是在被剪裁成零碎材料后，用到字画包首和册页封面上的结果。明锦的内容，也只是从现存的残余的《大藏经》封面上，才看出一点原来的面貌。新的生产脱离了优良的民族艺术传统，自然难望有所发展。特别是近五十年来，由于各国对我国经济上、文化上的侵略，各种劣质纺织品的倾销以及人造丝的倾销，使中国一般纺织物生产遭受严重的摧残，图案花纹也逐渐形成一种半殖民地化的庸俗趣味，完全失去了本来健康华美的民族风格。近几年才根本改正了这种情况。目前为了发展新的生产，恢复我国染织工艺固有的优良传统，排除过去残留的不良影响，希望艺术家设计千百种色调鲜明、花纹大方的新作品，满足人民不断增长的文化要求，在此首先遇到的就是如何改进染织图案这个问题。因此，这种锦缎参考资料的出版，对于实用美术界说来，是很重要的。这些出自古代机织工人手中的图案，必然能够帮助美术工作者，启发他们的创作热情，由此产生出许多为人民所欢迎、爱好的新产品。

本书材料的收集和编选，是在故宫博物院服务的李杏南先生二十年来热心爱好的结果。李先生用个人业余时间注意到这个问题，表现了对于民族文化遗产的爱护热忱，是值得尊重和感谢的。

一九五四年写于北京历史博物馆

# 清代花锦[1]

近几年来，由于明代正统藏经封面锦的大量发现，把它和《天水冰山录》和刘若愚《酌中志》中关于丝绸衣著部分记载，及反映明代上层衣饰结合，我们对于明代锦缎内容、花纹图案组织和配色艺术特征有了一些基本知识，和清代早期花锦有什么相同或不同，也日益明白了。更重要还是借此得知，宋人记载中提过的大约百种宋锦名目，如百花龙、大中宝照、狮球、青绿簟纹、倒仙（团鹤），大部分还都继续反映到明代生产中。还有部分属于唐代锦式，如樗蒲、双距、盘雕、俊鹘含花等，过去虽知名目，实难于体会内容，现在用部分明锦和唐代其他工艺品（例如镜子图案）比较，因之也具体明白，明代生产还有部分是唐代旧样。明锦图案内容的丰富，实和这一历史阶段纺织设计工人善于充分利用优秀传统分不开。在这个基础上不断创新，新的图案性格，因之更加鲜明。我们常说的南京云锦，若从明锦中勾剔，云的式样就不下百种，由此认识基础上研究清锦，清代三个世纪生产之艺术特征，从对比中也格外分明。

清代锦缎品种多，仅就故宫收藏初步估计，绫、罗、绸、缎、纱及各种单色和复色锦缎，特别精美的不下千种，每种都各有特色。预计不久当可陆续彩印一部分出来，供生产和研究部门参考。前人笔

1　本文曾以《介绍几片清代花锦》为题，1959年3月5日发表于《装饰》第4期。1986年5月收入商务印书馆香港分馆《龙凤艺术》一书时，改题为《清代花锦》。

记尝说，清初康熙多仿宋，到乾隆又喜仿汉、唐，从现有两代成品分析还可以部分得到证明。但是虽仿古，也不断在翻新。如康熙仿宋“青绿簟纹锦”，以个人所见，即不下百十种，“球路连钱”小花锦，不下二十种。显然大大发展了每一品种的纹样。又如“大天花青红锦”“灯笼锦”，也是旧式样上丰富了各种新内容。又有直接仿宋的，如前人所说，是根据原装北宋拓《淳化阁帖》二十个不同锦面，由吴中机坊仿织，大行于时。这廿种锦名虽不得而知，新近我们在故宫装裱康雍写经部分，发现许多种两色小花锦，纹样秀美，风格特殊，不像一般清代设计，有可能通属北宋旧式。又这时期正流行新疆回族小簇花捻金银锦，部分式样或者还传自唐宋回鹘织工，部分且由外来影响，江南机坊也有仿织。十八世纪时，还有倭式小花锦及西洋大草花串枝锦流行。总的说来，清锦内容大致可以分作三个大类：仿旧，创新，吸收外来图案加以发展。第一种如灯笼锦、青绿簟纹锦、大中天花（大中宝照）锦、连钱球路小花锦、褐紫方团两色花锦等。其次如寸蟒如意云锦、衲锦、曲水小折枝杂花锦，以及捻金银串枝大小花锦。第三种则应数产自新疆回族织工手中的各种小簇花和大串枝杂花织金银回回锦。

图1　黄地四合回纹锦残片　清　苏州丝绸博物馆藏

如把明清两代锦缎作个比较，组织图案和配色艺术区别处，似乎可以这么概括说：明代较沉重，调子常带有男性的壮丽；清图案特别华美而秀丽，配色则常常充满一种女性的柔和。两者区别可一望而知。清初还流行一种浅色花锦，和明代生产区别则更加显明。从使用材料说，明清两代也少相同处。清代彩锦用色较多，如粉紫、桃红、檀褐，多配于彩色中，明锦实少见。用金不论片金或捻金多较细，特别是康熙一代，片金也有切缕细如丝发的。特种锦类且擅长用两色金，或四色金。综合交织于一片彩锦中，明代极少见，又由于捻金银线技术提高，因之产生许多种大小串枝捻金银缎，花枝特别活泼秀美。明代盛行洒线衲绣，是用双股衣线在纱地上作铺地锦，上加绒绣或平金，用色沉重，宜于官服使用。清代衲锦绣则一律用绒线，配色特别柔和，充满一种青春气息……清初锦值得学习处，正在于图案和色彩调和。特种锦类且常因使用不同，配色设计随要求变化极多。

图 2　蓝缎彩绣灵芝蝙蝠纹夹袍　清　沈阳故宫博物院藏

这时期彩锦主要生产地是南京和苏州。产品充满地方性，各有特征。重色大云锦、织金缎、装花缎[1]等，江宁织工特别擅长。小花锦、仿宋锦和浅色杂花锦，多属苏州生产。

图 3　黄地团纹宝莲妆花缎　明清　上海纺织服饰博物馆藏

1　应指妆花缎。

图 4　绿地缠枝莲妆花缎　清

一九五九年写

# 染缬与织绣

染缬和刺绣同属丝绸加工技术。染缬，是指在丝绸上印花染色；宜用在熟软薄质的丝绸上，多用青碧地，流行技法有蜡缬、夹缬、绞缬等。刺绣，是指将图案用针线缝到织物上，流行技法有打籽绣、错针绣、纳纱绣、挑花绣等。

# 谈染缬——蓝底白印花布的历史发展[1]

丝绸印花，古代名叫“染缬”，加工技术种类多，各有不同名称。后来发展成蓝底白印花布的一种；宋元时就材料说名“药斑布”，就染法说名“浆水缬”。转用到棉布印染，成一般性流行商品时，必然是在明代松江棉布大量生产以后，但其发轫也许会早至公元前，可联系到西南地区织作的白叠、栏杆布上头去。白叠布用木棉织成，栏杆斑布似有织有染，在汉代和西北生产的细毛织物“罽”及“氍毹”“毾㲪”同样受人重视。印花丝绸现存较早材料是长沙战国楚墓一件被面，花纹不详悉。其次是西北出土的一片晋代成品，上印重叠斑花，如照唐宋名称，应名“玛瑙缬”。晋缥青瓷作褐斑花的，即和当时染缬纹相通，近于仿染缬而成。

染缬的缘起，《二仪实录》以为：“秦汉间始有，陈梁间贵贱通服之。隋文帝宫中者，多与流俗不同。次有文缬小花，以为衫子。炀帝诏内外官亲侍者许服之。”此书记载史事常多以意附会，不可尽信，惟谈及染缬在六朝流行，隋代宫中受重视，还不太荒谬。《搜神后记》曾提及紫缬事。唐人记载称代宗宝应二年，启吴皇后墓，有缯彩如撮染成作花鸟之状。小说则以为玄宗柳婕妤妹，性巧，因发明花缬。《云仙散录》记：“郭元振落梅妆阁有婢数十人，客至则拖鸳鸯

1　本文曾发表于《文物参考资料》1958年第9期。

图 1　蓝底白花药斑布

缬群（裙），参一曲。”白居易诗“黄夹缬林寒有叶”，又说“成都新夹缬”，就实物和文字联系分析，可知染缬盛行于唐代，技术也成熟于唐代。唐代丝织物加工，已使用过种种不同的复杂技术，大致可分成两大类，第一类包括色彩复杂的文锦和两色花或本色花的绮、縠、绫、罗以及花纹突起的“剪绒”，薄如烟雾的“轻容”“鲛绡”纱。这些丝织物除剪绒外，其余加工方法，都是在织机提花过程中一气呵成。第二类包括各种不同的“刺绣”和“贴绢”“堆绫”“泥金银绘画”“染缬”等等。加工方法都是在丝织物成品上或衣裙材料成品上，另外通过复杂手续完成的。

唐代中等以上人家妇女的衣裙和家庭日用屏风、幛幔，多应用染缬。现存材料有重要参考价值的，应数甘肃敦煌和新疆发现品，以及日本正仓院部分藏品。从这些材料分析，得知唐代至少已有三种染缬技术普遍流行，即蜡缬、夹缬和绞缬。

一、“蜡缬”，就是我们常说的“蜡染”（图2、图3）。它又分单色染和复色染两种。复色染有套色到四五种的。因不同颜色容易相互浸润，花头多比较大，无论是串枝花或团窠花，构图饱满，特别宜于作幛子、帘幕。元明时流行的通俗读物《碎金》中记过九种染缬名目，有檀缬、蜀缬、撮缬（撮晕缬）、锦缬（当指方胜格子式，如旅大所藏残佛幡，现在历史博物馆陈列）、蠒[1]儿缬、浆水缬、三套缬、哲缬、鹿胎斑（宋之鹿胎）。内中说的“三套缬”，大致就指这种生产品，名目似乎也是民间通称，因为根据元明文献记载和明初丝织物分析，元明人实在已不生产这种高级印染丝绸。近来常听人说现代西南蜡染从唐代蜡缬发展而出，事实或者正相反。西南蜡染原有个更久远的传统，应从木棉织物的栏杆斑布算起。唐代蜡染技术上的成就，决非某人发明，很可能是从西南少数民族方面传入中原加以发展的结果。到宋代中原蜡染技术在应用上已日趋衰退时，西南民间却依旧流行蜡染，名“点蜡幔”，和广西黎、瑶族精美提花棉布“黎单”同为人民爱好。又朝鲜在唐代从中国传去的染缬法，北宋时也还流行，应用到普通幛子类。《高丽图经》二十八：“缬幕，非古也，先儒谓系缯染为文者谓之缬。丽俗今治缬尤工，其质本文罗，花色即黄白相间，灿然可观。其花上为火珠，四垂宝网；下有莲台花座，如释氏所谓浮屠状。然犹非贵人所用，惟江亭客馆于属官位设之。”

染缬由于技术条件限制，图案纹样和锦缎多不相同，即同一种图案，和色效果也不一样。唐代蜡染的图案式样，除实物外，在绘图中还有些线索可寻，例如宋徽宗摹张萱《捣练图》（图4）中有两三位妇女衣裙，就属于染缬中的蜡缬或夹缬。《虢国夫人游春图》中也

1 蠒，古同“茧”。

图 2　豆色蜡缬绢　唐　新疆吐鲁番博物馆藏

图 3　朵花纹蓝地蜡缬绢　唐　中国丝绸博物馆藏

有几个骑马人衣服是蜡缬，不是锦绣。史传称：开元、天宝之际，杨氏一门得宠，小器易盈，争学奢侈，贵妃用刺绣工七百人，杨氏诸姨则用金玉锦绮工达千人。记载虽容易夸张失实，但由于当时统治阶级的奢侈靡费形成一种社会风气，染缬的花样翻新，可能和这个时期关系格外密切。此外唐陶俑表现着染缬的也相当多，唐三彩常用的花斑和宋人所说的“玛瑙缬”，技术处理实有相通处。敦煌壁画中佛菩萨的穿著、经变故事和供养人的部分穿著，以及藻井、屏风、幛幔上都还保留下许多重要参考材料，值得我们注意。

图4　张萱《捣练图》(局部)　唐　美国波士顿美术博物馆藏

唐代不仅妇女衣裙用染缬，男子身上的袍袄同样有使用它的，如《张议潮出行图》中的兵卫仪从骑士，身上穿红著绿，染缬就占相当重要分量。北宋帝王出行，身前有两万多御前步骑队伍护卫，照《宋史·舆服志》和周必大《绣衣卤簿图记》记载，其中一部分就必须著某种花鸟兽染缬团衫。这种染缬团花小袖齐膝袄子以及花缬帽，还是根据唐“开元礼”制度而来的，可知开元时就有用染缬作军服的制度。又敦煌晚唐《劳度叉斗圣变》中几个举袖迎风的妇女和另外坐在一旁几个披袈裟的罗汉僧徒，也同样有著染缬的。女的身上所著名叫“团窠缬”；罗汉身上披的袈裟，作水田方罫（guǎi）山水绉折纹的，照唐宋习惯应当叫作“山水衲缬”。水田衣的使用，当时算是一种时髦。

图5 夹缬板 清 中国丝绸博物馆藏

二、“夹缬”的制法，是用镂空花板把丝绸夹住，再涂上一种浆粉混合物（一般用豆浆和石灰作成），待干后投入染缸加染，染后晾干，刮去浆粉，花纹就明白现出，宋人笔记说的“药斑布”、《碎金》说的“浆水缬”就指这一种。说它是蓝底白印花布的前辈，大致是不错的。这样作成的染缬，花色必浅于其他部分；如用花板夹住，直接于镂空处用颜色刷染，花色就深于其他部分。后者虽也叫染缬，但材料可并不曾入过染缸。（三套缬中可能也有用刷染法加工的）这种染缬必用花板，较早的记载有北宋张齐贤著《洛阳搢绅旧闻记》称：“洛阳贤相坊，染工人姓李，能打装花缬，众谓之李装花。”其次是《宋史·舆服志》载政和二年诏令：“后苑造缬帛，盖自元丰初置为行军之号，又为卫士之衣，以辨奸诈，遂禁止民间打造。令开封府申严其禁，客旅不许兴贩缬板。”到南宋后已解禁，所以朱熹文集中攻弹唐仲友文即说到假公济私，用公家缬板染私人彩帛事。又《梦粱录》谈临安市容时，说到许多彩帛铺——所谓彩帛，部分即印花缬帛。

图6　花鸟纹刺绣夹缬罗　唐　中国丝绸博物馆藏

用此法印到布上的名“药斑布”，相传出于宋嘉定中归姓。《古今图书集成》引旧记称：“药斑布出嘉定及安亭镇，宋嘉定中归姓者创为之。以布抹灰药而染青，候干，去灰药，则青白相间，有人物、花鸟、诗词各色，充衾幔之用。”（《古今图书集成》卷六八一，苏州纺织物名目）这种印花布，明清之际又名“浇花布”，同书松江条称：“药斑布俗名浇花布，今所在皆有之。”

又夹缬和蜡缬用同一技术加工的，有《岭外代答》所记“瑶斑布”：“瑶人以染蓝布为斑，其纹极细。其法以木板二片镂成细花，用以夹布，而熔蜡灌于镂中，而后乃释板，取布投诸蓝中。布既受蓝，则煮布以去其蜡，故能受成极细斑花，灿然可观。故夫染斑之法，莫瑶人若也。”“瑶人……或斑布袍裤。妇人上衫下裙，斑斓勃蔚，惟其上衣斑纹极细，俗所尚也。”

三、“绞缬”（见P65图1），是把成匹丝绸或衣裙成品，照需要把某部分用线缚着、缝着或作成一定襞（bì）折，用线钉固，染后晒干，再剪去线结，就自然形成一定图案，有蝴蝶、海棠、蜡梅、水仙等等简单小簇花样。最简便的是唐人所谓“鱼子缬”，比较复杂的则为“撮晕缬”。宋人笔记所谓“撮晕花样”“玛瑙缬”，《碎金》中提起的“鹿胎缬”，大都和这种染缬分不开。一般说来，绞缬作法比较简便，并且能随心所欲作成个人爱好的花样，不受缬板限制，因此在当时人应用上也就相当普遍。不过既然非商品生产，容许个人匠心独运，出奇制胜，又必然有人会逐渐把它作得极其精美。绞缬和其他染缬一样，也可使用套色加工。“撮晕”和“鹿胎”在北宋都特别提出加以法律禁止，反映出这类高级染缬，加工技术必相当烦琐，不下于套色蜡染。

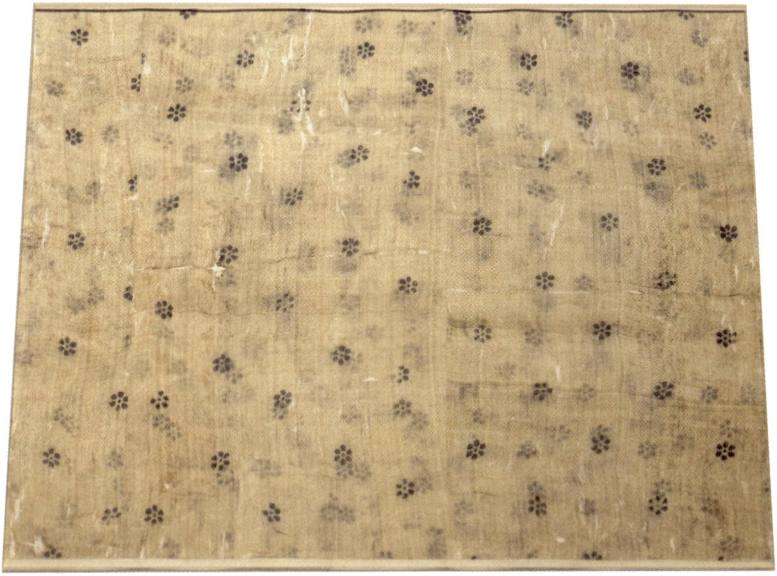

图7　莲纹绞缬印花绢　南宋　武进村前蒋塘南宋墓出土　常州博物馆藏

"鹿胎"似以川中生产特别讲究，观史传禁令可知。《宋史·食货志》："诏川陕市买场、织造院，自今非供军用布帛，其锦、绮、鹿胎、透背、六铢、欹正、龟壳等段匹，不须买织。"又仁宗天圣时，诏减两蜀岁输锦、绮、鹿胎、透背……景祐初……其后岁辄增益梓路红锦、鹿胎。庆历四年复减半。

撮晕虽已知为染缬类，"鹿胎"一名过去却少有人明白是什么。从比较材料分析，可推测属于染缬；花纹属于梅花斑，以紫红为主。《洛阳牡丹记》称："鹿胎花者，多叶紫花，有白点，如鹿胎之纹。故苏相禹珪宅今有之。"可知鹿胎为紫地白花。《洛阳牡丹记》又称："鹿胎红者，……色微红带黄，上有白点如鹿胎，极化工之妙。欧阳公花品有鹿胎花者，乃紫花，与此颇异。"可知也有红地白斑的。又宋人著《洛阳花木记》，说芍药中有"黄缬子、红缬子、紫缬子、白缬子"四种。可知有用芍药花样的，至少且有黄、红、紫三色。至于白缬，注明为千叶白花，又可知花是本色，底子染绿。又"一捻红"系"浅红中有深红一点，易作缬"。《芍药谱》说，红色深浅相杂，类湖缬，得知湖缬系深浅红相杂。宋代工艺图案重写实，从这些花的著录中也可得到缬和鹿胎基本纹样若干种面貌。

又鹿胎紫的花纹，实创于六朝。相传陶潜著的《搜神后记》，就提到这种花缬："淮南陈氏于田种豆，忽见二美女著紫缬襦、青裙，天雨而衣不湿。其壁先挂一铜镜，镜中视之，乃二鹿也。"镜中是鹿，可知身著紫缬即作梅花斑。

唐代机织工人，已经常能够织造配色华美、构图壮丽的锦缎，达到高度艺术水平。且能织金锦。用小簇花鸟作主题的本色花绫，又因为和当时官服制度相关，更容易得到全面发展的机会。染缬和刺绣虽然同属于丝绸加工，在应用上却相似而不尽同。贵族妇女衣裙、歌妓舞女衣裙，凡是代表特种身份或需要增加色彩华丽效果时，服饰加工多利用五色夺目的彩绣、缕金绣和泥金绘画。这些大量反映在唐人诗歌中。从诗歌描写中考查，我们还可知道这种高级丝织物加工的主题图案，经常用的是什么花、什么鸟和某几种常见的昆虫。这些花鸟昆虫形象和表现方法，现存实物虽不够多，可是另外却留下许多十分可靠的样稿可以参考，最重要的是大量唐代青铜镜子上的花鸟浮雕。绞缬法极简便的是十字纹样，明清有的地方性纺织物中，还采取这种绞缬法加工。图案充分保留唐代风格的，惟西藏人民织造的五色“氆氇”，特别有代表性。

应用染缬在唐代即有一定程度的普遍性，它不会不影响到其他工艺部门。显而易见的是它和当时三彩陶器花纹彩色的相互关系。有些三彩陶的宝相花和小簇花，都可能是先用于丝绸染缬，后来才转用于陶器装饰的。正如同一般说的搅釉木纹陶，实出于犀毗漆的模仿。

染缬多宜于用在熟软薄质丝绸上。一般染缬多用青碧地，正如《唐史》所称，“妇人衣青碧缬，平头小花草履”，是某一时期流行制度。从出土三彩俑（图8、图9）上还可看到一些青碧缬衣裙的基本式样。但唐人已习惯用红色，由退红（又名“不是红”，和“肉红”“杏子红”相近）到深色胭脂红，红色实包括了许多种不同等级。部分花缬必然是要利用这不同等级的红色形成美丽效果的。古代红色染料主要是紫草和红花，宋代以后才大量从南海运入苏木。红花出西北，所以北朝以来有“凉州绯色天下之最”的记载。但到唐代，红花种植已遍全国，四川也有大量生产，所以蜀锦多红地。其实唐代不仅蜀锦著名，蜀中染缬也有一定地位。唐《韦绶传》就称：“帝尝过韦绶院，时天寒，绶方寝，帝覆以妃子所著蜀缬袍而去。”白居易诗又有“成都新夹缬”句子赞美蜀缬。史称后唐庄宗派宦官白正嗣入蜀监军，还时得文锦五十万匹。后些时期孟昶投降于宋，库入绫锦彩帛数目加倍多。这是大量丝织物中的彩帛，照唐代习惯，是所谓染彩为纹的丝织物，也就应当包括有各种时新花纹的染缬。

图 8　三彩披帛女俑　唐　宝鸡市凤翔区博物馆藏

图 9　三彩乌蛮鬟捧盒女立俑　唐　西安博物院藏

染缬图案不断在发展中，但受材料和技法限制，照例保留下更多更美观简便的花样，到后来继续流行。唐宋过渡期在五代，陶穀《清异录》称："显德中创尊重缬，淡墨体，花深黄。二部郎陈昌达，好缘饰，家贫，货琴剑作缬帐一具。"由于爱好，甚至把穷书生的琴和剑都卖去，换一顶时新染缬帐子。这一面反映社会风气的影响，另一面也说明染缬的新花样。这种深色地的花缬，到北宋时还流行，后来被政府用法令禁止，技术才失传。宋锦中有"紫方团白花”“褐方团白花”等等名目。按锦织不出这种花样；如从染缬去研究，则还有些线索可寻。《宋史·舆服志》载天圣三年诏令：“在京士庶，不得衣黑褐地白花衣服并蓝、黄、紫地撮晕花样。妇女不得将白色、褐色毛缎并淡褐色匹帛制造衣服，令开封府限十日断绝。”诏令中举的黑褐地白花衣服及蓝、黄、紫地撮晕花样，都明指染缬。一种日用生产品由政府用法令禁止，可知成品流行必相当普遍，生产又相当费工。

图 10 吉州窑剪纸贴花三凤纹碗 宋 天津博物馆藏

北宋染缬禁令中，还有禁止“跋遮那缬”一项，初步研究知道“跋遮那缬”指的应当是一种加金的印染丝绸。至于这种高级丝织物加工技术，是否和当时西域金绮工有关，或者直接和隋代西域名画家“尉迟跋质那”——尉迟甲僧、尉迟乙僧之父有关，我们一时还难解决。这里已涉及北宋染缬问题。前边曾提到北宋在某一时期中，曾禁止民间使用染缬，市上出售装花缬板的商人也算犯罪。这种创于五代，流行

图 11 广元窑酱釉玳瑁纹瓷碗 宋 广元市博物馆藏

宋初，深色地黄白花的染缬，因受禁止而断绝，我们是否可从别的线索得知它的花纹图案基本调子？新出土材料特别重要的，是虎丘塔中经函中发现那几片三凤团花碧罗缬经袱。因为一切还具有唐代规格。以个人意见，直接材料虽不多，间接比较参考材料最重要的还是陶瓷，例如北方山西晋阳窑、南方福建建阳窑、江西吉州窑，几种深色黑紫釉印花点碗盏，有作银星斑的，有作黄兔毫斑的，有作玳瑁皮或鹧鸪翅斑的，有作犀皮漆中波罗斑的——特别重要是吉州窑烧造的紫褐釉印黄白花鸟三凤或方胜如意的茶盏花纹，图案组织基本上还是唐代式样，和染缬完全相通。由此启示，得知当时的确必有这种深色底子、黄白花的染织物存在而且流行，才同时或稍后能具体反映到陶瓷制作上。

# 谈刺绣[1]

刺绣出于绘画的加工，使用到纺织物方面，和多数人民生活发生密切的联系。它虽起源于纺织物提花技术发明以前，却在纺织物高度发展后，还能够继续存在和发展，为多数人所爱好。就中国现存有花纹纺织物残余材料分析，约在公元前十二世纪，丝绸提花技术已经相当成熟。刺绣应用到服饰及仪仗中旗帜和其他方面，时间显然还应当早些。（见安阳丝织花纹）

根据中国古文献《尚书·益稷》中记载说来，刺绣和氏族社会结合在政治上的应用，是属于半传说中的著名帝王大舜，嘱咐治洪水的大禹，为在衣服上绘绣十二种图案起始的。十二种图案是“日、月、星辰、山、龙、华虫、宗彝、藻、火、粉米、黼、黻”，通称“十二章”（前六种图案是手绘的，用于上衣；后六种图案是刺绣的，用于下裳。当时衣裳的图案花纹，手绘与刺绣并存）。这种用在

1　本文写于1956年秋，原题为《中国刺绣》。当时作者应聘为故宫博物院织绣研究组顾问，每周有一定时间在故宫上班，作兼职研究。1956年10月28日，织绣研究组曾将本文作为《中国织绣参考资料》之一种，油印45份供内部交流。现存之原稿在“文化大革命”中被抄没，已残缺，专案组令作者说明此稿时，作者曾在专案组编号签条上写明“稿不全　盼莫毁去”。作者曾在油印稿封面附注“错字多，校正底子，留作重写用。　从文”。其后，作者和王㐨虽均对油印稿作过一些校改，但仍有多处字迹不清或差错，未得到勘正。篇名为作者所改。本文刺绣技法部分缺“六”“七”两节编号，为油印稿原来所缺。

古帝王衣服上装饰图案，花纹色彩真实情况虽难于考究，惟公元前十二三世纪以来，青铜器和玉、石、牙骨等雕刻图案，多还保存下来，许多花纹图案都做得十分精美，彼此之间的关系又极显明。（见商夔凤龙纹图案）刺绣虽因所用材料性质不尽相同，图案花纹和这些古代工艺品却必然有一定的联系。从当时工艺图案中去探讨古代刺绣十二种装饰图案，总还有些线索可寻。（见周清三图案）《尚书》在公元前二世纪的西汉，就被当成古代重要历史文献而流传，因此十二章旧说，二千年来深入一般学人心中。但究竟是什么样子，却少具体说明。汉代部分锦绣图案，就由于反映这个传统而形成。但是极显明，历史既在不断发展中，新的创作和古代花纹是有距离的。（见怀安、乐浪二地出土金银错花纹复原）公元前一世纪的时期，有个宫廷官吏史游，贯串前人旧作，用三七言韵语写了个通俗读物《急就章》，曾提起些丝绸锦绣花纹。虽只二千年前事情，经后来学者研究注释，由于孤立的引书注书，不结合实物分析，还是不容易明白。直到近半世纪，在西北地区发现许多汉代锦绣后，这部门知识，才比较具体。（见新神灵广锦、云纹绣等）用它和同时期工艺纹样相互比较，又才深一层明白它的成因，大约可分作三部分：一属周代以来旧有样式，二受当时儒家传说影响，三受汉代流行神仙思想影响。［见汉云纹绣（图1）、“韩仁”锦（图2）、金银错花纹］至于公元三世纪后帝王服饰种种及十二章图案，却近于二世纪以来学者附会旧说而成，《帝王图》前后延续千余年，累代各有增饰。例如唐人作《帝王图》所见，除肩部图案日中三足乌、月中蟾蜍，系本于汉代传述旧样，其余花纹多去古日远。至宋《三礼图》所见十二章，则和六朝以来又隔一层了。（见宋聂崇义集注《新定三礼图》中十二章图案）明程君房《程氏墨苑·卷二·玄工下》的《有虞十二章图》则本于宋《三礼图》。

还有个历史文献《禹贡》，曾提起中国古代九州物产，若干地区养蚕和生产起花丝织物，每年纳贡。文献产生时代虽可疑，惟说及丝绸主要生产在今山东、河南一带，却和公元前三世纪文献说的“锦出陈留，绣出齐鲁”情形相合。

中国古代文献记载锦绣比较具体可靠的是公元前六世纪至前四世纪的《诗经》《左传》《国语》《礼记》《考工记》《墨子》《晏子春秋》……或用诗歌描写当时人衣服装饰应用锦绣的情况，或记载当时诸邦国外交聘问用锦绣作礼物的情形。《礼记·月令》曾叙述及周代蚕织染事和有关法令，得知政府曾设官监督生产。又说“画绣共职”，可知自古以来就重视设计。

战国以来，由于铁工具在若干地区的普遍使用，生产各部门效率都有了提高，商品贸易的流动，刺激了影响多数人生活的丝绸生产，锦绣在高级商品中，因此占了个特别位置。（见洛阳金村出土“玉舞人”）文学作品中，对于贵族妇女，歌舞使用绣文华美的形容，也日益加多。（见长

图 1　黄褐对鸟菱纹绮乘云绣残片　西汉　长沙马王堆一号汉墓出土　湖南博物院藏

图 2　红地“韩仁绣文衣右子孙无亟”锦（复制品）

沙出土战国漆器“彩绘漆奁”上的彩绘人物及河南信阳出土漆瑟彩绘人物）这时期的实物，虽因年代过久，不易保存本来色泽，却可从其他工艺图案的反映，得到重要启发。（见楚彩绘木俑四种）特别是这时期流行的青铜镶嵌金银器物的装饰图案、彩色华美的漆器图案，和精美无匹的雕玉图案，都必然和同时的锦绣装饰图案有密切的关系。（见故宫太和殿陈列金银错叠花纹）加之近二十年来，湖南长沙战国楚墓出土大量彩绘木俑和漆器，信阳长台关出土大量重要文物，其中还有一部分提花纺织物发现，直接材料和间接材料相比较，丰富了我们许多知识。（见长沙出土楚漆盾二式、湖北出土透雕凤鸟衔蛇跃鹿漆绘木座屏）比如照《礼记》所说，天子诸侯棺木必加黼绣盖覆，河南辉县出土彩绘朱漆棺，上面图案就是记载中的黼纹形象。（见河南辉县出土漆棺花纹）另一出土漆鉴花纹，则在公元前二世纪出土锦绣中，还有相似图案发现。（见河南辉县出土漆大鉴花纹）燕下都出土花砖的图案，更是标准黼绣纹样。汉儒注黼纹为“两弓相背”，从当时实物比较，才知道原来是两龙纹。

公元前三世纪末，汉统一大帝国建立后，丝织物统由国家设官监督生产。临淄和长安，都各有千百男女工人，参加特种锦绣和精细丝织生产，供应政府需要；工艺上的成就，并且和国家政治经济都发生密切关系。西汉初年就采用儒家建议，重视政治制度排场，帝王贵族及各级官吏，服饰仪仗、起居服用，各有等级，区别显明。例如当时主持司法的御史官，平时就必需穿绣衣，名“绣衣执法御史”。帝王身边又有一种“虎贲”卫士，也必需穿虎豹纹（图3）锦裤。宫廷土木建筑、生活起居用锦处甚多，在宫中直宿的高级官僚，照例用锦绣作被面。（见西北出土虎纹锦、日本正仓院藏豹首锦）著名将军霍去病死去时，政府给他的殉葬用绣被，就达一百件。宫廷贵族、一般歌舞妓女，服饰更加纹彩眩目。（见汉彩绘俑三种）据《汉旧仪》

称，武帝时于通天台祀太乙岁星，即用童男女三百人衣绣衣，于高数十丈的建筑物上歌舞通宵达旦。逐渐到豪富商人，除身衣锦绣，出入骑马乘车外，还有用锦绣作帐幔地衣的，致政府不能不用法令来禁止。直到豪富大商人，鬻卖奴婢的也有用锦绣作衣边，脚穿五色丝履的。正不啻为当时谚语“刺绣文不如倚市门”作一注解。所以政府有法令“禁贾人不得衣锦绣乘骑”。这种种又反映出另外一个问题，即丝绸产量之大，和它在商品市场上所占地位的重要。特别是对于西北居住各游牧族和海外各古国，文化交流锦绣就占有个重要地位。因为好衣着锦绣的风气，不仅仅是长安和其他大都会贵族和商人的风气，同时远住西北部的匈奴族和其他部落胡族，也都喜欢衣着锦绣。文学家贾谊在他的作品中就说过，每来长安，族长必衣绣，儿童也衣锦。大历史学家司马迁著《史记》，还说起政府每年必从长安，运出锦绣八千匹，作为赠予匈奴统治者的礼物，其他赠予还不在此数内。张骞探索西域交通归来时，得知川蜀方面早已有布匹运往印度诸国；此后长安也有大量锦绣和生丝，由西北运往大秦（古罗马）、波斯和印度，开辟了“丝路”。（见科兹洛夫《诺因乌拉报告》中云纹绣和绣大被，匈奴骑士形象）同时大秦、印度所织的缕金绣、胡绫，及各色毛布，和汉西北部诸族所特产的毛织品，也到了长安。（见《魏略》）促进了中国和世界文化的交流，促进了中原地区和边沿地区的物质交流，原来

图3　陶白虎纹瓦当　汉　故宫博物院藏

首先就是这些出自多数劳动人民生产的成就。（见历史博物馆藏斜纹褐图）

图 4　刺绣手套　东汉　新疆楼兰壁画墓出土　首都博物馆藏

近半世纪来，科学考古工作者在中国西北部发掘古墓和居住遗址中，不断发现公元前一二世纪精美丝织物，有些锦绣出土后还色彩鲜艳如新。死尸还有用锦绣缠裹一身的。至于这种特种丝绣价值，有个经济史料名《范子计然》，曾道及当时今山东生产的锦绣价值：齐细绣文，上等匹值二万，中值一万，下值五千。至于普通绸绢，每匹价不过六七百钱，比较说来，锦绣约高过一般绸价二十五倍。

刺绣纹样作不规则云纹和规矩花纹部分，还和公元前三四世纪工艺图案相近。在蒙古人民共和国诺因乌拉古墓中发现之锦绣，和在新疆沙漠中出土之锦绣（图4）和在关内怀安发现的刺绣（见山西怀安刺绣）图案风格基本上都相同。又在诺因乌拉古墓中发现之毛织物，上有三个匈奴骑士绣像，骑士所披衣衫花纹图案，也是公元前三四世纪金银错图案。

公元二世纪到六世纪，在中国历史上是一个南北分裂、政治纷乱的时期。黄淮以北各地区，由于长期战争，生产破坏极大，丝绸的生产已失去汉代的独占性；长江上游的四川蜀锦，因之后来居上，著名全国。（见“汉晋长乐明光锦”“登高”诸锦图）又由于提花技术的改进，彩锦种类日益增多，从晋人陆翙著《邺中记》，记载石虎时在邺中织造诸锦名目和衣饰用绣，和新发现汉代锦绣比较，才知道大部分花样还是汉代本有的。从晋人著《东宫旧事》、循复《山陵故事》及其他文献记载，又得知一般提花织物，种类已有增加，刺绣在应用上也得到新发现，显著特征有二类：一即写生花鸟图案，逐渐被采用；[1]二即这时期佛教在中国各地流行，由于宗教信仰，产生了许多以佛教故事作题材的大型绣件，精美的还用珍珠绣成，有高六七公尺的。当时的洛阳和金陵（今南京），都各有数百座大庙宇，也和宫廷一样，使用大量锦绣作为装饰，豪华程度为后世少见。青年男女恋爱，用锦绣互相赠予之事常见于诗人歌咏中。实物遗存虽然不多，反映于云冈、龙门各地重要洞窟石刻装饰部分，却十分丰富。［见云冈、龙门石刻藻井（图5）］特别重要是在甘肃敦煌壁画中属于藻井、天盖、帷帐及衣饰部分，充分反映出这一时期（约三个世纪）刺绣图案组织壮丽和彩色华美。（见敦煌藻井图案五种、隋藻井和人字披图案四种）

公元七世纪的隋代，重新建立了统一的帝国；到第二王朝即非常奢侈，音乐歌舞广泛吸收了西域各民族成就，及中印度成就，大朝会日曾集中音乐舞部二万八千人于洛阳，歌舞连月，并悬锦绣于市，眩耀胡商蕃客。又使用人力过百万，建造了贯通南北大运河，乘坐特制大型龙舟由北向南，船上所用帆缆，多用彩色锦绣作成，连樯十里，耀日增辉。隋政权不久即为农民革命所倾覆。

1　实在公元前五世纪——春秋，已有花鸟写生刺绣；到战国楚文化可能影响力强大，整个长江、黄河流域无不以抽象风格见长。——王孖注

图5　龙门石窟万佛洞

接着唐大帝国的建立，从各方面都反映出这个时代文化特色，是健康饱满，鲜明华丽，充满青春气息。（见敦煌壁画唐贞观九年维摩说法下部分）当时不仅代表宫廷皇权的服装仪仗，大量使用色彩壮丽的锦绣，即一般民间，对于刺绣需要也极广泛。当时锦类配色已极华美，各地生产的花绫品种更多。妇女在花素衣裙上加工的，约可分作四类：一、印染，二、金银粉绘画，三、彩绘，四、刺绣。普通衣裙刺绣小簇花是常用格式，串枝写生花式也日渐流行，花中还杂有常见到的形态特别轻盈活泼的蜂蝶雀鸟，［见敦煌壁画唐《乐廷瓌（guī）夫人进香图》（图6）］这种配合使用又多和青年男女爱情喻意有关。政治或宗教上用到的刺绣，有大及十公尺以上的。歌舞上画绣服装更是色彩富丽，排场壮大。有一个宫廷艺术家李可及布置一

图 6　敦煌莫高窟壁画《都督夫人供养像》　唐　段文杰临摹复原

次“叹百年舞”的舞蹈场面，背景和地面耗费绸绢竟到数千匹。（见传宋徽宗摹唐张萱绘《虢国夫人游春图》）唐代历史上一个著名奢侈妃子杨玉环，个人平时即用绣工八百人，其姐妹共用绣工千人，相习成为风气，反映刺绣在社会上的普遍应用情况。十九世纪末，在中国西北部甘肃敦煌石窟中发现的大量中世纪古文物中，就有一部分这种精美丝织品，包括佛幡和佛像等物。（见敦煌绣观音和菩萨）当时帝王为壮观瞻，六军卫士衣甲鲜明，部分多用绣画；男子的衣饰虽然只能照品级着本色花鸟绸缎，但当时男女均习惯骑马，马身装具障泥，必用锦绣作成。中等社会妇女衣裙，刺绣花鸟更是一般风气，在绘画中和诗人作品中都反映得十分具体［见西安王家坟唐墓出土三彩女坐俑（图7）］。

图7　三彩梳妆女坐俑　唐　陕西历史博物馆藏

当时服装部分采用受波斯影响甚多的西域式样，衣多作方斜领沿，上绣彩色花鸟；后来明清领沿装饰，就是从这个习惯发展而成。（见新疆吐峪沟出土着锦绣翻领女子画像、西安唐韦顼墓出土石刻线画着绣领胡服女侍图像）唐代以来，在社会各阶层间——特别是上层社会，绣花已被当成一种文化娱乐，画家作的《纨扇仕女图》《倦绣图》，反映的就是这种生活。

十世纪的北宋刺绣，在题材上进一步的新发展，最显著的是把著名画家花鸟反映于各种绣件中，使花鸟更趋于写实。其次是技术上的新发展，介于刺绣和编织物的刻丝（见据崔白画稿织成的刻丝《三秋图》），反映当时著名的绘画和墨迹，也在社会上当做纯工艺品，而创造得到社会的重视。宋代皇帝为增加政治上的排场，曾组织二万八千人的一个仪仗队，穿着五色锦绣花衣，扛着各种武器、乐器和五色彩绣的旗帜，在皇帝出行时排队护卫，名叫“绣衣卤簿”。某种品级职务的穿某种颜色锦绣，扛某种锦绣旗帜，记载得极其清楚明白。高级文官和武将，于大朝会日，必须穿上政府每年赐予的锦袍，这些华美袍服是各按官品等级作不同花纹的。妇女衣绣更普遍，流行的绣领、冠帻、抹额，有各种不同花样。（见俄国科兹洛夫在黑水城遗址发现的金代木刻《四美人图》）讲究的还用真珠络结。宫廷坐具椅子和绣墩以及踏脚的小榻也用真珠络绣。（见五代顾闳中绘《韩熙载夜宴图》四乐妓）金线绣也极流行。当时在首都汴梁（今河南开封）城中以建筑壁画著名的庙宇大相国寺两廊，售卖绣货的聚集成市，最受欢迎的是庵堂中女尼绣的服饰用品。（见河南禹县白沙宋墓壁画化妆女子）皇后的衣服上的成双雉鸟，照规矩是五彩线绣成的。［见清宫南薰殿旧藏《宋仁宗后坐像》（图8）中的皇后和侍女］坐的椅子靠背，是用彩色丝线和小真珠绣成的。（见南薰殿旧藏《宋神宗后坐像》、传周文矩《临镜图》）平民也喜爱刺绣，逢年过节作母亲的多把小孩子穿戴绣花衣帽，装扮得极其华美。（见宋画《百子图》）刺绣技法上精细至极的综绣——发绣，虽传说创于唐代卢媚娘，能于方尺绢上绣《法华经》七卷。其实这种细绣技法如联系其他工艺图案分析，到宋代才有可能产生。北宋末又还流行一种本色绣，现称一色绣，曾见于诗人陆游《老学庵笔记》中。（见故宫藏山西南宋墓出土民间刺绣、北京双塔庆寿寺出土刺绣、辽墓出土绣衣领）宫廷绣虽向纤细精工方面发展，民间绣则布色图案比较健康壮美，这是从同时期陶瓷器、铜镜子花纹和其他工艺的花纹反映可以推测的。宋代民间瓷中的“红彩”就是根据刺绣需要发展而成的。这时期由于捻金线技术的进展，织金锦类和金线绣也都盛行，据王栐著《燕翼诒谋录》所记载，当时在妇女衣裙上使用金银加工技术，即已达到十八种；（见内蒙古赤峰辽驸马墓出土一片金线绣）北宋东北的契丹“辽”政权，就用法令制定金线绣鹅鸭水鸟定官职尊卑；（见胡瓌《番骑图》马匹部分）北宋西北的党项“西夏”政权，统治者不论男女，也多服绣衣。（见敦煌418窟及安西榆林窟壁画西夏男女供养人像）十一世纪后在华北建立“金”政权的女真族统治者，本于民族习惯爱好，男女仍多喜爱锦绣衣服。（见宋人及明人所绘五种《胡笳十八拍图》）当时在今北京一带建都，为装饰一宫殿即用织绣工人二千，经时二年，始告完成。捻金织绣素来为回鹘工人所擅长，十二世纪在继续发展。

图8　宋仁宗皇后像　南宋　台北故宫博物院藏

图9 广胜寺杂剧壁画（复制品） 山西博物院藏

到十三世纪蒙古统治者统治的百年中，因官制中重要朝会，皇族贵戚及大官吏，都必须衣着金色煌煌的纳石失金锦帽，和用金锦织绣作衣领边沿等的袍服，因之这部门技术更有显著进展，几乎丝织物中的纱、罗、绸、缎，都有加金的，金代即已如此。蒙古民族长住沙漠中，喜欢穿强烈的色彩，也影响到一般工艺品的色彩风格，锦绣更加显著。花纹图案一般说来远比宋代强烈粗豪。十四世纪的明代初期，还继续受这个风格的影响极其深切，表现于一般刺绣和刻丝，用色华丽而沉着。［见明重色刺绣及刻丝、山西省广胜寺明应灵王殿壁画演戏部分（图9）］但从十一世纪北宋末期以来，北方定州、汴梁等处高级手工艺技术工人多逃往长江以南，雕漆、刻丝很显然对于南方工艺都发生了较大的影响。雕漆工人在嘉兴寄居后，元明以来即出了几个名家高手。张成、杨茂和漆工艺专门著作《髹（xiū）饰录》作者黄成，都是嘉兴漆工。（见张成、杨茂制漆器）

刻丝工南宋以来也出了几个名手，朱克柔、沈子蕃是其中最有代表性的两个人。此外还有吴煦等许多人。刻丝得到社会重视后，技术传授日益普遍，因此到明代中期，苏州爱美妇女，有费时经年作一衣裙穿着的。

中国在长江下游地区大量种棉于公元十二三世纪，棉布生产当成商品普遍流行于国内，始于十四五世纪。民间染坊在棉布上印花技术的发展，和民间挑花技术在棉布上的应用，大都也在这个历史阶段中。时间近，文献记载也比较详尽。更重要还是十五世纪一个著名权臣严嵩，因贪污，全部家产被没收时，曾留下个产业清册，记载下数以万计的贵重字画、金银器和工艺品的名目。工艺品部分拍卖时，还有折价银数。其中锦绣丝织物也达数千种。根据这个重要文献，我们对于当时锦绣丝绸有了初步认识。用它来结合现有数以万计的明代锦绣残余遗物研究，明代锦绣问题，因之更加明确具体。特别官服衣料应用洒线绣法，是过去人从文献难得其解，惟有接触实物才明白的。（见洒线绣五种）现存材料最完整而重要的，是山东曲阜孔子家中收藏的部分材料，和北京故宫博物院与历史博物馆藏材料（见故宫博物院藏袍料三种）。

明代是个都市市民阶层抬头的时代，苏州刻丝部分改进发展到妇女费时经年来做衣裙，刺绣自然也日益向普遍方向上发展。除一般衣物用丝绣外，还有两种近于新起的风格产生，在社会上得到一时重视，一种是用细如胎发的材料，如白描画法一般绣故事人物。它出现也不是突然的，产生是有个历史渊源的。是由唐宋以来吴道子、李公麟的白描画，发展到十三世纪的元代王振鹏，明代的丁云鹏、尤求，在绘画技法上就自成一格[1]。这种白描画更因木刻版画直接受它的影响，产生过千百种通俗小说和戏剧精美的插图。又由于制墨需要，产生制墨名家程君房、方于鲁等，作品中千百种精美墨范，在中国版刻史上就占有一个特别的地位。（多安徽刻工）在刺绣部分则产生发绣，当纯美术品而创造。其次是当时文人画中正流行一种重韵味的简单水彩画，如董其昌、陈道复等所绘的条幅，苏州绣工，常用来作刺绣底稿，一般多在白绫地上面用错针法或铺绒法绣成，在明代刺绣上也自成一种风格。第二种是明末上海顾氏露香园绣，彩绣写生花鸟屏条册页，有些据宋元花卉草虫册页画卷，有些用明代画家陆包山等花鸟画稿，间或也有用徐青藤水墨花卉作底本的。用针逼真细密，配色华美而又准确，发展了刺绣中精细逼真特长，在作品中充满生意。本属于一种艺术上的提高，后因爱好的多，于是当成一种高级美术商品而流行，彼此摹仿，不免真伪难分。这种刺绣比发绣和仿文人画的水墨绣，更加容易为群众接受，因此特别得到发展，并影响到十八、十九世纪和后来一部分苏州绣法。刺绣本属于中国社会妇女日常课艺，除专工制作的高级美术品和部分美术商品，大多数生产，是处于妇女处理家事之外，或生产工作余暇，自作自用。有些地方，照社会风气，亲友结婚，即常邀约亲友邻伴，置办嫁妆；参加工作的，照习

1　游丝描。——王孖注

惯也不受物质报酬。作品虽有精粗，都不属于商品性质。例如日用品之一，收藏青铜镜子的镜套，就有各式各样具备，多产生于社会各阶层妇女手中，是美术品而非商品。这种圆形绣花镜套，到十八世纪玻璃镜子流行后，就再无使用的。十七世纪遗物还留下很多精美作品，特别重要是从这部分作品可以明白明代刺绣种种不同技法。

十七世纪末，中国政治进入一个新的阶段，以李自成、张献忠等为首的巨大农民革命，虽推翻了腐朽的明代统治政权，居住东北的满族却得到汉族中大地主官僚帮助，统治了全中国。到十八世纪初，社会生产不断发展，刺绣因配合政治制度和社会习惯发展，进入一个新的历史阶段。社会中层以上，官制中大量使用刺绣。宫廷中的仪仗、车轿、马具，凡利用纺织物部分，都需用刺绣。生活起居日用器物，由床榻、坐椅、桌围、幔帐，到挂屏、槅（gé）扇心，大小官吏身边携带的烟荷包、香囊、扇套、眼镜盒子、名片盒……更无一不利用刺绣。即一般农村妇女，也无不在工作余暇，制作各种刺绣。工作时最重要的当胸围裙，就各有不同风格的彩绣或挑花绣，此外头巾、手帕、衣袖、裤脚，以至于鞋面，无一处不加上种种花绣。由于民间刺绣花样需要广泛，间接且刺激了民间剪纸的生产，成为乡村手工艺一部门。虽参加这部门生产的人数并不多，却自成一个单独行业，为中国农村中巧手艺人所独占，作品丰富了广大农村人民的生活，花样丰富并且充满地方风格。特别是中国西南地区的成就，更加显得丰富多彩。直到现代，还留下万千种颜色华美的图案，通过八十岁白发如银老祖母的记忆，传给十二三岁初学针线的年少女子。

这个历史阶段由于戏剧的发展，除全国各都市保有不同数量的剧团，即乡村也常有流动剧团，来往各处，对于戏衣需要的旗帜、衣甲、帷帐道具，数量也相当大，因之又刺激了戏衣刺绣业的发展。北京和苏州是两个主要生产区，西南的成都和广州，也有这个行业的存在。就总的方面说来，全国刺绣需要量之大，在历史上也是空前的。土制印花布的普遍流行，和有花丝绸后起的漳绒大量生产，刺绣在人民生活中的需要量，还是无比庞大。除吸收了家庭妇女业余劳动大部分，都市中则为适应这个需要，生产机构还分门别类，例如衣服和佩带绣件，就各自成一种行业，各有专店出售。纯粹作观赏用的美术刺绣，由露香园顾氏绣创始，到十八世纪乾隆时期，有了新的发展。精美的花鸟刺绣，多用当时写生花鸟画家蒋廷锡等画幅作底稿，色彩华美，构图典雅，具有浓厚装饰性。花朵一部分或鸟身某部分，还穿缀小粒真珠和珊瑚珠子，增加装饰效果。宫廷用三蓝绣配色法，也从这时期确定影响到应用刺绣一般色调和风格约两个世纪。大件如宫殿中的三五丈大毛织物龙凤绣毯，小的如洋绉绸汗巾上绣的小朵折枝花，都采用过这个以三蓝为主调的配色法。（图10）彩绣中组织规模宏大、可称近三世纪代表杰作的，有故宫博物院收藏的清乾隆大幅刻丝加绣《无量寿尊佛像轴》，宽达307公分，长达620公分。设计之精巧，布色之华美壮丽，都达到了近十世纪以来织绣艺术最高水平。这种织绣品的制作，必须使用大量人工物力，费时数年才能完成。又有在二丈大织金锦上，用真珠、珊瑚等绣成种种图案，作为庙宇塑像披肩的。这时期帝王日常穿着朝服，取材也极精美，刺绣花纹更加华丽眩目。有用孔雀翎毛捻线织成袍服，上缀大小真珠作云龙花鸟的，可作一时代表。至于美术刻丝绣，则长幅山水卷子的制作，是新发展。（见故宫博物院藏清孔雀羽穿珠彩绣云龙吉服袍）到十九世纪晚期，流行通身一枝花妇女长袍料时，也有用刻金银绣法作成的（见故宫博物院藏清刻丝仿仇英《后赤壁赋图卷》、历史博物馆藏慈禧时宝蓝地金银绣整枝荷花大镶边女衬衣）。

图 10　三蓝绣对襟女褂　清　上海纺织服饰博物馆藏

图 11　金银线绣荷花蓝纱女大氅　清　中国国家博物馆藏

二十世纪初，人民革命结束了最后一个封建王朝的政权，衣服制度一改，因之近三世纪以来的这个庞大刺绣业，（见故宫博物院及历史博物馆藏衣料）自然即衰落下来。全国各地积累下来的万万千千精美丝绣，不是当成废物毁去，也就是当成废物处理，或改作其他用途。最多的是把乾隆以来流行二百年的妇女宽大衣袖部分和裙上装饰集中部分，改成小件方幅，向海外输出。在当时商人眼光看来，即是废物利用的一个最有效方法，因此近半世纪中，前卅年，北京手工艺美术品输出品种中，这种改造加工丝绣品，历来都占有一个相当重要的位置，还为此产生一个规模相当庞大的改制加工行业，专作这一部门的刺绣输出贸易。一般欧洲人对于中国刺绣的印象，是从这部分作品起始的。在这个时期，京、苏刺绣业和成都、广州及其他省市刺绣业，仅戏衣刺绣业还保留一部分生产，其余当成商品生产的日用刺绣，由于需要不多，不免一落千丈。加之外来机制印花标布的推销，不仅妨碍中国纺织工业的生产，同时还把大都市仅存的刺绣行业，也大部分打垮了。大都市刺绣业虽一蹶不振，惟因外销刺激，南方又还有千万海外华侨需要，因之广东新刺绣，在出口日用美术手工艺品部门中，还占相当大比例。苏州、上海地区生产刺绣日用品，占相当大比重。枕套和观赏品镜屏类，供新家庭采购作礼品的，在国内逐渐回到一定市场。广东汕头、山东烟台的麻布茧绸单色绣和彩色挑花、贴花等餐巾、台布、睡衣等，由于物美价廉，输出生产数字，因之在逐年上升中。湘绣虽属后起，系从十九世纪末国际展出中引起注意，逐年发展，生产被面和花鸟挂屏，在国内曾有大量供销。广绣本来有个较早的传统，十九世纪以来成品习于用百花杂鸟同置一绣件中，布置设计和中国画传统要求不同，然而用针绣细密而色彩华艳，另具一种风格。到本世纪后，这个传统风格已失去，新的外销多种多样，有一种在黑白绸地上用红色线绣小折枝满地花的，多供外销作披肩、桌毯，绣法也受外来影响较大，和传统广绣风格少相似处。湘绣较先本从写生花鸟着手，惟底稿多取材于一般流行画幅，受晚清上海画派影响相当大。用色较重，针线较粗，写生中有写意底子，花色本宜于观赏挂屏的，多用于日用品中之枕套、被面上，这些都指的是经常有数以千计的绣工在生产有商品性的刺绣而言。至于以新的技法，创造新的美术刺绣，个人中在这时期特别有成就的，应数十九世纪末江南女子余沈寿作的丝绣人像和其他写生花。绣像法本来传说公元前三世纪即已使用到，在蒙古汉代匈奴族贵族古墓中，曾发现在公元前一二世纪丝毛绣人像数种，就中有作三匈奴骑士形的，针线虽简单，神气却极生动。公元三世纪后的晋南北朝时，多用于佛像。《洛阳伽蓝记》曾叙述过这种用珠绣和织成佛像。八世纪后有作四天王等大绣像的。公元十世纪以来，又有在大和尚所着扁衫上绣作千佛诸神，作法事的，披上表示宗教庄严的。这种方法且沿袭下来，直到十九世纪不废。十四世纪到十八世纪，佛教密宗佛像盛行，布色浓厚，组织绵密，用刺绣法表现，效果有极好的。十四世纪以来流行的八仙和南极寿星凑成的“八仙庆寿”因道教流行，也得社会爱好，把八仙绣像绣于帐子类作祝寿礼物的，已成为社会习惯，流行直到十九世纪，且使用种种不同绣法来表现。绣法中的堆绫贴绢法，七八世纪的唐代即已盛行，是把杂色绫绢剪成所需要的人物鸟兽花枝形象，下填絮绵，钉绣于红白丝绸底子上，形成一种彩色浮雕的效果。这种绣法用于明清两代的，多和人像发生关系，和麻姑献寿、八仙或和合二仙等民间通俗吉祥主题有关。又十八九世纪以来，妇女衣裙上绣工加多，即夏天纱衣，也有加工极细，上绣团花作麻姑献寿，渔樵耕读，西湖十景，或西厢、三国戏剧小说故事，人物生动形象。虽人物大小不到三寸，也绣得眉目如生，针线一丝不苟。惟这种种多从服装装饰效果出发，极少从人物本身写真艺术出发，因此中国传统的写影法，虽流传千年不废，十五六世纪以来，还留下许多具有高度艺术水平的人物画像，却极少是刺绣表现的。直到十九世纪末，时正流行照相放大炭画法，余沈寿才用人像作题材，绣成几幅重要人像；这种绣像送到国际展出得到成功后，余沈寿之名才为世人知道。但由于摄影艺术的进展极速，先是在放大照相上加色技术不断进展，其次是天然色彩的发明，同时油画作人像法流行，绣人像艺术，因之近半世纪以来并无发展，余氏绣法也少后继者。直到解放后，近五年来，才又有上海王氏五姐妹用剪绒绣法作人像，得到新的成功。就题材说为旧传统，就技术说则为新创造。

日本帝国主义侵略中国，第二次世界大战爆发时，中国沿海和内地几个地区的刺绣生产，大部分都被破坏。

解放后，人民政府对于工艺美术的发展，给予特别的重视；刺绣、地毯、烧瓷、景泰蓝、雕漆和刻玉、雕牙等，对外文化交流发生良好作用的手工艺的发展和提高，都十分关心。由调查作有计划的改进工作，近来并且进一步组织工艺研究所来促进这部门工作。就中生产地区分布特别广，种类特别复杂，从业人员数特别多，应数刺绣一项。据手工业管理处和美术服务社初步估计，仅从几个大区初步调查，直接或间接参加生产的妇女，已达十万人。因此企业的发展和生产存在的各种问题，也就格外值得重视。近数年来，由于国内外需要量日益增加，地区部门生产，因之形成一种新的高潮。而生产什么？生产设计部门如何提高？也就是在各方面都成为一个问题。政府在国务院行政系统下特设立一全国手工业管理局，和中央美术学院工艺系扩大为工艺学院，又另设一工艺研究所，就是试图来解决手工艺各部门的问题，而刺绣无疑是一个更加值得重视的问题。如何从现有人力技术基础上，和传统优秀艺术基础上，好好结合起来，组织这部门生产，改进这部门生产，来供应国内外需要，很显明是各方面都十分关心的。

新的改进工作，有显明进步的，是现代花鸟画家的作品，已在各地区由有经验工人在试验中用刻丝法、结子、琐丝法、铺绒通绣法，制作出许多新作品，在国际展出中得到世界万千观众的好评。又把这些多样绣法作日用品刺绣生产，更获得广大人民的爱好。又流行于民间的各种绣法，特别各地挑花绣技法和精美图案，也有一部分起始试用到新的生产上来，供应市场各方面需要。这部分无疑还在日益扩大它生产的范围。总的说来，新的刺绣企业的前途发展是充满希望的。除企业性的刺绣外，还有长江流域及西南少数民族广大地区流行的日用刺绣，一般都是妇女工余的非商品性生产，其中一小部分，虽然也在乡镇市集中出售，依然近于交换生活资料形式，和大都市中集中千百工人在一定计划中进行的定量生产情形完全不同。至于农业合作化运动后，这些剩余劳动力的生产，是否在短时期内能组织起来，投入有计划生产，还是一个值得研究的问题。部分居住比较集中的地区，大致是做得到的。这种新的组织，无疑将可以增加大量生产，但同时也无疑是一个相当繁琐的工作。待从部分重点地区作些试验，来慢慢推动，不宜于过分冒进。

目下流行的几种刺绣，在技法上的历史考察。

绣花艺术属于世界人民共同的艺术，几乎全世界妇女都曾经投入部分劳动，并由于这种劳动和爱好，促进了它在艺术上的成就，发展出千百种不同技法。中国刺绣属于世界成就一部分，显著特征是从古以来就和丝绸同时发展，同是利用蚕丝作成的。它在公元前二世纪以前就被当作高级艺术品运往海外诸国和国内各地区，促进彼此文化交流，丰富了世界上若干古国物质文化内容，也促进了中国中心地区和西北、西南边沿地区的物质交流。不仅当时价值极高的锦绣到了西北、西南各地区，同时西北高级毛织物氍毹氉毲，西南高级棉织品白叠、阑干斑布，精细至极的麻布——筒中黄润，也到了长安，比价且不下于当时高级锦绣。因为这个彼此物资对流的关系，由于气候潮湿不易保存过久的古代精美丝绣品，在中原地区已不容易得到，在西北沙漠干燥地区，却还保藏了十分丰富、可供研究的材料。例如公元前二世纪汉代的锦绣，在中国西北埋藏了二千年出土后，还色彩鲜明。即在公元八九世纪后的丝物，以目下发现情况来说，也数敦煌洞窟文物遗物和新疆出土遗物丰富而完美。其次才是保存于东邻日本正仓院一部分作品。

中国刺绣艺术造诣之精，和历史的悠久，一方面和多数人力投入劳动的社会习惯有关，另一方面和政治制度结合，成为政治制度中的一个部门，生产得到不断改进和提高也有密切关系。从周代起始，练丝染色都各有制度设官分职，画绣上有专官，可知图案设计也是被十分重视的。影响到近代刺绣纹样。历史上政府有两个设计机构十分重要，一是十世纪之宋代文思院，二是十七八世纪清代之如意馆和绣局，经常都有许多专家打样设计。从现存遗物上还可看出这时期高级刺绣特别华美的风格。更重要的影响，还是流行广大地区的民间刺绣；直到如今，还保留下万千种不同精美无匹的图案，和千百种不同的技法。这里仅就现在几种常用的技法，说说它的历史发展和艺术特征。

一、“琐丝法”，俗名拉琐法，用丝于绣件上作小环连续不断，即古之所谓“长命缕”。见于文献记载，为民五月作辟兵小绣件，用五色丝作五方错丝，取厌胜古吉祥意思。从汉代出土实物，我们才得知这种琐丝法是汉代一般绣法。特别有代表性的遗物，是蒙古人民共和国诺因乌拉古墓中出土部分绣件，和在西北沙漠地区古楼兰发现的云纹绣。（见绣云袜）这种绣法进一步发展是用琐丝法盘绕满地，不留空处理新的题材。（见楼兰出土云纹绣）最有代表性的敦煌发现的唐代绣佛，和新疆发现的残余绣衣，在技法上都相同，可知当时曾极流行。这种技法到十八世纪的清代，混合用于妇女裙上刺绣，曾成一时风气。

图 12　月白缎打籽绣荷包　中国妇女儿童博物馆藏

惟一般不作有规则盘绕，只是在面积较大部分，分浓淡处理。技法通名“结子”或“打子”（图12、图13），例如折枝花鸟挂屏，则在面头和花朵部分用结子法，其余用铺线绒绣加平金。如绣衣边或裙间画面部分花蝶，则用结子法，外沿加平金的。

二、“错针绣”，俗名乱针绣，即针法长短不一，色线不一，错综配合，使题材色彩效果增加活泼的一种绣针法。较古的材料，也应当较蒙古人民共和国境内汉墓发现的毛绣为重要。这个著名古绣件，或产生于当时胡族人民手中。中国古代黼绣法，有四种是采用这种技法，才能表现色彩之美的。现存实物较重要的，

图 13　月白缎打籽绣荷包

是西北出土的一串枝花小绣件，日本收藏九世纪唐代一个绣孔雀同是用这种技法表现。宋代写生花鸟刺绣，一般多采用这种技法，而加以提炼，针丝细，配色精，因之使题材更加丰富生动活泼。（见《东瀛珠光》中之孔雀绣件）明代观赏美术刺绣，一般还应用这种技法。（见斯坦因《亚洲腹地》中串枝花绣）露香园绣成功处也在它善于采用这种技法长处。清代惟广东绣能继承这个传统，（见故宫藏宋绣，《纂组英华》）不过构图不佳，就不免得混乱。近五十年来，湘绣和苏绣各具有特长，处理花鸟善于用乱针绣的，总可得到一定成功。

三、“铺绒法”，特征为擘细丝线作平面处理。在刺绣技术中似为晚出。公元十世纪以前遗物中还少见。但存最早的是明清之际材料[1]。最先或出于闺房中绣裙和巾帕、香囊小件绣品，因为技术处理宜于小而精美物品，不宜于大件。但在十八世纪以来，却大量反映于垫褥、帷帐，及一般衣裙上，和三蓝配色法同时得到普遍发展。从以蓝色主体的用色技法的发展，如联系其他工艺部门来分析，它较早或出现于明代，而盛行于清代。因为三蓝配色法，极显然是受流行的青花瓷影响而出，不是凭空产生的。铺绒法加进一层，只擘丝薄薄平铺材料上面，用胶棚固定，不露针脚的，名“刮绒”（以如皋冒氏刮绒著名一时）。在清代小件刺绣中虽有此格，大致因为费力多而不易好，留下成品并不多。

四、“洒线绣”，技法有两种，各作不同发展，效果也不一样。现存较早材料之一种，是用双捻五色彩线，按照图样所需要的色彩平铺绣出，再短针脚把它用种种不同钉绣法固定。在这个加工过程中，使得固定一色的较大平面，形成种种不同纹路的。从技法上说，

1　平纹马王堆西汉墓中已见，内棺方棋格纹绣。——王孖注

或即宋人所称的“刻色作”。起源虽不可得而知，最晚宋代绣工已习惯使用。现存材料虽然零碎，种类却极多；富于研究参考价值的，是保存在明代《大藏经》经皮封面部分的遗物。故宫所存衣料十二件，是国内仅有完整遗物。另一种“钉线绣”，俗名又叫做“钉锦”，不知起源何时，现存材料多是十七世纪明清之际的遗留。或出于民间挑花技术的发展，近代四川挑花绣材料中，犹有这种格式；清代应用较多的是夏天满洲贵族身边佩带的扇套等细活，妇女衣袖裤脚也有使用的。

五、“平金绣”，凡用金线在丝绸上做各种装饰图案和花鸟形象表现的，技术上通名“平金”。如仔细分析，则有各种不同名目。八九世纪的唐代，已约有十四种；北宋则增加至十八种，见于当时人王栐著《燕翼诒谋录》和政府禁止用金作衣裙装饰法令中。所说盘金，或指全部用金银线盘绕，或指在彩绣中加部分金线。羊皮金技法也成熟于这个阶段中。平金绣就图案表现要求说来，它的产生宜在公元前三四世纪，正当金银错流行时期。使用丝织物上技术比较简易的即平金。但现存出土实物却看不出这种用金痕迹。重要原因之一，就是这个时期在生产方面，虽然已能拉成在铜镶嵌和漆器上捻金线，二世纪初年，蜀地出产的锦缎，虽有加金的记录，用的大致是金丝细条，即唐宋代人说的“缕金”，明清人说的“明金”。文献中即说到大秦（罗马）、天竺（印度）缕金织绣，成都、长安、洛阳等地还未有能作捻金线的。七世纪的隋代，历史文献才记载有波斯捻金线袍，由当时著名工艺家何稠仿制，精美胜过本来；中国工人才学会作捻金线法，但还未闻大量应用于一般锦绣上。唐代织锦中已发现有加金的，还近于在刻丝类织成锦中略加金饰，应用范围并不广。到唐代文宗时期，才说及玄宗和贵妃各有金乌锦袍一件，贵重一时；文宗时一般富人家中已多有金锦。其次即晚唐到五代，诗词中关于妇女裙用泥金银绘画金绣和缕金绣的日益增加。衣裙金绣原料，显明需要用捻金线的。从这些记载看来，捻金线技术是从波斯学来，到唐代晚期才比较普遍应用到一般刺绣上的。北宋时期明白提起衣裙服饰禁止用金已及十八种，可知除捻金线外，还有其他金片等等作法。绣金用于官品衣服部分，用来辨识爵位高卑的，是当时占有东北的契丹族建立的辽政权，官制中就全用金线绣鹅雁等多种水鸟，表示尊卑。新在热河辽墓中发现的绣件，虽近于衣被类，平金技法却已提出重要参考资料。衣饰用金习惯，为女真族在北方建立的金政权加以发展，织金锦因之逐渐成为社会风气，创作出种种不同花样，发展出诸种加金技术。元代仍沿袭旧例，得到发展。这时期虽设金锦局，大量生产纳石失金锦，绣金服饰使用也日益加多。大量武装部队的旗帜，就多用彩绣加金的。明代继续这个传统习惯，在应用丝绣和服饰刺绣中，都大量使用金线加工，捻金线技术也由粗而细，日有改进。从这时期部分刻丝加金艺术品中，可以看出这方面技术发展情况，用捻金线为主要的刻金作法，也于这个阶段中成熟。清代平金绣是从这个传统技术基础上产生的。主要特征是康熙以来捻金银丝技术上有了提高，紧密匀称的细金线，影响到平金绣的成就是极显著的。其次是技法表现上的多样化。宋人所谈十八种加金法，在清代贵族妇女的衣饰上，差不多已全部用到。纯用金银细线平铺钉绣的，多如当时异常精美之金银嵌螺甸；惟在刺绣中并非主要生产，直到十九世纪晚期，才在社会普遍流行。中等人家妇女衣裙、桌椅披垫，都流行平金绣折枝花果和“丹凤朝阳”等主题。更因京戏桌椅、旗帜、帷帐等需要，因之平金绣在刺绣中成为一时的风气。在黑色缎子上作银线绣法，更是这一时期平金刺绣的特征。

“衲绣”[1]，或称“衲丝”和“戳纱”，（图14、图15、图16）

1　“衲绣”又叫“纳纱”“一丝穿”。——王㐨注同是用方孔纱作地子材料，技术处理也相同，不同处是表现方法。同是擘丝如铺绒，在纱地刺花，凡作满地锦纹规矩花的，称“衲锦”。和织锦区别是纳用针刺而不是机织。因针路长短不同，而分纳一丝、纳×丝不同名目。如只作部分折枝或其他写生图案，余下空处相当多，则称“戳纱”。又京制荷包扇套小件丝绣中，一孔一针绣锦地花的，北方人又叫作“北刻丝”，表示和南刺绣用小梭织成大有区别。这种绣法和结子法，常因近于平铺万千小小颗粒而成，诸色相柔和的感觉，在刺绣技法上是两种最值得注意的技法。衲绣法在古代黼绣文彩时即已使用，在记载上比较可靠的，是三四世纪晋南北朝常称衲绣衣甲。十世纪的宋代，锦类中就有“衲锦”，用于装裱名人画。明代《天水冰山录》衣料中，就有衲锦料子。清代大如帐子，小如烟荷包，都有用衲锦法仿效唐宋锦缎而作的。明清两代又有各种绣纱法，不同于戳纱处，是针脚长短不一。

图 14　五品官服补子紫纱地纳纱绣　清　清华大学艺术博物馆藏

图 15　白地纳纱一丝串八角格帕袋　清

图 16　蓝纱地戳纱吉服　清

八、“刻丝”出于汉代之成锦法，本来是用捻紧丝线用编织法作成，从现存汉代材料和唐代材料分析，可知花纹成就和织锦提花决不相同，即和宋代刻丝用小梭法剜织就再相连缀也不相同。小梭法剜织或成熟于隋唐之际，可能传自西域，通过高昌回鹘，由古波斯传来。唐代文献记载提及二件著名刺绣，一是唐人韦端符叙述眼见唐初名将李靖所有各种衣料，提及其中一花纹奇丽，作狩猎后的锦袍——根据记载看来，它是属于刻丝法作成的。又晚唐诗人陆龟蒙记载所见到的一件古锦裙，内容为花树云鹤，虽认作齐梁时代南方作品，其实鸟衔花是唐代图案一种习惯，它可早到南朝之齐梁时代，而说它是唐初，和李靖锦袍产生时代相去不甚远，或较近情理。现存实物有代表性，其技法还接近唐代制作的，是现藏辽宁省博物馆的那片紫鸾鹊谱刻丝，用粉紫色底子，满作对称花鸟，鸟中鸳鸯、鸂鶒，及口衔花枝形象，都还是唐代格式。宋人记绍兴内府装裱书画有“紫鸾刻丝”，因手卷上的残余材料的发现，和在北京西长安街一宋元初人墓塔中新发现，得到完全证明。刻丝法在宋进一步发展，是和宋五代名家花鸟画的结合。现存实物有代表性的，是相传北宋人仿崔白画作的《三秋图》，布色之精，画稿设计构图之秀拔，在现存同一格式的刻丝中，可称杰构。惟从制作法说，也有人以为它的时代或属晚明的。

南宋刻丝名手多在江南，以朱克柔、沈子蕃、吴煦三人最著名。作品精美多如宋人原画。元人结线较粗，用色较重，世传《八仙图》时代或较接近。明代这一部分艺术，在记载上说为普及到中产阶级日用品各部门，证明生产面已日广。就现有作品说，则艺术显然低落，正如绘画一样，设计、配色都远不如宋代制作之精，宫廷用大件加金粉水椅披，用色厚重，当近于元代风格，或即元代本来图案。苏州仿名人画稿制作的册页，由于底稿敷色浅淡，笔姿柔弱，作成后艺术效果也并不高。惟现有传世宋代刻丝，即署名朱、沈、吴诸名家巨制，可能有部分就是明代制作，并非宋代旧制。例如东北收藏之《迎阳介寿图》和一二山水条幅，就作风看来，是近于明人作风的。刻丝制作水平达到艺术史上的空前高度，还是十八世纪的清代中期制作的《佛说图》，可称几幅杰构巨制。[1]据说当时是十六轴同在热河行宫中，每当重要节日同时悬挂的。帝王用刻丝蟒服的制作，也以这时期如意馆中设计图样，最富丽华美。另有绣业中人称“南刻丝”的，多指用浅蓝或水绿地子，作小折枝花的扇套、香荷包等刻丝件而言。其

1 此说辽宁省博物馆藏几幅大佛像释迦图，宽到四尺，高到八尺，藏青地。——王㐨注

不同于一般刻丝处，即丝经极细，花朵色彩鲜明，小朵花也作得十分生动。又晚清贵族妇女流行一种通枝花刻丝或金银长袍料，有作得极精美的。男子也时行一种满花高领库金沿边琵琶襟背甲，织锦、刻丝、纳纱材料无不应有尽有，显得花团锦簇，整体效果实不见佳。另一种用麻姑献寿、天官赐福、八仙庆寿等主题作的八尺幛子，作为一般祝寿礼物的，虽名为刻丝，其实多系在平丝薄绢上，略加规划扣出图样大样，再涂绘粉彩而成，有蓝地、红地分别，蓝地的稍微精致，其他多极庸俗。

其他清代中叶以来，海外正式通商以前，即有相当数量呢绒输入，通称“咔喇”，宫廷及贵族家庭中地衣、炕褥、拜毯、椅披桌围、轿衣、马鞯车帘，以及婚丧大事的仪仗，无不使用，生活服饰中，风帽、披风、马褂、箭袖、外套、帽沿……也逐渐喜用咔喇作成。较精致的，当时货币价值之高，远过一般锦缎。又流行各种绒类，部分来自海外，部分来自江南。生活起居用咔喇的，部分必加各种色彩刺绣。三蓝绣，又或几种绣法混合处理，在刺绣中自成一种风格。较早的多乾隆时作品，因毛织物容易被虫蚀毁坏，不易保存，除故宫保存部分外，其余多已毁去无余。在中国织绣史中唯一和汉代毛织物刺绣能衔接的，出现时代却最晚，消灭时间却最早。民间毛织物中还保留一部分技法的，是北方蒙古族、藏族使用毛毡、帐幕、门帘，剪黑绒，用贴花法作如意云绣的吉祥图案；和西南居住的羌、藏、彝，在粗羊毛编织物披肩、挂袋等上的加工刺绣，就中最出色的，数缅边傣族作的挂袋，有的在编织色彩斑斓几何纹图案上加小小金银片和钉绣羊皮金作成图案，艺术水平格外高，成就可和贵州苗族之蜡染、海南岛之木棉编织物比美。

# 介绍三片古代刺绣

这是三片古代绣花，不仅是古典艺术品，其实还是一份重要历史材料，一种民族关系史材料。产生的时代，较晚的约有二千年，较早的可到二千三百年以前。

我国人民养蚕织丝，起源极早，主要贡献是广大劳动妇女。照历史传说，多以为创始于黄帝妃子嫘祖，因此历代祀作蚕神，且封“西陵圣母”。惟根据《尔雅》记载分析，蚕类的饲养，实在经过许多人，在各种不同条件下，用各种草木叶子，经过长时期试验，后来才特别发展了桑蚕和柞蚕，决不是由某一人发明的。殷商时期已能织有花纹丝绸，有个安阳出土的青铜钺（yuè）（图1），上面保留花纹还十分明显。周代发展生产，用法律督促人民种桑养蚕，征

图1　青铜钺　商　安阳殷墟妇好墓出土　中国社会科学院考古研究所藏

收赋税作为经济来源。古代文献如《诗经》《月令》和《考工记》，保留下的记载都十分重要。当时贵族的起居服用，如衣服、帘幕、屏风、旗帜，大都用丝绸绘绣鸟兽云物，壮美观瞻。春秋战国以来，襄邑（今河南）出的美锦，齐鲁出的罗、纨、绮、缟及精美刺绣，早已著名全国，被当成珍贵礼物和高级美术商品看待，诸侯邦国间外交聘问、和亲结好，都少不了它们。

汉政府在齐设三服官，监督生产。长安另设有"东西织室"，由织室令主持，年费钱巨万。武帝刘彻好神仙，每年必祀太乙岁星；主持祀事的太祝，常率领歌童数百人，各穿绣衣，爬到高数十丈的"神明台"上去，祭星求年，歌舞通宵达旦。当时许多官吏也必衣锦绣。大官到宫廷办公直宿，政府必需供应绫锦被盖。霍光、霍去病故去后，上赐殉葬绣花被面，多到一百条。照贾谊文奏，其时富人出卖奴婢，也有穿绣衣、丝履的，致国家用法律禁止。至于锦绣价值，照《范子计然》一书所说，上等一匹值钱二万，比普通绢帛已贵过二十五倍。俗谚有"刺绣文不如倚市门"语，司马迁以为反映寄食商人之多，其实另一面也说明锦绣在社会上原有广大市场，商人得利才远过工人。贾谊、司马迁还说及匈奴君长均欢喜衣中国锦绣；汉政府每年必把大量锦绣运往西北，赠送匈奴及诸胡族君长。张骞通西域后，开辟了"丝路"，并把织物运往海外中近东诸文明古国，对世界作出极大贡献。由此得知，古代的"中西文化交流"，首先原来就是劳动人民这一部门生产的卓越成就。

锦绣图案古称"十二章"（图2），专用于封建帝王衮服。其他鸟兽水云，使用也由来已久，且不断有发展。"豹首离云雀，落寞兔双鹤"，则见于西汉史游《急就章》一书中。但是二千年前的锦绣，应用虽如此广泛，究竟是个什么样子，过去学人可并不具体明白。十二章涉及封建政治权威象征，历代帝王都要利用它，读书人既弄不清楚，只好以意附会。例如汉代大知识分子郑玄，说经解释古代“黼”纹时，只说如“两弓相背”；后来帝王袍服上于是简化成亞式，实由对称造成，平板呆滞，完全失去本来两龙相对（或升降或相交）的应有壮美活泼形象。直到近年河北省易县燕下都出了一批大花砖瓦，河南辉县战国墓出了个彩绘漆棺，和长沙楚墓出土过几件透雕花板，信阳战国楚墓出土了一个彩漆棺，我们才从形象比较上得到启发，明白这几件文物上的花纹，基本上都和黼纹相通。青铜器上的图案反映，由商周斧钺上锯齿状花纹发展为各种不同黼纹形象，且更加丰富。唐代博学多通如颜师古，注《急就章》涉及汉代锦绣部分时，虽明白“豹首双鹤”等和花纹有关，因不从联系比较上去理解，就不明白同样花纹，还大量反映到比丝绸更耐久的铜漆及彩绘工艺品上，许多保留得还上好；只孤立从文字转注，因之注解也多不透彻。宋人

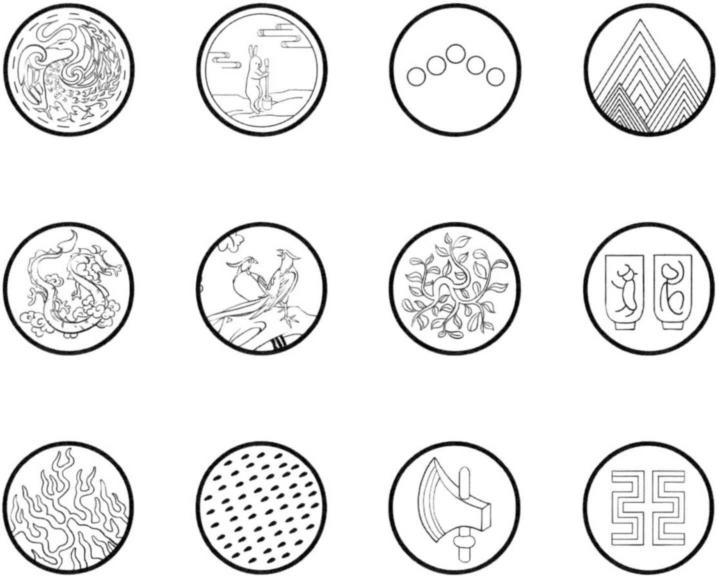

图 2　十二章纹手绘纹样

图 3　缂丝十二章福寿如意衮服　明　首都博物馆藏

注《三礼》，以意作图，更多荒谬，明清读书人还是在这个认识基础上用心。文字材料堆积日多，和真实情况相去自然越远。……影响直到现在，仅以丝绸锦绣而言，汉代出土材料已不下百种，间接相关材料更以万千计，一般文字学者、史学者、美术史著作者，谈及这部分生产具体成就时，不免依旧还习惯于笼笼统统的文字咬嚼。既不从实际出发，把文献和实物互证，当然真相不明。

朝鲜、蒙古人民共和国、中国新疆各地出土的汉代锦绣，提供的材料已扩大了现代学人的眼界。这三片绣花，由于出土地点相对年代都极明确，比较材料又多，对于我们研究中国古代丝绣工艺史、民族关系史，更进一步得到便利。其中作如意云一件，在新疆古楼兰出土，底子大红色，还不败褪，用琐丝法绣成，是汉代一般绣法，产生时代或近西汉中晚期，图案却和战国金银错花纹相近。汉代图案大别计有两种：一种组织活泼的，和锦类相似，都近于把博山炉摊成平面，锦上有“登高明望四海”等文字，它的创始有可能在武帝时，图案来由则和武帝封禅求仙问题相关。另一种还是战国对称几何云纹样的沿袭，和当时金银错彩绘漆装饰图案一脉相通。原物陈列于历史博物馆，大小虽不过三寸见方，却是目下国内保存得比较完整的一片汉代丝绣。

图 4　绢绣花鸟人物四合如意云肩　清　北京艺术博物馆藏

其次部分残片，作一妇女长跪姿态，人身全部涂朱，红色鲜明，旁加云物鸟兽奔驰，鸟中凤凰（或朱雀）特别活泼矫健。传为河北怀安五鹿充汉墓出土，现藏故宫博物院。原物传说是绣衣残余，就材料花纹大小分析，似为青铜镜囊一部分。擘线细如胎发，用琐丝法作成，已启后来发绣作风，是目前出土汉绣中最精细的一种。

第三件是个摹绘复原图，刊载于一九五七年考古学报第二期卅八页，原物是在苏联阿尔泰乌拉干河畔巴泽雷克地方第五号墓出土的。这是一件马鞍上的绣花（图5）。据考古学家C. И. 鲁金科博士判断，应是战国晚期产品。图案作鸟穿花，组织结构秀美而壮丽，和楚漆盾风格极相近，时代也不会相去太远。（又三号墓中还有片提花锦类，主要图案作△式，具有战国提花纺织物一般特征，它在古代名称，不外纨、绮、缟等字象形。同样图案纺织物，长沙楚墓也有发现，大量青铜镜子中，还有更多相似花纹反映。另一面大型楚式镜背，上面且满绘这种花纹）

图5　中国凤鸟纹刺绣　俄罗斯巴泽雷克墓出土

第三片绣花特别重要，是它的出土更偏北，为我们提出三个新问题。一、它在苏属阿尔泰区发现，是一件新事情。照习惯，这种墓葬决不会孤立存在，常常有个以百十计墓葬群；此后更多材料的发现，必然将启发民族关系史一系列新研究和新的认识。二、这片绣花既出于古代诸胡族居住区，同墓又还有许多其他中原文物出土，借此得知，当时中原和西北诸胡族的物质文化交流，主要是丝绣，此外还有许多日用工艺品。且可假定，至晚到战国时，彼此已发生较多接触，比《史记·匈奴列传》提起的时代还早些，关系也复杂些。过去只知赵武灵王胡服骑射，影响中原人民生活方式极巨；这次发现，却说明中原物质文化，在西北诸胡族生活中，也早起了一定作用。三、这片绣花作鸟穿花格式，算得是一片最早的鸟穿花装饰图案。过去研究多认为串枝花早不过朱提堂狼洗生产的汉代，六朝以来由于佛教金襕应用才有发展；直到唐代，才中加鸟雀，达到成熟。这回出土物，却把鸟穿花历史提早了一千年。

这三片绣花有什么意义，上述种种是我们的初步的答解。

一九五七年十二月岁末

# 谈广绣[1]

谈广绣最好是本地行家。个人只能就所见到的镜屏、挂屏、挽袖、裙子、镜帘、扇套和小荷包等大小约三百件材料，试作一下分析。

晚清广绣的成就主要部分是赏玩性镜屏、挂屏。因为说广绣，首先是这部分艺术品给人印象比较熟习、深刻。至于其他杂件，即少为人注意到了。十八世纪挑花、纳丝和十九世纪初期的戳纱挽袖和裙面，虽还留下许多精品，只因时代一隔，若无人作特别介绍，即搁在眼前，也会当面错过，已较少有人

图1　白缎地广绣三阳开泰挂屏芯　清　故宫博物院藏

1　本文1962年8月9日发表于《羊城晚报》。

知道这些刺绣中也有属于广绣作品了。其次即为褡裢，在二寸范围内作种种花鸟，精工之至，目下所知，以故宫收藏较精较多。

镜屏、挂屏广绣，一般多在白缎地子（间或用蓝色缎子）上，用“乱针”兼“铺绒”或“线绣”法，作“百花百鸟”“凤穿牡丹”“孔雀开屏”“松鹤延年”“鹿鹤同春”“玉堂富贵”等等幸福吉祥主题画，而且多是成双配对的，显然和当时应用于祝寿、结婚送礼习惯相关。四条山水屏偶一有之，惟不多见。人物故事在挽袖上有较多反映，《红楼梦》《西厢记》均常使用。针线以紧密细致见长，还始终保持女红中应有细巧本色。构图配彩大胆而自由。宜小品而不宜巨幅。二尺左右镜屏，花鸟越接近写实，即容易形成一种自然主义倾向，不能见出经营位置布局设计的好处。因此一般不免费工多，而艺术效果反而较差。百鸟朝凤中间或有子母鸡和大小猴出现，古今杂会一堂——说广绣近俗，大致即多指的是这类构图设计，和高度发展的技法无关。

绣件极少加署年月，但是从使用彩色分析，相对时代还是可以得到。例如喜用深棕色作树干，洋莲紫色加于花鸟间，且多装置在雕刻有流水万字地加团寿蝙蝠红木框中，就可知道时代极少早过道光时，一般生产或在同治、光绪之际。北京发现格外多，和晚清官僚来京入朝陛见，士绅子弟会试应举、捐官、拜门，带来送礼祝寿有关。最有代表性的是颐和园里高过八尺的大镜屏，就是六十年前为送慈禧太后寿礼远道运来的。

花纹繁密琐细，不仅是广绣艺术风格，也恰是广东地方一般艺术特征。例如铜胎画珐琅中有广珐琅，花纹就远比京珐琅繁琐细致。彩色缎子中有广缎，也和苏宁川杭缎子不同，用小小杂花紧凑于薄地缎面上，虽色彩十分强烈，惟花朵细碎，彼此相互吸收，形成艺术效果，还是风格独具，充满南国特有青春气息。

广绣中有彩线绣或一色翠蓝绣，使用到玉色绫绸裙子部分或挽袖上的，常作满地填花，不留空白，且用薄薄铺绒绣法，使绒线闪出翠蓝光，另是一种风格。又有极讲究戳纱和纳丝绣，多产生于十八世纪到十九世纪初期，这种精美刺绣，艺术水平格外高。晚清小荷包类，用广绣法作成的，也十分精美。但是一般所谓广绣，还是多指作杂花百鸟的镜屏类而言。

图2　广绣青缎地吉祥金寿字团花纹补子　清

图 3　广绣牡丹凤纹氅衣　清

把几种手工艺品联系来看，就可明白它的共同点。这一切都是十九世纪后半期产物，但并非凭空而起。广东象牙工人刻的鬼工球，早已著名海外，可知这种精雕细琢的艺术传统，已有了相当年月。广绣的形式，还可上溯到更早许多年。黎族即精于刺绣，以针线紧密、色彩丰富见长，能在青蓝地土布上，织绣出惊人出众几何图案，艺术性十分高强。唐以前我们知识虽不多，晚到十七八世纪的遗物，明标年月保存于故宫博物院中的许多衣饰绣件，花纹图案之巧、设色之富丽，直到现在看来还十分动人。黄道婆由琼崖回到松江，初织棉布，也说是花纹细致。可知织绣上的细致花纹，原是本来传统。广绣针法之巧，实源远流长，只不过是到十九世纪时，才把艺术设计，由比较过时的几何图案或对称花鸟图案，改向写生、象生发展而已。这一面可以说是对于中原刺绣文化（特别是由顾绣而发展的苏绣）的效法，另一面却又依然充满对于自然环境的倾心；综合结果不仅突破了苏绣文人画的局限，也突破了自己固有传统局限，却从试验中得到一种新的成果。

刺绣本属于妇功，除官服和戏装多完成于专业男工之手，其他一切创作，多出于民间妇女农闲业余成就，使用者和欣赏者照例也是多数人民。所以色彩富丽、织织细密实本来应有长处，正反映着这一区域人民情感的奔放，和生命力的旺盛。中原绣从唐宋以来，就已早和上层文化相联系，受文人画和宫廷艺术趣味影响格外深。例如宋代朱克柔、沈子蕃之刻丝，明代顾氏绣，清初如皋冒氏刮绒绣，无不依傍当时名家画稿。至于明代著名之发绣，也只是近于明代画家尤求、丁云鹏等人画稿的复本而已。广绣有一特征，为一般谈刺绣的较少道及，就是它始终不受较前或同时文人画影响，还保留女红传统中不可少的巧手慧心，以细密针线、繁复色彩自出心裁来进行创作。正和潮州木刻近似，不受元明以来小说、戏剧、版画影响，独具匠心，来进行透雕、浮雕，得到成就。这里自然有得有失。因之从传统艺术标准看来，有时不免近俗，认为难登大雅之堂。惟和广大群众对面，却远比顾氏露香园绣和如皋冒氏刮绒绣完全依附于文人画的作品，易为群众欢迎。

因此我们似乎可以得出那么一个结论，即晚清的广绣，以高级赏玩品而言，虽和晚清宫廷趣味联系不大，具有高度技术，艺术成就不免依旧受一定时代限制。然而它的作者，充满本地刺绣创作上的热情和天真，充满了民间趣味，来进行这个工作，产生许多风格独具的艺术品，在十九世纪晚期工艺中，独放异彩。这种估计，大致还是符合历史实际的。

现在，广绣必然有更广大前途，值得注意处大致是如何把技术上的长处好好保留，并加以发展，另一面却在设计上多用点心。因为刺绣当成纯赏玩品看待，应用范围究竟有限，产量要求也不会太多。如让它回归本来和日用生活发生多方面联系，即以围巾、手提包、靠垫、衬衫、拖鞋等等而言，国内外新的需要，将超过历史上任何一个时期。既当成日用美术商品生产，就不能不讲求成本经济，过分繁琐势不相宜。求新的广绣能作到经济、实用、美观三方兼顾中取得良好进展，改良新的美术设计，加强新的美术研究，并好好学习刺绣各部门优秀遗产，加以充分利用，应当是这部门生产当前和明天一个主要环节。这点肤浅认识是否恰当，愿求教于专家和老师傅及其他有心同志！

# 谈挑花[1]

挑花是民间刺绣最有普遍性的一种，在生活起居方面，比其他刺绣应用也广泛许多。从技术上说，它应当属于古典的，可是直到现代，还不断在继续发展中。新的彩色十字绣，就是挑花一个分支。现存刺绣遗产最丰富的部分，也是挑花。千百种团花图案和带花图案，如善于运用到现代生产上，还必然为广大人民所喜爱。这部分图案，并且特别富于民族、人民艺术特色。它的成就，真可说是“包罗万有，丰富多彩”。

挑花绣过去在长江以南各省民间均流行，和蓝印花布一样，与广大人民生活发生密切的联系。不过流传情形实相似而不同。千年以来，印花布打样都属于部分事业工匠（宋代记载提起过）。各地虽各有不同艺术风格，但因缬板流传，主题图案和社会应用要求又多相同，因此必然相互仿效，这也就是浙江温州和四川、湖南各地相去数千里，花布纹样却常常相同的原因。各省蓝印花布现存花样，一部分或者还出于明代的江苏，这和明代印花棉布流行又相关。当时嘉定名“药斑布”，苏州名“浇花布”，《碎金》一书中则名“浆水缬”，生产实具全国性。挑花历来非商品生产，多成于农村妇女劳动余暇时候，图案且无一定稿本，一般情形常由亲邻传手。技法虽限制极严，

1　本文1959年1月发表于《装饰》第3期。

题材却毫无拘束，因此更容易形成地方风格，而且千变万化。不过由于主题图案既反映社会风俗习惯，终不外生儿育女、夫妇和好、粮食丰收等幸福愿望；部分又必然和通俗流行戏剧小说结合，如祝梁友谊、桃园结义、许仙恋爱；或和节令相关，如龙舟竞渡、百子闹元宵。此外如双龙抢宝、狮子滚球、八宝三多、鲤鱼跳龙门、鸳鸯戏荷、凤穿牡丹，更是人民习惯有的好题材。加之图案组织，基本上不外团花和带式花，加上部分小三角边沿装饰，因此各地情形虽不尽相同，挑花式样不免常相类似。艺术上的成就，应当说是人民共同的。所谓“地方风格”，必需集中到一定数量后来作比较，才可望明白清楚，如仅从二三十种材料分析，即认为某某属于某一地区所特有，论断是不够具体的。

挑花艺术遗产，西南诸省特别丰富，和近七十年机制印花布流行有关。凡是彩印花布所到处，挑花绣必受一定影响，逐渐衰落。现在挑花绣最多的西南地区，多是比较偏僻山区，越接近山地少数民族居住的地方，艺术风格也必然更加鲜明，而富于人民艺术古典的素朴，成就特别惊人。原因是人民爱好习惯，优秀传统还能发生作用，观摩学习条件也还保存得上好。湖南挑花绣就正是这样，越接近山区，越显得丰富多彩。它可说是湖南的，也可说是西南各省共同的遗产。

挑花绣使用地材，主要是窄蔻家机布或毛青布，少数也有用葱绿布的。一般说来，汉人忌白而日用被面枕帕必经得住浣濯，因此在土白布上用深青线挑花，是共通格式，不仅经洗，而且好看。至于苗、瑶族则尚青黑而爱彩色，也比较懂色彩，因此使用到衣裙上的挑花，多用青布作地，上加彩线或棕黄绿线。即使同属一地区挑花，艺术效果也显然不同。白地挑花绣，处理图案宜疏朗，给人印象如素描画。青黑地彩色挑花绣，却宜作比较繁复的构图，使色彩错综。又湖南湘西地区部分挑花绣，地材有用桃红色羽纱和水绿色羽纱的。从材料流行时代分析，可知必是六七十年间作品，虽在苗区发现，实是汉人制作。又枕帕、头巾边沿用茉莉花苞作装饰的，比用小三角锯齿纹（通称狗牙齿）时代早些。狗牙齿边盛行于晚清，茉莉花流行于同光时。至于四合如意规矩格子花，则是二百年前式样。

图 1　蝴蝶几何纹挑花背扇　中国美术馆藏

图 2　花卉纹平绣挑花背扇　中国美术馆藏

挑花绣最有新鲜生命、值得注意的，是方团式或椭圆式凤穿牡丹花或团式串枝莲图案，真可说充满永久青春生命。在湖南地区发现，可能和一个优秀传统有关。二千三四百年前的楚国工人，已擅长在黑漆上用朱绘团式图案，作三凤或双凤翻飞，艺术表现十分健康活泼。青铜镜子背面也常有作秀美夔凤图案的。但是凤穿牡丹主题画，必在牡丹花成为人民心目里“花中之王”，而凤穿牡丹且具有春风独占的爱情喻意后，才会普遍使用作人民艺术共通的题材。所以这个主题的成熟不会早于宋代。漆器上凤纹图案的影响，只能说是部分的、间接的。

# 清代服饰织绣展览介绍[1]

这个陈列，主要材料计两部分：一、清代宫廷服饰织绣；二、清代艺术性织绣及民间日用刺绣。希望达到目的：一、给多数观众，对于近三百年织绣工艺水平，得个比较明确印象；二、给少数美术设计工作者，有机会向优秀民族遗产学习，得到些有益启发，好为人民创造万千种更优秀新作品。

清代由于官服制度必衣绣补，和封建社会末期生产发展相结合，织绣得到前所未有的发展。宫廷织绣，多由政府“如意馆”名师高手设计出样，转送苏州织造工人完成，不计时日，不计成本，因此精工细巧，超越前代。构图配色，秀美活泼，集中反映于封建统治者帝王起居服用织绣上，成就特别显明。至于观赏性织绣，花鸟多受当时宫廷画家蒋廷锡、邹一桂作品影响，山水画又多从明代文人画家文徵明、陆包山取法，着色明丽，惟过于细巧，部分必补笔填彩，已打破刻丝传统规矩，反不如明代作品扎实。然大幅杰构，实前无古人。此外，捻金银线技术，康熙一代特别进步。细如头发平金银绣因此达到高度艺术水平，并产生精美刻金和金地刻丝。明代洒线绣费工过大，虽已不常使用，至如戳纱、结子、琐丝、钉锦、衲锦、刮绒、堆

1　本篇系20世纪50年代后期为故宫博物院汉口展出所拟，原稿旁作者附注：“计三页，从文拟。不对请删改，或另作。”

绫、帖绢等等新旧绣法，还留下异常丰富优秀作品。穿珠绣、珊瑚绣、孔翠毛织绣、水钻绣，更扩大了刺绣应用材料的范围，丰富了祖国织绣总成绩。至于题材内容，也是日新月异，即以帝王袍服而言，已由明代大云龙凤为主题的习惯，发展为团花龙、草龙、团蝴蝶、团百花、折枝写生花、规矩小缠枝西番莲、一枝花、三秋图、兰堂富贵、金鱼、百蝶，突破新旧制度束缚，向前大迈一步。有的设计，比戏衣还大胆而富于创造性。椅垫织绣和八团花衣料，图案组织也多健康完整，可供多方面取法。小件日用品绣活，地方风格特别鲜明，例如苏绣细致，挽袖多作人物故事画面，布置妥帖。广绣绵密，喜用百鸟朝凤、孔雀开屏，或满地百花作主题。湘绣铺绒较厚，出色较重，实由于系戏衣绣作基础。京绣衲锦有特长。清初以来，又盛行线绣，惟川绣流行较久。民间挑花，和西南少数民族刺绣，更普遍使用线绣法，成就惊人。山西民间绣，则喜用综合技法，表现戏曲故事题材，和晋剧流行相关。配色鲜明如年画，富有民间艺术作风。

总的说来，清代织绣艺术，正和其他封建艺术一样，虽统属劳动人民艺术成就一部分，实兼有精华和糟粕，并非全是珠玉。善于学习，弃短取长，才是本馆这次展出的本意。

# 图案

距今六七千年到四千年之间，纺织物上就有花纹了，常见的有格子纹、矩形纹、回旋纹等。唐宋流行团花图案，如“对凤”“对龙”“双狮”等；清朝时，“满地团花”“皮球花”流行起来。有的男女衣饰绣有花边，这种花边，北方旧称“绦子”，南方旧称“阑干”。

# 中国丝绸图案[1]

图1　凤鸟凫几何纹锦　战国

图2　红地“万年益寿”锦　汉

1　本文部分图片出自沈从文、王家树编：《中国丝绸图案》，中国古典艺术出版社，1957年版。

图3　茶色地云纹锦和青地“宜”字锦　汉

图4　青地“登高明望四海”锦　汉

图5　鸟兽树木纹锦　南北朝　阿斯塔那古墓出土

图6　对鸟对羊灯树纹锦　南北朝　中国丝绸博物馆藏

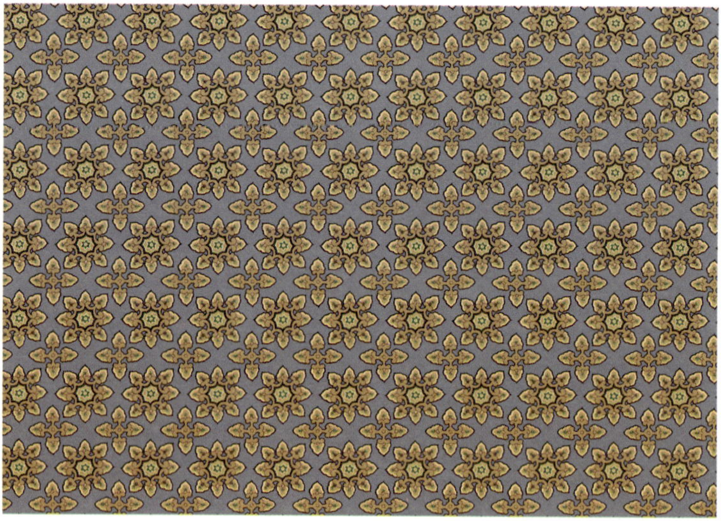

图7　宝蓝地小花瑞锦　唐

图 8　大窠宝花锦琵琶袋　唐　日本正仓院藏

图9　沉香地玛瑙锦　明

图 10　红地牡丹加银锦　明

图 11　青地牡丹加金锦　明

图 12　蓝地织金凤穿牡丹妆花缎　清　清华大学艺术博物馆藏

图 13　缠枝牡丹金宝地锦　清　故宫博物院藏

图 14　杏红、宝蓝万寿加金缎　明

图 15　红地龟子纹寿字加金锦　清初

图16　沉香地龟子纹加金锦　清初

图 17　绿地牡丹织银缎　清末

# 中国绸缎的花[1]

上星期，黄能馥[2]同学来告我，说学校要我来和各位作回关于中国丝绸花纹的报告。我对于这方面的问题，知道的只是一些常识，零零碎碎，并不具体。而且题目又太大，有些不知如何说起之感。因为中国历史太长，丝绸的美术史就是中国物质文化史一部分，应当从殷商更早说起的。如果照前科学院在山西的史前科学发掘而言，在石器时代就有了蚕，那么，我们中国的养蚕加以利用，也是应当从史前起始，而至少是从彩陶时期说起的。这是可能的。恩格斯在他的大著中论到人类畜牧起源时，说是人在史前向自然学习，因为十分熟习野兽的脾气，才发展了畜牧。从蜂房取蜜，和从蚕茧取丝，应当是同样由于熟习自然的结果。正如同中国历史传说提起过的，古人见蜘蛛网有所启发，学会编织。又传说养蚕起于黄帝的妃子嫘祖，因此数千年来中国就祀嫘祖作蚕神。这些历史传说还有一大堆，和历史本来面目不一定符合。

我们还是从实际出发，看看古代有花纹丝织物，究竟留下了些什么可以启发我们，教育我们。以现在我们的材料而言，甘肃出的彩陶，有不少基本花纹，和古代编织物花纹是相通的。换句话说，当时

1　本文写于1954年，是应邀为中央美术学院实用美术系毕业班作专题报告的讲稿。
2　黄能馥，时为中央美术学院研究生。

应当已有了这种纺织物的花纹。这里就包括好些种格子式花。时间距离现在大约在六七千年到四千年之间。

其次，在殷代铜器大钺上还留下一片有花纹的丝绸痕迹，也是格子式，方法和编竹席上常见花纹一样。这个自然不能代表商代丝绸花纹。因为据参加发掘的朋友×××先生说来，当时还有大幅旗帜，当时可能画有种种花纹。如果商代绸子上有花，照我个人意见，花纹大致是和当时一般铜器花纹有联系的。特别是铜器中的网状格子纹、连续矩形纹、格子纹，和白陶中几种回旋纹（图1），是有可能在当时就已产生的。何以说会有这些纹样？原因是：一、这是编织物最容易处理的花纹；二、这是铜器中常见的花纹；三、这是稍后一时纺织物上出现的花纹。古代人对花纹的爱好，经常是反映到同时期一切工艺上的。特别是奴隶社会制奴隶主使用的花纹，大致是可以用这个规律来探寻的。

图1　勾连雷纹缶（勾连雷纹属于回旋纹的一种）　商晚期至西周早期　台北故宫博物院藏

代表封建社会初期的周代，社会上层最初是比较简朴的，反映到铜×中花纹就可见出。纹山云纹是一般常见的。其余多从商代沿袭下来，极少变化。但封建社会有一个特征，就是制度，大小诸〔侯〕衣服、车马、旗章都有一定制度，大诸侯是这样，小诸侯也必需这样。所以我们对于这时代的纺织物，特别是高级纺织物，可以推想，必然是相当庄严的。绘画可能多于纺织。文献上常提起××××黼绣之美……[1]之美，照汉人解释，黑白谓之黼，青赤谓之黻，五彩具谓之。

早期的×××，必先发展绘彩绣花。至于提花织出的彩锦，时间似乎晚一点。尽管历史记载称织锦起始于尧舜，又说夏桀、殷纣时期，妇人衣锦绣文绮多至三百人（一说三万人）。这里锦绣、文绮我们可以稍稍解释一下，就是织彩的名锦、本色的名绮。锦的比较普遍生产，大致还在晚周，《春秋》《左传》《诗经》多有叙述，多作为贵重礼物代表，同时也代表高度的工艺的生产。至于花纹，我们目前实无实物可以举例。不过如果我们先前说的一时代花纹有一时代特征，我们试去从铜器上追求，如新起的细盘螭（chī）纹（图2），和……，有可能会反映到当时的锦上的。比较更近乎历史本来的，大致是龟子式一类对称花纹，和在蒙古一带所发现的汉代山云纹织物，我们说，这有可能是从周代传下来的式样，而且有可能是古代的黼黻（图3）锦，原因是另外还有几种战国出土器物上的花纹可以印证，一是燕下都的大瓦，二是辉县出土的漆棺，为我们证明，这个基本花纹，是可能反映于锦上的。还有是绣，《晏子春秋》就常说桓公衣绣，这类花纹照我个人估想，当时的薄金饰和错金花纹，和绣必有相通处。就是说，我们从同时的金银错花纹，或铜器花纹，可依稀得到一些印象。这对于春秋战国是一种估计，对于汉代可就是一种事实。原来汉代绣即多和金银错相通，锦和同时漆画铜刻、陶上花纹，完全一致。这个推测因几种新的发现，唐代或宋明都是这样。这种相同不是巧合，是一种必然的趋势。因此我们有理由推想，较早一些时期的

1　此处及下段中省略号疑为缺字。

花纹的面貌。新得到了证明的发现帮助了我们的认识，是长沙出土的漆器和丝织物（图4、图5）和其他一些杂物。这是我们的一把打开古代丝织花纹大门的钥匙，有了它，许多问题迎刃而解了。从中国丝绸花纹史说来，是十分重要的。

图2　蟠螭纹编镈　春秋　保利艺术博物馆藏

图3　黼黻纹筒瓦　战国　中国国家博物馆藏

图4　绢地茱萸纹绣　西汉　长沙马王堆一号汉墓出土　湖南博物院藏

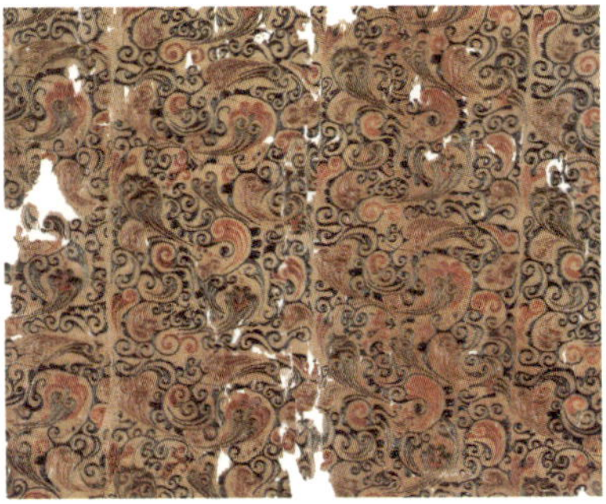

图5　绢地"长寿绣"　西汉　长沙马王堆一号汉墓出土　湖南博物院藏

# 丝绣中大团花的历史发展和应用[1]

这里介绍几幅团花织绣图案，主要是从椅垫刺绣团花和衣料团花，从文物出版社新印的《清代织绣团花图案》一书中选出的。团花在服饰上的应用，起源极早，和古代帝王冕服上的黼绣十二章关系密切。汉以前如何处理十二章刺绣于衣服上，只能根据后人记载知

图 1　阎立本《历代帝王图》（局部）　唐　美国波士顿美术博物馆藏

1　本文作于1959年。

道上衣八、下裳四。至于位置分配，和真实形象，已没有实物可证。唐代以来，敦煌壁画帝王形象，和传世阎立本的《历代帝王图》（图1），部分冕服肩部还用日月作装饰，日中作三足乌，月中作白兔捣药。前者出于《淮南子》，后者出于张衡《灵宪》，汉石刻也还有相同反映。可以推测还是汉代规矩。即或非汉代本来式样，大致也出于魏晋之际蔡邕、皇甫谧、王肃等复古改制而成。因此得知，宋明冕服十二章，也就各有所本，并非完全凭空产生。唐宋一般官服锦绣和印染丝绸，多喜用大团花，文献中所称“独窠”“团窠”“大晕锦”“撮晕缬”“对凤”“对龙”“双狮”，居多都是团花。当时不仅有较高品级的官吏，常著团花织绣衣服，御前六军侍卫，也多穿著这种中等团花衣。所以宋人以为和打球、唱戏衣服相近。反映于壁画中最明显的，是敦煌洞窟《张议潮出行图》的大部分卫队骑士，身上多作径三寸大小花头，绣染印绘兼施。西北新近出土的几种大团花锦缎，可以丰富我们许多实物知识。有作四鹿捧花的，有作四鸭的，也有作二骑士狩猎狮子的。新近故宫陈列一件锦袍则作双鸾（图2），时间似略晚些。这种圆式图案应用于丝绸上，部分或通过西北少数民族，来自中近东诸邦。宋代封建统治者为夸耀威权，驾前侍卫二万人，多沿袭唐代开元礼制度，各穿著不同锦绣和印染丝绸团花（图3）衣服；周必大作《绣衣卤簿图记》，记载得即十分明白详细。又政府每年赏赐高级臣僚锦衣料，名“袄子锦”，共

图2　灵鹫纹宋锦纺织品

计七种，其中如狮子锦，八答晕锦，大、中宝照锦，都属于团花。女真官制并且以花朵大小定官级尊卑，衣服、帷帐，都不能违反定制。惟到这时，使用花朵，部分或系串枝，不是团窠。

图 3 柿红盘绦朵花宋锦 故宫博物院藏

又唐宋以来，锦缎中以牡丹为主题的团窠宝照锦（和方胜结合，宋发展为天花锦），到明清还是锦中正规格式。此外团龙凤、连钱球路诸宋式锦，花头大小虽不相同，无不属于团花类。至于刺绣使用于应用物品上，汉唐以来则为镜囊，现在还有遗存。又宋代以来，早期妇女坐具和男子不同，由汉代熏笼（曹操《上杂物疏》和张敞《东宫旧事》都提起过）发展而成的绣墩和月牙杌子，日益流行；刺绣作的垫子，应

图 4 立狮宝花纹锦 唐 中国丝绸博物馆藏

用也日益增多。当时有的还必需加真珠装饰，直影响到清代，还产生千百种不同好花样，在艺术上达到高度水平，值得我们学习取法，转而利用到更新生产方面去，会得到更佳效果。

清代初期官服使用团花，有了极大发展，由二团到十六团，都使用到。团花中正规五爪龙的使用，限制特别严格。乾隆以来，且流行满地团花，应用于各方面。到晚清后，男子衣著的马褂和齐膝女衣，由于衣服式样有了较大改变，才打破了传统束缚。但龙的应用，还是有一定限制。至于女子官服中的“八团花”，却和清代官制结合，始终成为封建统治者笼络臣下、施恩施惠的一种工具，专应用于清政府对女性的赐予。由于一时制度，有大量需要，织绣工人在这部门图案方面，因之创造了异常丰富的内容。

图 5　绣八团花蓝地女褂　清　上海博物馆藏

图6　绣八团花吉服袍（局部）　清　中国妇女儿童博物馆藏

团花较小的，在锦缎中还有石青地金钱蟒缎，指用捻金织小蟒缎，在清初锦缎中多作垫褥使用。

又世传“皮球花”，却是一种更小一些、分布于杂花中的团花图案，起始反映于描金漆器上，约当清代早期；其次反映于清代雍正珐琅彩瓷器上，得到进一步成功。乾隆时描金蜡笺也使用这种图案。反映于丝绒（皮球花漳绒）、花缎和印花绸子上，只是近百年间事情。花朵小，容易布置调动，形成效果特别美好，因此民间蓝地印花布，更广泛采用这个图案，产生千百种人民喜爱的式样。这种团花的本来，有可能最先还是来自明末清初民间棉麻印染织物和普通粉彩花纸上，后来才应用到丝绸图案的。

# 谈皮球花[1]

近四百年中国工艺图案中，有种不规则的美丽小团花图案，由于使用范围广，我们一见总觉得十分面熟。最常见于老式窄蔻蓝印花麻、棉布上面，作成种种不同的反映。此外在描金漆器上，彩绘瓷器上，描金和砑印粉蜡笺纸上，錾（zàn）花银、铜、锡器物上，及丝绸印染、刺绣上，都可以发现它，形成一种活泼秀美的装饰效果。这些图案花朵除在印花布帐子被面上有时大到三四寸，其余通常不到一寸大小，三三两两挤聚在一处，虚空部分或用别的花草填补（如描金漆），或加花鸟蝴蝶相衬（如蓝印花布）；也有仅只是这种主题图案，再无其他装饰的（如珐琅彩和豆彩瓷[2]）。图案基本形式或在圆圈内作旋回云纹，或作放射式分裂花纹，排列方法有“么”“么二”“二三”等不同处理，和骰子天九牌有些关连。照北京习惯，一般叫做“皮球花”，名称虽然有点俗气，花朵可说既家常，又别致，有些还显得天真而妩媚，充满一种青春气息，十分逗人欢喜。工艺图案中如求“古为今用”，这部分遗产，值得我们给予一点应有的注意、关心，因为它和金花笺的写生折枝花异曲同工，在新的日用轻工业生产各方面，凡是需要装饰图案处，都可加以利用。就个人认识，

1 本文于1959年5月5日在《装饰》第5期发表。
2 即斗彩瓷。

搪瓷、热水瓶、电灯罩、宫灯、玻璃器、瓷器、描金漆器、印染头巾、手绢、枕套、被单、桌布、绸纸伞、手提包，和作衣裙料子的麻、棉、丝绸，如善于取法，都可望得到令人满意的结果。

皮球花的起源，由来已久。在商代青铜器上和白陶器上，就都有过这种回旋云纹略微凸起浮沤（ōu）式的装饰图案。在安阳侯家庄出土的彩绘龙纹木雕器物痕迹上，还有用寸许大蚌壳雕成的相同团花镶嵌在上面。又青铜制斧钺上，也有这种镶嵌，可知已是三千年前一般工艺装饰。到春秋战国时，除一般小件透雕圆形玉佩、青铜剑柄端，又有用雕玉或松绿石、金银错各种加工方法，作成这种圆式三分旋回云纹图案装饰的。过去通称“巴文”。至于三四百年前的皮球花纹，直接影响或出于九百年前北宋的“连钱”“球路”锦的变格。古代连钱、球路锦，应当是满地密花，有《营造法式》彩绘和清初康熙仿宋锦可证。我们说“变格”，因为它破坏了原有图案组织的规则。宋代民间瓷最先使用这个变格图案。在丝绸上反映，河南白沙北宋墓壁画中，有个妇女外衣，又使用这种变格连钱花纹。其次山西元代壁画一个帐子上，也有相似花纹。至于作成牙牌丁拐，三三两两相聚形式，在工艺品若干部门成为主题图案，时间却多在十七世纪到十九世纪之间。就现有百十种材料分析，且知道工艺美术采用这个图案，时间也有先后，并非同时产生。较早见于一个明代青花瓷坛上，约在十六世纪初期，和蓝印花布样子产生时代相差不多，可见它其实来自民间。其次表现到描金漆器上，时间似稍微晚些，约当明清之际。到十八世纪初，在“铜胎画珐琅”洋瓷上，以及珐琅彩瓷（图1）上，豆彩瓷上，都得到新的表现机会，达到艺术上的成熟期。以雍正豆彩瓷上（图2、图3）反映艺术成就特别突出，组织健康活泼，配色明秀典雅，具有高度艺术水平。此外在描金花粉蜡笺上，也创造了些不同格式，布置活泼而新鲜。到十八、十九世纪间，除粉彩瓷继续使用这种图案，产生许多作品，此外银、铜、锡各种金属用器上，也使用过这种图案，用錾花法加以表现，（图4）并起始在丝绸中广泛应用：例如天鹅绒雕花、挽袖平金、彩色刻丝，和刻金银衣料，都使用到。由于材料不同，加工过程不同，各有不同艺术成就。十九世纪下半期，流行的彩色印花丝绸、彩色印花洋布，和荷花紫及竹青色本色花缎，更多采用这种图案。材料面积较宽，花头也稍大一些。这已近于曲终雅奏，此后即由盛而衰。至于同光时在蓝釉瓷瓶上加金团花，（图5）花式日益板滞少变化，既不能如十八世纪表现到珐琅彩、豆彩瓷上那么秀美灵活，也不能如十九世纪初反映到丝绸上那么出众翻新，可说是这种图案在工艺应用上的真正尾声。但十七八世纪保留在蓝印花布上这个花样，却在二十世纪全国农村中还继续流行，直到现代，说明人民对它的爱好成习惯已多年。江浙和西南农村妇女，多欢喜用它作包头首巾和围裙、被面、帐子，令人眼目明爽。花朵大小随要求不同，帐子上有大到五寸的。事实上它也比目下许多现代派或未来派的圈圈点点彩色印花布还健康美丽得多，受群众欢迎是十分自然的。

图1　乾隆款铜胎珐琅小圆盒　清　台北故宫博物院藏

图2　雍正款斗彩皮球花纹小碗　清　故宫博物院藏

图3　斗彩团花纹罐　清　故宫博物院藏

图4　银錾花皮球纹长方盒　清　故宫博物院藏

图5　蓝釉描金皮球纹赏瓶　清　河北博物院藏

图6　粉彩番莲纹包袱式瓶　清　台北故宫博物院藏

十七、十八世纪以来，工艺图案种类多，反映到陶瓷、丝绣和描金三大系生产上，不下万千种。优秀的写生折枝，多若迎风浥露，充满青春生命。串枝花和小簇花，即作规矩花式，也依旧十分活泼美丽，而且千变万化，各有不同风格，远非当时文人画可比。过去我们对它的忽视，实由于对它的无知，而安于旧的艺术欣赏习惯，把少数为封建地主所爱好的扬州八怪一类文人画价值抬得高高的，却漠视人民工师这些优秀成就。特别值得我们注意的，是康、雍、乾三朝百年间在丝绣、瓷、漆器上的彩色或单色图案，以及在彩色纸绢上、漆器上的描金敷彩花纹，艺术水平格外高。由于当时设计工师，从传统得到启发，深深明白什么是艺术效果，非常虔诚、认真来处理它，因此才产生那么多富于创造性的优秀作品。即以皮球花而言，基本式样虽不出小团花图案范围，但具有高度创造热情和艺术巧思的设计打样工师，却能在小小圆圈内，加以多种不同的处理，形成各种不同的反映；再由这种小团花三三两两相聚，或花朵大小不等，或花朵色调不一，彼此相互浸润影响，因此突破了一般团花的格式，产生出一种活泼节奏感。基本花式虽极简单，应用起来却变化无穷。我们说，优秀遗产值得学习取法，也正是这些地方。

图 7　霁蓝地皮球花温酒罐　清

近年政府十分重视花布生产的提高，市面常见有许多好看彩印花布，千百年青美工同志的共同努力、贡献值得称赞。但也还有一些地区，一部分生产，依旧是圈圈点点、无节制无选择的使用，而且满足于这种成就，以为是人民所欢迎的。其实这些花布，不仅缺少最低艺术效果，也实在相当浪费染料。年青人在美术学校学印染图案，究竟跟老师学了些什么？很值得仔细研究一下。教了二十年印染图案的人之师，常说“写生变化”，提法是不错的，可是自己目前是否能一口气正确无误画得出三五十种不同品种本国好花样，再加以变化，使它更美一些，作为示范？同时又还提得出百十种出于古代老艺人手中，反映到工艺各部门的好花样，提供作同学参考？如他自己在具体实践上并没有作到这件事，花布改进的一环，可能先是个学习问题。有关学习似应当首先从老师带头作起，不宜再耽误下去。因为明日一系列轻工业日用品，都需要组织健康、颜色明快的好看花朵，才符合新社会人民的愉快感情。老一套教学方法，同学应当知道的多不知道，已证明不大得用。向优秀遗产学习应当不是一句空话，必需作些具体顽强努力。要自己先下点本钱，狠心踏实学几年，此后才有东西可教。已经在参加日用品美术设计的年青朋友，想要突破现在生产一般艺术水平，也需要放开眼光，扩大学习兴趣，端正学习态度，素朴虚心，扎扎实实，从遗产万千种好花样中多吸取些营养，来丰富新的创造。多明白些若干年来无数老师苦心孤诣，为我们留下这一笔无比丰富遗产，究竟有些甚么，又有多少还可以借鉴、取法，再试来大胆运用它到新的生产各部门去，看看它的效果，是陈旧还是新鲜，才是道理！我们认为一切研究都为了有助于新的创造。目前对美工设计同志说来，敢想、敢作之外，似乎还可以补充两个字——敢学。必需“敢学”，古为今用的提法才不至于落空。

一九五九年写

# 花边[1]

衣领襟绣用的花边，若照旧日称呼，北方叫“绦子”，南方却叫“阑干”，主要使用于女性衣服上，此外镜帘、桌围、帐檐、围裙，和小孩子的头上兜兜帽、胸前涎围，也时常要用到，形成一种美丽装饰效果。特别是在乡村普通家机织的单色蓝青布或条子布，和本色花纱绸料上作适当配合，形成的艺术效果，实显而易见。这种装饰方法直到现代衣料处理上，还值得好好注意利用它，因为不谈别的，仅仅从国民经济而言，全国年产套印五六种颜色的花布，如有一部分可改用单色或两色代替，只需加上一点花边，既效果崭新，又可为国家节省染料。

花边的使用，由来已久，在古代不仅妇女独擅专利，男子衣服也必用边沿。部分统治者衣上且作得格外讲究、花哨。本来作用应当是使得衣服结实耐穿，到后来虽然边必有花，并且成为一种制度，有时且和品级地位相关，虽重在美术作用，还不完全离开实用要求。从中国服装史言，历代成衣师傅都非常懂得花边在衣服上所起的良好作用的。使用花边的全盛时期，距现今约百五十年到七十年间，直到近五十年，才不再在一般女性衣服上出现。但西南少数民族中，到现在还十分重视、爱好，有的地方还不限于妇女衣服使用，男子也乐意用

1　本文1960年5月发表于《装饰》第11期。

它。所以成都、苏州新织的彩丝花边，目前在湖南、广西、贵州和云南各地区，都各有一定市场。十九世纪在女衣上应用花边情况，一般多宽窄相互配合，二三道间隔使用是常见格式，较繁复则用七九道，晚清用十道，俗称“十姊妹”。最多竟有用至十三道，综合成一组人为的彩虹，盘旋于一身领袖间的，论图案效果倒也还不坏，论实用要求，已超过需要太多。物极必反，因此光绪末到宣统时，流行小袖齐膝女衫，只留下一道窄窄牙子边，其余全废。既不再穿裙，裤脚也有加边的。维新变法影响到衣著，过去似乎还少有人谈起过的。

这些花边主题画，属于古典的，可以说是清代锦缎花纹一种发展；属于新行的，虽比较接近于写生，也还并未完全脱离晚清流行绸缎花纹规模。早期常用三蓝加金，“花蝶争春”占重要地位。随后既千变万化，日见新奇，从道光以来流行的金鱼图案和皮球花为别具风格。由于加工技术比锦缎简单，不费工料，社会要求又广，因之生产上也更容易显得丰富多彩。当时出厂一般作三种包装形式，原始式多扎成一束，如在乡村零售，记得还有用双手展开量度的，名叫“庹（tuǒ）”，还是元代计量绸缎的方法，《元典章》谈绸缎禁令时就提起过。洋行式则分两种，一种用硬纸板卷成，整数发行以板计，零售才以尺计；也有做成卷的，中心加个有孔小木轴，上贴某某洋行商标，和后来洋线轴差不多，惟卷团到五六寸。其实通是中国江浙工人织成的。

十九世纪中叶，正是各大强国张牙舞爪侵略我国初期，起始用武力强迫当时昏庸无能的清政府签订了一系列不平等条约，霸占了我国许多重要港口和租界，并利用租界特权和关税、传教等等特权，一面用鸦片烟和宗教双管齐下毒害中国人民，一面起始大量流入外来机织羽纱、哔叽、咔喇和棉纺织物，进行贪婪无情的经济掠夺。随后且更进一步，就租界设纱厂、丝织厂，和其他出口原料加工厂，剥削万千人民累代的血汗，造成了租界十里洋场的假繁荣和藏垢纳污。因为花边流行，他们便利用中国人力、物力和美术设计力，针对社会风气，或自设作坊，或就津、广、申、苏各地丝绸行业定织各种花边，贴上“怡和”“茂隆”“安利”等等洋行商标，向全国运销，只是一转手间赚了许多钱去。所以这些花边也标志着近百年来被侵略和剥削的中国劳动人民血汗的痕迹。另一面则这些花边究竟还是中国劳动人民在实用美术上一部分成就。

就个人所知，最精美花边的收藏机关应数故宫，由康熙到清末近三百年来还有上千种一库房五彩缤纷好作品。虽然数量大部分大约还是晚清时。此外人民美术出版社由我经手还收集了约二千种，也有不少极别致美丽的。中央工艺美术学院约收有六百种，历史博物馆也还有一部分较精的，其中实不少可以参考、取法的东西。这种装饰花纹应用面很广泛，千百种结构美丽、配色鲜明的花边，既可直接使用于新的印花、提花、丝棉毛麻织物上，来丰富新生产品种内容，也可转用到其他种种需要方面，例如糖果点心包装纸及日用搪瓷、玻璃、热水瓶、灯罩、雨伞、皮革烙印提包、塑料模印器物等等新的生产装饰图案，或放大它作成新的印花床毯、地毯、被包毯，以及提供新的建筑彩绘浮雕所需要带式装饰图案使用。还有对于千百万西南、中南地区对衣用花边有传统爱好的少数民族，为了满足他们爱美的要求，还可用机织印刷法作斜条密集印成新的花布，专供他们作衣边使用。目下成都或苏州织彩丝花边，下乡后零售价多在二毛到二毛五一尺，虽色彩华美，一丈三尺料总得费四五元。如印成丝光花边布，不过四毛一尺，至多有一尺七寸布可裁成斜条，使一件单色蓝青布料衣服得到非常美观的装饰效果，花个六七角钱就可以办到。两者作个比较，就可知这种新的条子花布的试生产，对于绝大多数爱好美丽花边的西南劳动妇女具有何等重要意义了。

如果多数读者认为有必要，我们还将建议轻工业出版部门或人民美术出版社和收藏机构协作，选出千把种花边，用原彩色印出来，供各方面美工同志参考。

一九六〇年写

# 题《宋拓集王圣教序》装裱锦面[1]

图 1 《宋拓集王圣教序》装裱锦面

这是一个北宋拓《圣教序》装裱锦面。

1 本文直接题写于《宋拓集王圣教序》帖内之白页。

唐代有“双矩锦”，应当是这个样子。宋有“青绿簟纹锦”，有各种不同的图案。绿色较深，基本组织出于竹篾编织物，可说是源远流长。近年江陵战国楚墓出土红黑两色细篾簟席，即和较早锦纹相通。清代康熙仿宋作画卷装裱锦，图案组织，大有发展。宫中有些建筑彩绘，也有所仿效，以青绿簟纹作地纹，中加苏式锦包袱彩绘，施用中小殿里，效果还好。施用于大殿中，花头显得小巧、琐碎，而又比较沉静，不合要求，不如明式五彩兼施壮丽。在《博物要览》锦名举例中，下注别名“阇（shé）婆锦”，则显明来自印度。不得其解。因宋代《营造法式》彩绘部门，就提及青绿簟纹，且有引例，可证宋代式样。周密《武林旧事》《云烟过眼录》叙装裱字画锦也提到。别称“阇婆锦”，或出于明代晚期。

用商代白石雕人像大腰带和袖口花纹，商白陶花纹，青铜方鼎花纹，山西侯马出土人形陶范（图2）衣著花纹，战国时韩、赵、魏地区青铜车轴花纹（图3），以及战国楚墓铜镜上一般所谓三山、四山及同式连续矩纹，秦墓出土云藻龙纹镜上朱红彩绘连续矩纹，既得知这个纹样的源远流长，在商代就已应用到石、

图2 立人陶范 春秋 侯马铸铜遗址出土 中国国家博物院藏

铜、陶，作为主题图案，以后还不断得到发展，形成无数大同小异的多样化新式样。在白石刻人像上的反映，则可推测，必然是较古坐地腰机，用手提花，近于原始彩织花纹之一。春秋以来《诗经》《左传》中常提及的“重锦”“纯锦”，这种连续矩纹彩锦，必然还占有一个位置。至少是其中若干不同彩锦图案之一种。因为同时的青铜车轴花纹，还用来作主要图案，不会毫无原因，突然孤立出现的。

图3 青铜车辖 春秋 陕西历史博物馆藏

到战国时，楚国织工、漆工、铸工、木雕工、彩绘陶工，才共同采用新的绮纲纹为主调，在工艺美术品中作种种不同的处理，发展成种种相似而不尽同的花纹。直到汉代，由于织机提花法的改进，一方面使细纹刺绣地位受直接影响而下降，另一方面则突破了矩纹和绮纲纹的对称图案，解放了千年传统束缚，产生流动不规则的云气纹，或山云、水火不分的图案花纹。它的形成来源，属于现实的生活，则《羽猎》《长杨》诸赋的夸张铺叙，有一定影响；属于浪漫思想感情，则《封禅书》所提及的燕齐方士虚妄谎言，各有影响。锦绣上图案，虽只见人骑鸟兽在云气中活动，金银错器物，则可发现骑士狩猎，和汉乐府《升天行》，与《神仙传》（实出于刘向《列仙传》）中卫叔卿。原因是锦绣已成商品之一，制作必然比较草率；金银错属于封建主所独占，容许特别精细加工。

禄寿

# 服饰

商朝人多穿齐膝短衣，扎裤脚。汉朝普通男子头戴巾、帻，妇女常梳银锭式髻子。唐朝男子便服戴黑纱幞头，穿圆领小袖衣；早期妇女发髻高耸，穿系在胸上的瘦长裙。宋朝贵族妇女便服也时兴瘦长，农民、手工业者、船夫等多穿短衣。明朝官服缀彩绣补子，读书男子常戴纯阳巾，妇女常戴眉勒子。清朝男子剃发垂辫，常戴瓜皮小帽。

# 从文物中所见古代服装材料和其他生活事物点点滴滴[1]

人人都穿衣吃饭，关于古代这方面问题，我们知识却不大具体。尽管在奴隶社会阶段，统治阶级的剥削基础，就和粮食、布帛聚敛分不开。先秦文献中还留下许多记载。不过孤立从文献求索，总不大好办，特别是关于发明与发现，多不足信。文献不足征处，更不免茫然。因此历来专家学人，不外用两种态度对待：一是“信古”，肯定旧传说，增饰新附会，把一切发明与发现都归功于个人，《古今注》《路史》《事物纪原》等因之产生；二是“疑古”，觉得三代事难言，不加过问，影响到后来，于是人多乐意务虚，抽象谈社会结构。至于从务实出发，作探讨工作的便较少。经过近年考古工作者共同的努力，古代人从新石器时代或更早一些起始，如何使用木、石、骨、角工具，慢慢学会种植庄稼，驯养六畜，改善定居生活条件；同时又适应这个新的需要，发明陶器，来处理谷物成为熟食；谷物类生产品种是些什么也有了比较明确知识。而陶器则由烹煮食物进而为熔金铄石，冶炼出金、铜、铅、银、铁，生产工具因之又如何逐渐衍进。有关吃的问题，凡事从实际出发，慢慢的便理出点头绪来了。至于穿衣打扮事情，还是不大搞得清楚。现在想就出土文物，初步试来

1　本文作于1960年前后。

作些常识性综合分析。至于进一步深入探索，抛砖引玉，实有待海内专家学人共同努力！

史传称伯余作衣，又说黄帝垂衣裳而天下治；至于养蚕，则推为黄帝妃子嫘祖所发明。这种种和其他一切发明，极少有人否认过。事实上它和别的生产发明相差不多，全是由于古代人民共同需要，和自然长期斗争，劳动经验逐渐积累得来，决不是某一人能凭空发明的！但是衣的定型制作出一定式样，在原始社会组织取得一定进展后，随同形成一种习惯，却是有可能的。

根据四川资阳人遗物中一根细长完整的骨针，我们可推想当时人就为了御寒和生产上的便利，已有了穿衣服的要求。因为针的发明是满足这种要求而出现的。如果这支骨针和其他遗物确在同一地层，那已经是过若干万年的事情了。当时穿的是兽皮还是植物纤维的布匹？我们还少知识。但是针孔相当细，决不会是把皮革割成的小条子能通过，因此捻取细纤维作线的技术，也必在有孔纺轮出现以前，即已掌握。而布的起源，实从编织鱼网得到进展，编网知识又系从蜘蛛结网得到启示。《淮南子》所说，倒还有点道理！早期的织机可能是“地机”，原物虽未发现，近年云南石砦山出土铜器上，却还留下些二千年前的式样；现代我国比较偏僻的生产落后区域，也还留下些活的标本，一般还是坐在地下织的。综、箝、梭子发明以前，提线必用手，压线则借重骨或石工具；编织较窄的腰带，牛肋骨已极得用。若织面阔及尺的布，即嫌压线不紧实。因此地下发现较长大薄刃石刀具，古代除了使用它来鞣制皮革，可能也和织机压线发生联系。后来由石到玉进而成璋或某一式圭，则已在实用外兼有象征性。但是海南岛一类地区，却在十八世纪，还用作织布工具！琮（图1）的应用出现较晚，一般大型青云琮，多长约八寸，外方内圆，分段刻划纹道。

照史志所说，为妇女所主，为祭中溜[1]之神物。如联系纺织周代以来即称为“妇功”，而琮的应用，近人以为和织机或有一定关系，推测或许还近理。这类大型玉琮多传为周代礼器，如和织机关系密切，则显然这是一种西周以来出现的坐式竖机了。因为地机卷轴是用不上的。从琮的出现，我们还可看出人类最早的垂腿而坐，和生产劳动关系十分密切。织布以外，车磨铜器、雕琢玉器，为操作便利，大都有近似织机需要，即共同促进了古人生活习惯的改变，实和生产需要有一定关系。这自然只是一种推想，因为唯一证据，只有汉石刻几个机织形象，包括了曾母投梭、孟母教子和天孙织锦一些故事传说的图像在内。至于第二阶段坐具的进一步改变，和妇女专用鼓式墩子的产生，则显然是由战国熏香笼篝、汉代熏笼衍进而来；而在社会上得到认可，成为一般起居习惯，已是唐宋时事了。笼篝多编竹而成，或有两式，应用虽始于战国，盛行于汉晋之际，留下较早的形象，却只有在北朝石刻上可

图1　古琮　新石器时代晚期　常州寺墩遗址出土　美国大都会艺术博物馆藏

1　此处的“中溜”指古代五祀所祭对象之一的后土之神。

发现，作成腰鼓式。唐代有个三彩女俑，坐的还是相同样子。到宋代则一般作墩子式了。直到明代，不问法花瓷或处州青瓷，或描金雕漆，墩子依旧必下部镂空，上面绘饰成一块绣帕四角下垂样子，还是照熏笼作成。

《尔雅》是中国二千三四百年前一部古文字学专书，内中有许多记载都十分重要。关于古代养蚕业的进展，也有较新、较现实提法。称蚕有萧、艾、柞、桑等等不同品种，即反映一种社会发展的真实，说明养蚕知识的获得，是经过许多人用各种草木叶子在长期试验下，才明白山蚕宜在柞树上放养，家蚕必饲桑叶才会有较好收成的。从这一认识前提出发，结合文献，我们说穿衣当成一种社会制度，养蚕当成一种社会生产，大约是在由分散的部族社会到那个部落联盟的原始社会成熟期的黄帝时代才逐渐形成，同样的话却有了较深刻意义！至于当时人究竟如何穿衣，文献叙述多出于周代史官，必需把保留在较前或较后各种形象材料加以印证，才可望得到些比较近真落实的印象。

史称三皇五帝，历世绵邈；有关形象知识，目下我们只能从一千八百多年前一些汉代石刻得到点滴。结绳记事、燧人取火的情形，虽近于汉人想象；武氏石刻把五帝却画得相当古朴，即同样出于想象，究竟比单纯文献有意思得多。因为那几个人的衣服式样，和近年出土三千年前殷商时代的，还有个共通点，一般特征为齐膝长短，穿裤子（若照某些传记述说，则汉代人才穿裤子），为便于行动和劳作。说这种衣装和原始社会生活要求相适合，大致不会太错的。

商代还有如下一些材料可以比证参考：

一、两个雕玉人头像，重要在他们的头上装饰。男子戴平顶帽子，初看似乎有些令人相信不过，其实形象并不孤立存在，同时或稍后，这种帽子都有发现。女的重要是她的发式，藉此明白头上骨或玉笄的应用，商代至少已有二凤相对竖插，和一支横撇两式。双笄对插比较讲究。曹植诗“头上金雀钗”反映到《女史箴图》中的情形，还是商代用笄制度的沿袭。下垂虿（chài）尾卷发，直到战国还有地方妇女习用。只可惜背后不知如何处理。这些精美雕玉正产生于历史上的纣王、妲己时代。至于纣王形象，目前还只有日本学人过去在朝鲜发掘的汉墓里一个彩绘漆筐边沿上发现那一位。他正坐在一个有屏风的矮榻上，像旁还明署“纣王”二字，两手作推拒状，作成《史记》所称“智足以拒谏，诈足以饰非”的神气。神气虽还活泼，可是个标准汉代贵族样子。至于妲己的装束，如需要复原，从那个雕玉女人头像，却可得到较多启发！

第二是这个白石雕刻的人形，头戴锦帽，身穿锦衣，是有点醉意蒙眬样子。如不是个最高奴隶主，也应是个贵族。但亦可能只是随身奴仆。因为用珠玉饰狗马，在商代墓葬中即已发现；一个奴隶弄臣穿得花花绿绿，是不足为奇的。衣服肯定原仿锦绣而作，从联系和发展得知道。商代的铜簋、白陶壶，和较后一时的铜车轴头、镜背、空心砖边沿，都有相同装饰纹样出现。一个长沙出土的战国彩俑，衣边上且分明画上这种花纹，恰和文献中“锦为缘”相符。（真正的锦缎只早到唐宋，名字或应当叫矩纹锦。它的织法实源远流长。至于为什么较早的锦是这种连续矩纹，我们说，大致和编织竹簟有关，和宋代青绿簟纹锦同源异流。竹簟用连续矩纹或方胜格子，技术操作比较容易。）商代已能织出极薄的绸子，也能织出有花纹的锦缎；但较多人的身上，大致还是穿本色麻葛或粗毛布衣服。一般奴隶或俘虏身分的人，如像第三个手负桎梏的一位，穿的自然是件粗布衣。

两者身分地位尽管不同，衣服长短过膝，倒像是共通趋势。这一点相当重要，因为承认衣才齐膝或过膝原是一种传统制度，我们才不至于把春秋战国时出现的这种衣服，不求甚解一例归入“胡服”。

第四、第五都是雕玉，出土情形不太明确。给我们启发是他们头上巾子和西南苗、彝族装束那么巧合。其实若从图案花纹去探索，用商代规矩图案和近代苗、彝编织物图案比较，相同处我们发现将更多！这不足为奇，生产条件和工具决定了生产式样，也有时形成了美的意识，这是过去我们较少注意到，目前却明白了的。

西周是个讲究制度排场的时代，史称周公制礼作乐不会完全是空谈。一面是宗法社会的建立，确定等级制度排场有其必要性。另一面由于生产发展，丝、布、铜、漆日益加多，集中到皇室贵族中，有了个物质基础。因此周公尽管提倡节俭，要贵族子弟明白稼穑之艰难，可是打发诸侯封君就国，还是除沿例领取大片封地、占有大量农奴外，并且还可得到一些手工业奴隶，又可得到特赐一份华美衣服，车马旗帜，宗庙祀事礼乐铜器，以及作为压迫工具和象征权威的青铜兵器，圭、璋、璜、璧诸玉物。统治者日益脱离生产劳动，成为“治人”的身分，衣服放大加长用壮观瞻，必然是在这个历史阶段中出现。相传《虞书》帝王冕服十二章的绣绘文饰，也应当成熟于此时。但是三千年来做皇帝的总还欢喜遵照古制打扮，直到袁世凯还要人做下一份衣样子，准备登基！事实上冕服最早的式样，目前为止，还只有从唐代《列帝图》和敦煌画留下那些形象，比较近古；宋人《三礼图》、明人《三才图会》即已多附会，去古日远；清代更难言了。但是从习惯说，戏衣上的龙袍，还应当说是一脉相承。真正的复原，几种新的战国人物形象，和西汉壁画，东汉石刻，以及周初铜、玉、漆、丝纹样，已为我们准备了些有利条件。经过一些探索比证，大致还是可望部分恢复本来的。

衣服等级的区别，一面可看出西周社会的拘板定型，另一面也必然影响到社会生产的停滞。破坏它得到新的进展，是春秋战国，随同土地所有制变化，与生产发展、商品大量交流而形成。

同样是在不断发展变化中，也看需要而有所不同。譬如作战穿的衣甲，到春秋时虽发展了犀甲、合甲、组甲许多不同材料不同制作，长短大致还是以能适应当时战争活动为主，不会太变。例如保护头颅的铜盔，商代的就和春秋战国时差不太多。但是兵器中的戈的形制和应用，却已有了较大变化。商代一般战士，戈大致有两式，长柄的单独使用，短柄的则一手执戈、一手执方盾，是通常格式。春秋以来则剑盾为一份，戈柄已和矛柄部分同长，有的或加个矛头成为专用勾、啄、刺三用或两用兵器了。到战国时，好些戈戟并且已逐渐脱离实用价值，只从艺术出发来考虑它的造形美了。到汉代于是又一变来个返朴归真，一例简化成为个“卜”字式。（至于我们从戏文中所常见的方天画戟，却是起始于唐代宗教画天王所使用的！）衣的形式改变，主要还是在某些上层人物。根据目下材料分析，我们知道儒家的宽衣博带好尚，本为好古法先王主张而来，同时人常多当成一种拘迂行为看待的。因此估计一般上中层分子，平时衣服必然还不至于过分拖拖沓沓。但部分坐朝论道、不事生产的人物，即不完全同意儒家迂腐主张，还是不免已经有些拖拖沓沓。这从近年发现的材料，多了些证明。至于从事各种生产劳动的平民便装，一般还是长可齐膝为通例；从统治者看来，则为野人之服、舆台之服，区别日益显明。至于那些无事可作或一事不作的贵族，在一身装扮上格外用心，如何穿珠佩玉，文献记载虽多，形象反映给我们的知识还是不够落实。例如说，儒家“君子无故玉不去身”和“玉有七德”的说法，到战国时已相当成熟，上下一时把玉的抽象价值和人格品德结合起来，也因之把玉的具体价值提得高高的，影响、刺激到当时雕玉工艺的高度进展。三门峡虢墓得到几份成组列的佩玉，虽已知道它们在人身上的大略位置，洛阳金村韩墓还发现过一份用金丝纽绳贯串的成组精美佩玉，辉县和其他发掘，也得到好些当时小件成系佩玉，传世又还有千百件战国玉龙佩和其他雕玉可供参考，郭宝钧先生即根据出土情形作了些复原图。但是希望更具体些明白它们如何和那些加工特别精美、镀金嵌珠的带钩，讲究无比的玉具剑，共同加在以五色斑斓、华美耀目的文绣袍服上，结合在一起，形成一种惊人眩目的艺术效果，如《说苑》所叙襄成君特殊寄生虫给人印象，我们还是不易想象的！知识不足处，实有待进一步发现，才能综合更多方面文物，一一加以复原。即此也可以肯定，过去几千年来学人感到束手的事情，到我们这个新的时代，由于条件不同，有必要时，终究还是可以从客观存在认识出发，一一把它弄个清楚明白！

和周初衣服制度有密切关系的历史人物，是封于山东鲁国的周公。周公的形象虽无当时遗物可证，但是汉代在儒学兴盛提倡厚葬的制度下，山东地方的石刻，却还留下三四种各不相同的周公样子，有一个在曲阜发现的，还是立体的。作为周公辅成王的历史主题而作成，胖胖的周公宽袍大袖，抱着个小婴孩——我们似乎可以用一个有保留的态度来看待这些材料。就是说形象未必可靠，部分服装还是可靠。因为凡事总必上有所承而下有所启，正如孔子所说“殷因于夏礼”“周因于殷礼”，说能知其损益，就必有所损益。孔子所知道的我们虽难于尽知，但是目前还有不少春秋战国和西汉形象材料，新近发现，为我们提供了许多证据，也启发了不少问题，值得注意！

极有意思是近年山西侯马出土的一批陶范中几个人形，搞文物的看来，会觉得有些面熟，不仅衣服依旧长短齐膝，花纹也并不陌生，有一位头上戴的又简直和商代玉人及白玉雕像十分相似：一个短筒子平顶帽。商代白石像系腰是个大板带，这一位腰间系的是根丝绦带，带头还缀上两个小小圆绒球，作成个连环套扣住，得知这两种系法都是不必用带钩的。这个人的身分虽同样难于确定，不是“胡族”却一望而知。因此赵武灵王所易的“胡服”，必得另外找一种式样才合适了。至于这一式样和时代，或许略晚见于洛阳金村遗物中的几个银铜人装束，我们可以说实“古已有之”，因为汉石刻大禹等已穿上——至少从汉代儒家眼光中，是决不会同意把胡服加在著名的大禹身上的。何况商代实物又还有陶玉相似形象可证。《史记》上所谓“胡服”，记载既不甚具体，我想还是从相关文物反映去寻觅，或许还比较有一点边。时间较早是保留到战国或西汉匈奴族青铜饰件上的各种胡人装束，时间稍晚是保留到东汉墓中一个石刻上作的胡族战士图像。前者多于蒙古一带地区出土，后者却显明作成高鼻深目样子，但是一作比较，于是我们不免感到混淆起来了。因为这些胡族人衣著长短，原来和商代几种形象倒十分相近，正和那些羊头削及盾上带铃弓形铜器和商代实物差不多。由此联系，我们似乎不妨且作那么一种假定，即以游牧为主的匈奴服制，本来和商代人的普通衣著相近，或曾受过中原人影响。到周代，社会受礼乐渲染，宽袍大袖数百年成社会上层习惯后，我们不免已有些数典忘祖。赵武灵王学回来的“胡服骑射”，重点本只重在“骑射”；至于“胡服”，则一面始终还流行于各行各业劳动人民习惯生活中，正所谓“礼失而求诸野”！这种推测也许不一定全对，惟根据材料分析，却似乎差不多远。

西周以来，上层分子寄食统治阶级衣服日趋宽博，大致是一种事实。但在共通趋势中也还是有分别。并且在同一地区，甚至于同一种人，也还会由于应用要求不同，形成较大差别，不能一概而论。相反又会有由于一时风气影响，而得到普遍发展的。前者如从大量战国楚俑和画像分析，至少即可知道衣服式样便有好几种，长短大小也不相同。后者如传称楚王宫中女子多细腰，事实上新的发现，楚国以外许多材料，表现舞女或其他妇女，也流行把腰肢扎得小小的习惯。特别是一种著百褶裙反映到细刻铜器上的妇女或男子，反而比反映到楚俑和漆画上的妇女束腰更细一些。这类铜器，山东、山西、河南均有

图2　玉雕舞女　战国　洛阳金村古墓出土　美国弗利尔美术馆藏

发现。它的来源虽有可能是一个地方，不在上述各地；但当时善于目挑心招、能歌善舞的燕赵佳丽、临淄美女，装束还是不会和它相去太远。以相传洛阳金村出土一份佩玉中两个小小玉雕舞女（见P10图5），作得格外出色。

如把这类材料排排队，就目下所知，大致信阳楚墓出土东西比较早一些。联系文献解决问题，长沙楚墓出的彩俑和漆画、帛画，以及河南、山西、山东发现薄铜器上细刻人形，材料却丰富、重要得多。

信阳大墓发现了不少大型彩绘木俑，初出土时闻面目色泽还十分鲜明，如不即时摹绘，大致已失去固有色调多日了。重要还在那个漆瑟上的彩绘种种生活形象，有高据胡床、近于施行巫术的，有独坐小榻、大袖宽袍的统治者，有戴风兜帽的乐人，有短衣急缚的猎户。人物画得虽不怎么具体，却神气活泼、形象逼真。总的漆画上胡床的出现，和墓中三百件漆器中一个近似坐几状木器实物的发现，为我们前面说到过的垂腿而坐的事情，至晚在春秋战国时即已有可能出现，多提供了些证据。却比目下文献所说，胡床来自汉末，席地而坐改为据椅而坐，直到唐代中叶以后才实行，已早过五六百年或一千三百年不等。

长沙楚墓的发现，丰富了我们对于古代人生活形象知识更加多。首先是那个特别著名的舞女漆奁的发现：上面一群女子，一例著上袖口衣脚均有白狐出锋长袍，腰肢都小小的，面貌虽并不十分清晰，还是能给人一个“小腰白齿”印象。宋玉《招魂》文中所歌咏的妇女形象，和这些女人必有些共通点。另外是许多彩绘木俑，试挑出两个有典型性的看看。男的是个标准楚人，浓眉而短，下巴尖尖的成三角形，胡子作仁丹式，共同表现出一种情感浓烈而坚持负气个性鲜明神气。近年发现楚俑多属同一类型，引起我们特别注意，因为这是屈原的同乡！如作屈原塑绘，这是第一手参考材料！女子重要处在颊边点胭脂成簇，作三角形，可以和古小说《青史子》，及刘向《五经通义》引周人旧说相印证。照各书记载，这是和周代宫廷中女子记载月事日期的标志有关。胭脂应用即由之而来。比唐人的靥子、南朝人的约黄、汉代的寿阳点额，都早过千年或大几百年！衣分三式，都不太长，一种绕裾缠身而著的，显明较古，到汉代即已不复见。履底较高，和长沙出土实物可以印证。衣服边沿较宽，材料似乎也较厚，可证史传上常提起过“锦为缘饰”的方法。武士持剑盾则衣短而缚束腿部，才便于剽疾锐进。秦末项羽的八千子弟兵，大致就用的是这种装束。可惜的是一份木雕乐伎已朽坏，只留下个轮廓，难于用它和河南汲县、辉县等处所得细刻铜器乐舞伎服装印证异同。另外在一片绢帛上还绘有一个女子，特别重要处在那个发髻，因为同时同式只在辉县出土的一个小铜妇女和时间可能稍晚一些骊山下得到的一个大型灰陶跪俑上见到，同是发髻向后梳的古代材料。近人说帛画上绘的是个巫女，或出于片面猜想。因为另外两个人形，均显明都是家常打扮，和信阳漆瑟上的反映，及另一楚帛书上四角绘的神像反映，情调毫无共通处。自古以来巫女在社会上即占有个特殊位置，西门豹投于河里的，和屈原《九歌》所涉及的，是不是还有点线索可寻？较晚材料应当是南方出土一些西王母、伍子胥神像镜子上的舞女反映，比较近真，因为一面还和《三国志·陶谦传》及《曹娥碑》记载中提及的“抚节安歌，婆娑乐神”相合，一面且和《西王母传》《上元夫人传》记叙玉女装束有关，至少可以说是一个越巫样子。用它来体会先秦九巫形象，终比凭空猜想有些根据。楚俑男女头上一个覆盖物多如羽觞样子，可惜经过摹绘，具体形象已难明白。惟文献上曾有“制如覆杯”记载，羽觞恰是当时唯一杯子，因此这个头上安排也特别重要。女子背垂长辫，中部多梳双鬟，到西汉时出土俑也有用一鬟的。传世《女史箴图》有几个女子还梳同样发式，当时大致这已算是古装，晋代人是不会这么打扮自己的。这从一系列出土俑（如江苏南朝俑），和略后一时的砖刻（如邓县画砖）、壁画（如敦煌画）、石刻（如《十七孝子棺》）、绢素画［如《洛神赋图》《北齐校书图》（图3）］，可以明白北朝时“华化”，所仿的正是两晋制度，不会比汉或更早！

图3　杨子华《北齐校书图》宋摹本（局部）　宋　美国波士顿美术博物馆藏

战国时文物第三部分人物形象是洛阳金村韩墓出土的几个银铜小像，一个男子和一个梳双辫弄雀女孩，衣服都短短的，女孩衣服下沿似乎还有些襞折。男女均如所谓“蒙古型”，脸型宽厚扁平，因此即以为是“胡人胡装”，值得进一步研究。短衣不一定是胡装，已如前节所述。稍后一些胡人多高鼻深目，发且褐黄，这从文献记载，及近年诺因乌拉与罗布淖尔实物的发现，与新近沂南汉墓石刻反映，三者结合印证，可以得到一点比较全面认识。相反的，倒是从商代起始，铜玉上反映均有“蒙古型”的脸孔出现。另一说即这个人的额饰，如著一小勒，有物下垂，非中原所固有。这也难说即是胡人。因为一切有个联系，不能孤立。近年四川出土大量汉俑，即有一式把额前加一勒子式织物，前作三角形的。这部分加工，事实上历来都成为装饰重点，不过随时有所变化罢了。例如北朝则作三五螺鬈，如《北齐校书图》中女侍所见，显明受了点佛教影响。由于东晋以来关于佛发传说，就常提到“向右萦回，色作绀青”等等。到唐代则流行诗人所歌咏的“常州透额罗”，形制处理则如敦煌画《乐廷瓌夫人进香图》，其家庭子女中有一位的装扮，极凑巧也是搁在额前那么尖尖的，但来源却应说是“幂䍦（lí）”或“帷帽”一种衍进或简化。因为幂䍦或帷帽本来的式样，还好好保留在一些唐代陶俑及唐人绘《蜀道图》几个骑马妇女头上，那是标准的式样，和文献记载完全相符合，后人作伪不来的。

明代嘉万以来又流行“遮眉勒”，还是那么一道箍式，惟前端尖处多嵌了一粒真珠，明人绘画中都经常发现这么打扮。清初还在民间流行，清宫廷中的四妃子像和《耕织图》的南方农家妇女头上都可发现。戏装上叫它作“渔婆勒子”，其实近三百年还在各处流行。一直到二十世纪初年，我们的母亲或外祖母还在使用它，一般即叫做“勒子”（图4），通常用玄青缎子掯两个薄薄牙子边，中心钉小翠玉花或珠子，到后又流行在两旁钉薄雕翠玉片半翅蝙蝠或蝴蝶。也有作五蝠，则象征“五福齐来”。乡下人家则用银寿星居中。乡村小女孩子则用五色彩绸拼凑，加上各种象征幸福希望的彩绣，主题却不外鸳鸯牡丹、鱼水蝠鹿，讲究些也有作戏文中故事的。在这上面也可以说可看到“百家争鸣”和“百花齐放”，和胸前围裙、脚下凤头鞋，同是民间年青妇女装饰重点！话说回来，到目前为止，金村墓中那一位，应说是较早在额间进行艺术加工的一个先辈！女孩子腰间也系了根带子，还佩了个小工具，启发我们古代“童子佩觿（xī）”应有的位置。宋人不得其解，衣服既错，位置也弄错了。这种短衣打扮是否是当时奴婢的通常的装束？这一点可能性倒相当大。因为经常发现的战国时六寸左右跪像，手捧一个短短管筒，通名“烛奴”，装束多相近。近年山东出土一个人形灯台，手举二灯盘，服装也相似。这种器物适当名称还是“烛奴”。另外还有两个玉雕舞女，长袖细腰，妩媚秀发，特别重要是她的发式，十分具体，背后却拖了个长长辫子。

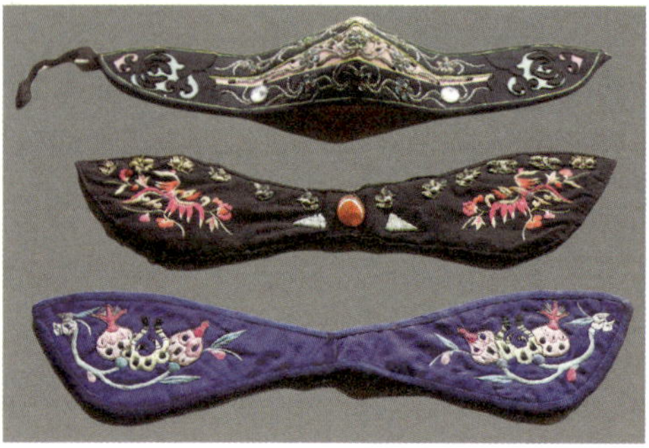

图 4　眉勒子　民国　辽宁省博物馆藏

图 5　错金银狩猎纹铜镜　战国　日本永青文库藏

第四份材料是传世和近年出土的金银错器物上镶嵌主题画中反映出战国时人生活各方面情况。试用四件有代表性的器物作例来分析，（如故宫藏品一战国青铜壶，一个成都百花潭错银壶，汲县山彪镇一水陆攻战纹铜鉴和另一水陆大战鉴）上面即有采桑、弋鸿雁、习射、演乐、宴会、作战种种不同反映。弋鸿雁必用矰缴（zēng zhuó），才能收回目的物和箭镞，这里即见出古代矰缴的应用方法。如把它和长沙出土的两团丝线实物，和四川砖刻上那个把线团搁在架子上的制度结合起来注意，过去词人所赋“系弱丝射双鸿于青冥之上”的事件，千言万语难于注解的，一看便了然原来办法如此！又《三礼》谈射礼，诸侯必按等级尊卑，所用的弓矢箭靶大小远近均不相同。宋人《三礼图》虽绘制了些样子，可无佐证。这个壶上却留下个极早的式样，可证明《三礼图》虽多附会，所作箭靶基本式样倒还接近真实。（敦煌唐壁画骑射图，却是个月饼形系在杆上）似实用靶非礼仪用。有关音乐方面，历来对于钟磬处理多含胡其词，“乐悬”二字解释也难于令人满意。这里画面反映，却由此得知，当时钟磬在笋虡（jù）上悬挂方法，原来共有两式：一种是信阳出土编钟，用个兽面拴钉直接固定在方整木架上；另一种却是木架绊着丝绳，把钟磬钩悬在绳上，两端支持物多雕成凤鸟，象征清音和鸣，也和文献记载相合。乐人跪着击奏，但辉县铜盘细刻花纹却立奏，即此可知当时并无一定制度。有关战马，则守障部队旌麾、金鼓的形制和位置，可增长我们不少知识，补文献所不及。戈矛柄中部多附两道羽毛状事物，或可为《诗经》中“二矛重英”，提出一点新解。一般人和部分战士都著长衣，下裳作百褶裙式，昔人对汉石刻武事进行人多常服，以为或者只是演习，那这里将是更早一种演习了。但另外一部分却有断脰（dòu）绝踵形象出现，可知并不儿戏！有的武士戴有檐小帽，和现代人球场上小白帽竟差不多。

错金银技术虽较早为吴越金工所擅长，楚人加以发展，到战国中期，似乎已为六国普遍应用到一些特种工艺品处理上。带钩方面用力最大，品种也极多。至于饮食用器，方面已极广，艺术成就也大。惟这里想谈到的，还是题材上给我们对于古代服饰方面提供的形象重要性。这些材料多在中原区发现，我们不妨假定说它是中原文化的反映，应当不会太错。

另外还有个错金银镜子（图5），上作骑士刺虎图像，武士全副武装，头盔近耳处插两支鸟尾。传称鹖（hé）为猛禽，好斗至死不败，因之用鹖尾作冠饰，象征武勇，由来已久。可是具体形象材料，除此以外，即只有北朝宁万寿孝子棺前线刻的两个神将头上分插鸟尾，十分显明。此外即少见。至于唐宋以后，则多使用在什么胡王头顶部分，如传世李公麟绘《番王礼佛图》中所见。这里新的发现却在耳旁分插，为我们搞京戏的谈雉尾应用历史时找到了最古根据。这个镜子上还发现个近似用皮革作成的“”式马镫，应当是世界上最早的马镫形象了。至于马鞍，截至目前，我们只有一个四川出土汉代大型陶马上曾发现部分残余，别的还少见。战国时人起始骑马，镜子上留下个最早骑士模样。

第五份材料，是近年发现薄铜器细刻花纹上面各种人物生活的反映。河南辉县、山西、山东均有这种铜器出土。辉县残器上面有一种宫廷宗庙两层建筑前钟磬两列陈设形象，乐器位置极其重要。另一器物则在一角发现了个两端微昂的高案，上置两个酒罍（dié），得知这是长条案最早的式样。山彪镇出土物则四轮马车是新发现。人物形象有个共通点是头上冠帽，前部多作二角突起，后部则曳一喜鹊尾巴，这种冠服部分亦见于信阳大墓漆瑟彩绘人物上。惟瑟上有作危冠高耸如一高脚豆式的，则在铜刻上始终未发现。屈原楚辞所谓“冠切云之崔嵬”，或即指的是这种式样？也说不定。

…………

这通只是从商到战国，前后约一千年间，从出土文物结合文献相印证，所得到的一些点点滴滴材料。我们想从这些零星发现中把握全面问题，当然是不可能的。即从这部分发现中所作的一些推测，也必然会有许多不尽合符原来情形。但这么由现实出发作的试探和综合联系，无疑为我们工作带来了些新的启发，据个人看来至少可归纳成三点：

一、谈这部门历史发展，照旧方法引书证书，恐不大容易把问题弄得真正清楚明白。若能试从文物形象出发，似乎可以得到不少新知识。或者为过去书中没说到过，或者可以丰富充实文献中已经说起的而能加以形象化。

二、谈服饰离不开花纹，古代丝绣不易保存，直接材料不够多，但是间接的比较材料却不少。近十年出土的大量铜器、彩绘漆、雕玉、金银错、彩琉璃，以及较后部分空心砖边沿纹样，已为我们提供了许多重要线索。凡事孤立不易清楚的，一经综合比较，问题就出来了。由于比较分析，我们得知道连续矩纹作为锦纹主题，商代即已起始，春秋战国在继续应用。现存宋、明此一式锦纹，实源远流长。丝绣和其他部门工艺图案相互关联，金银错、彩绘漆，和当时刺绣纹样实大体相通，还影响到汉代。战国镜子部分装饰图案，更和同时所谓“绮”纹有密切联系，新的发现已为这一推测不断证实。

三、这里提起的多只是一些线索、一个起点，即从文物常识出发，注意到起居服用各方面问题，大多是一般文献上或提起过难于证实，或说来比较笼统，经过后人注疏附会，辗转致误的。熟悉史部学的专家通人，如肯用一个新的现实研究态度，综合文物，联系文献，来广泛进行新的比证爬梳工作，一定会得到前人所未有的发现。特别是物质文化史方面的知识，许多方面将是崭新的！

# 我国古代人怎么穿衣打扮[1]

商朝人多穿齐膝短衣，扎着裤脚。衣着材料除麻、葛外，已有十分细致的绌（同“绸”字）子。奴隶主贵族的衣服上，多织绣花纹，连腰带、衣领和袖口，也有花纹。贵族男子常戴帽子，有一种平顶式帽，到春秋战国还流行；汉代的“平巾帻”，就是从它发展而来。妇女多梳顶心髻，横贯一支圆骨簪；有的还在头顶两旁斜插两支顶端带小鸟形的玉簪。大姑娘梳辫子。小孩子则梳两个小丫角儿。男女贵族身上都佩玉；玉被琢成各种小动物形象，最常见的一种为玉鱼。奴隶只能穿本色粗麻布或粗毛布衣服，光头无发，有的头上包巾子，缠得高高的。

到西周，统治阶级穿衣服，日益讲究宽大。周天子坐朝、敬天、办婚丧大事，衣服各不相同；由于迷信，出行还得按季节、定方向穿不同颜色的服装，配上相当颜色的车马。穿皮毛也分等级，不能随便。猎户打得的珍贵的狐、獭、貂鼠都得全部上缴，私下不能使用，也不许出卖。一般平民，年老的在名分上虽可穿绸衣，其实何尝穿得起？也只能和奴隶一样穿粗麻布或粗毛布短衣，穷极的只好穿草编的牛衣，即冬天盖到牛身上的草编蓑衣！

春秋战国时代，贵族的生活越加奢侈，穿的衣服更加华丽，佩

1　本文1963年发表于中国青年出版社《中国历史常识》第5册。

的玉也比前越发精致。剑是这个时期的新兵器，贵族为了自卫并表示阔气，经常还得有一把镶金嵌玉的宝剑，挂在腰间皮带上。皮带头有用铜或骨、玉做成的带钩绊住，讲究的带钩必用银镶金嵌玉作成，而且式样很多。男子成年必戴冠。贵族的冠高高上耸，有的又和个倒覆的杯子相似（古代的杯子式样多是椭圆形）。年轻妇女梳辫子，梳法多种多样。有的妇女喜戴圈圈帽，而且还在颊边点一簇胭脂点（聚成三角形），眉毛被画得浓浓的。女孩梳两个大辫子，向两边分开；穿的衣长度齐膝，下沿折成荷叶边。贵族男子流行八字须，两角微微上翘。武士则喜留大毛胡子。舞人不论男女，衣袖都极长。打猎人由于经常在丛林草泽中活动，衣裤特别紧小。

历史上所说的“赵武灵王胡服骑射”，所谓“胡服”，究竟是什么样子？根据现存有关材料推断，“胡服”的特征约有四点：（一）衣长齐膝，袖子很小；（二）腰间束有附带钩的皮带，可松可紧；（三）头上戴一项用毛毡或皮革作的尖尖帽，和个馄饨差不多；（后来人把它叫“浑脱帽”，到唐代还一度流行）（四）脚上穿着短统皮靴。因为这样装束，骑在马上作战特别方便。

秦汉大一统局面出现后，衣服的式样也比较统一起来。统治者戴的冠，前梁高耸，向后倾斜，中空如桥；梁分一梁、三梁、五梁几种，上面另加金玉装饰，表示爵位等级。凡是有官爵的人，无分男女，还得把一条丈多长的丝絛，折叠起来挂在右腰边，名叫“组绶”。贵族男子这时已改佩环刀。普通男子头戴巾、帻。巾子多用来包裹头发；帻则如平顶帽，上加个“人”字形帽梁（不加帽梁就叫“平巾帻”）。汉代妇女已不再点三角形胭脂，但却常用黛石画眉毛；髻子向后梳成银锭式，向上梳的多加假发。年轻姑娘依旧梳辫子，也有松松绾成一把，末后结成一小团，成个倒三角形的。这时期，衣服最贵的是白狐裘，春秋战国时就已价值千金。衣料最贵的是锦绣，上面有各种山云鸟兽花纹，比普通绸子贵二十倍。西北生产的细毛织物和西南生产的木绵布、细麻布，价格也和锦绣差不多，一匹要卖二两金子。当然，这些材料只有贵族用得起，一般劳动人民是连做梦也不敢想的。

魏晋以来，男子流行戴小冠，上下通行。“组绶”此时已名存实亡。玉佩制度也渐次失传。贵族身边的佩剑已改用木制，留个形式而已。红紫锦绣虽然依旧代表富贵，但统治阶级多欢喜穿浅素色衣服。帝王有时也戴白纱帽。一般官僚士大夫，多喜用白巾子裹头。在东晋贵族统治下的南方，普通衣料多用麻、葛，有的地方用“蕉布”“竹子布”“藤布”；高级的衣料是丝麻混合织物“紫丝布”和

图 1　笼冠陶俑　北齐　山西省博物院藏

图 2　戴帷帽骑马彩绘仕女俑　唐

“花綀”。在诸羌胡族贵族统治下的北方，统治者还是喜欢穿红着绿，先是短衣加披风，到北魏时改为宽袍大袖，惟帽子另作一纱笼套上，名叫“漆纱笼冠”（图1）。至于普通老百姓，不论南北，都是一样，始终穿短衣。——不过北方人穿上衣有翻领的，穿裤子有在膝下扎带子的。这种装束，直到唐代还通行于西北。特别是翻领上衣，几乎成了唐代长安妇女最时髦的服装式样。

唐朝的服色，以柘黄为最高贵，红紫为上，蓝绿较次，黑褐最低，白无地位。由于名臣马周的建议和阎立本的设计，唐朝恢复了帝王的冕服，并制定了官服制度。官服除用不同颜色分别等级外，还用各种鸟衔各种花的图案来表示不同的官阶。通常服装，则为黑纱幞头、圆领小袖衣、红皮带（带头有等级之分）、乌皮六合靴。幞头后边两条带子变化很多，或下垂，或上举，或斜耸一旁，或交叉在后，起初为梭子式，继而又为腰圆式……从五代起，这两条翅子始平直分向两边，宋代在这个基础上加以改进，便成了纱帽的定型样式。不当权的地主阶级及所谓隐逸、野老，多穿合领宽边衣，一般称为“直掇”。平民或仆役多戴尖毡帽，穿麻綀鞋，且多把衣服撩起一角扎在腰间。妇女骑马出行，必戴“帷帽”（图2），帽形如斗笠，前垂一片网帘。（中唐以后此帽即少用）女子的衣裙早期瘦而长，裙系在胸上；发髻向上高耸，发间插些小梳子，多的到五六把；面部化妆多在眉心贴个星点，眉旁各画一弯月牙。这时，中原一带的妇女喜着西域装，穿翻领小袖上衣、条纹裤、软锦蛮靴；有些妇女还喜梳蛮鬟椎髻，嘴唇涂上乌膏，着吐蕃装束。这时期，流行一种半袖短外褂，叫做“半臂”，清代的马褂和背心，都是由它发展而来。

赵匡胤“黄袍加身”，做了宋朝的开国皇帝，重定衣服制度，衣带的等级就有二十八种之多。黄袍成了帝王的专用品，其他任何人都不许穿，穿了就算犯罪。规定的官服，有各种不同花色。每遇大朝会或重要节日，王公大臣们必须按照各自的品级，穿上各种锦袍。皇帝身边的御林军，也分穿不同花纹的染织绣衣。宫廷内更加奢侈，衣服、椅披、椅垫，都绣满花纹，甚至缀上真珠。皇后的凤冠大大的，上面满是珠宝，并且还有用金银丝盘成整出王母献寿的故事的，等于把一台戏搬到了头上。贵族妇女的发髻和花冠，都以大为时髦，发上插的白角梳子有大到一尺二寸的。贵族妇女的便服时兴瘦长，一种罩在裙子外面类似现代小袖对襟褂子式的大衣甚流行。衣着的配色，打破了唐代以红紫、蓝绿为主色的习惯，采用了各种间色，粉紫、黝紫、葱白、银灰、沉香色等等，配合使用，色调显得十分鲜明；衣着的花纹，也由比较呆板的唐式图案改成了写生的折枝花样。男子官服仍是大袖宽袍，纱帽的两翅平直向两旁分开，这时已成定型。便服还是小袖圆领如唐式，但脚下多改穿丝鞋。退休在野的官僚，多穿“直裰”式衫子，戴方整高巾（又名“东坡巾”或“高士巾”，明代还流行）。棉布已逐渐增多。南方还有黄草布，受人重视。公差、仆役，多戴曲翅幞头，衣还相当长，常撩起一角扎在腰带间。农民、手工业者、船夫，衣服越来越短，真正成了短衣汉子。

契丹、党项、女真族先后建立了辽、西夏、金政权，他们的生活习惯保留了浓厚的民族的特色，在穿戴上和汉人不大相同。契丹、女真男子，一般多穿过膝小袖衣、长统靴子，佩豹皮弓囊。契丹人有的披发垂肩。女真人则多剃去顶发，留发一圈结成两个小辫子，下垂耳后。党项男子多穿团花锦袍，戴毡帽，腰间束唐式带子，上挂小刀、小火石等用物。女真妇女衣小袖左衽长衫，系一丝带，腰身小而下摆宽；戴尖顶锦帽，脑后垂两根带子。党项妇女多穿绣花翻领长袍。后来，由于辽、金统治者采用了宋代服制，所以契丹、女真族的装束和汉族的装束区别日益减少。绸缎也多是南方织的。

元朝的官服用龙蟒缎衣，等级的区别在龙爪的多少，爪分三、

四、五不等，有法律规定，不许乱用。明清两代还依旧这样。在元代，便服还采用唐宋式样。一般人家居，衣多敞领露胸；出门则戴盔式折边帽或四楞帽，帽子用细藤编成。蒙古族男子多把顶发当额下垂一小绺，如个小桃子式，余发分编成两个大辫，绕成两个大环，垂在耳后。贵族妇女必戴姑姑冠；冠用青红绒锦作成，上缀珠玉，高约一尺，向前上耸，和个直颈鹅头相似。平民妇女或奴婢，多头梳顶心髻，身穿黑褐色粗布、绢合领左衽袍子。长江上游已大量种植棉花，织成棉布。

明代，皇帝穿龙袍。大臣穿绣有“蟒”“斗牛”“飞鱼”等花纹的袍服，各按品级，不得随便。一般官服多为本色云缎，前胸后背各缀一块彩绣“补子”（官品不同，“补子”的彩绣也不同）。有品级的大官腰带间垂一长长丝绦，下面悬个四寸长象牙牌，作为入宫凭证。冬天上朝，必戴皮毛暖耳。普通衣服式样还多继承宋、元遗制，变化不大。这时结衣还用带子，不用纽扣。男子头上戴的巾，有一种像一块瓦式，名“纯阳巾”，明太祖定名为“四方平定巾”（喻意天下平定），读书人多戴它；另有一种帽子，用六片材料拼成，取名“六合一统帽”（喻意全国统一），小商贩和市民多戴它。妇女平时在家，常戴遮眉勒条；冬天有事出门，则戴“昭君套”式的皮风帽。女子有穿长背心的，这种背心样式和兵士的罩甲相近，故又叫“比甲”或“马甲”。

清代的服装打扮，不同于明代。明朝的男子一律蓄发绾髻，衣著讲究宽大，大体衣宽四尺，袖宽二尺，穿大统袜、浅面鞋；而清代的男子，则剃发垂辫（剃去周围的头发，把顶发编成辫子垂在背后），箭衣马蹄袖，深鞋紧袜。清代官员服用石青玄青缎子、宁绸、纱，作外褂，前后开衩，胸、背各缀“补子”（比明代的“补子”小一些）一方（只有亲王、郡王才能用圆形），上绣各种禽兽

图 3　明斗牛方补官服（复制品）　南京云锦博物馆藏

图 4　明斗牛方补官服（复制品局部）

图5　明一品武官彩绣麒麟补子图样

图6　明一品文官彩绣仙鹤补子图样

花纹，文官绣鸟，武官绣兽，随品级各有不同：一品文官绣仙鹤，武官绣麒麟；二品文官绣锦鸡，武官绣狮子；三品文官绣孔雀，武官绣豹子；四品文官绣云雀，武官绣老虎；五品文官绣白鹇，武官绣熊；……一般人戴的帽子有素冠、毡帽、便帽等几种。便帽即小帽，六瓣合缝，上缀一帽疙瘩，俗名西瓜皮帽。官员的礼帽分“暖帽”（冬天戴）、“凉帽”（夏天戴）两种，上面都有“顶子”，随着品级不同，所戴的“顶子”颜色和质料也不同：一品官为红宝石顶，二品官为红珊瑚顶，三品官为亮蓝宝石顶，四品官为暗蓝宝石顶，五品官为亮白水晶顶……帽后都拖着一把孔雀翎，普通的无花纹，高级官僚的孔雀翎上才有“眼”，分一眼、二眼、三眼，眼多表示尊贵。只有亲王或对统治阶级特别有功勋的大臣才被赏戴三眼花翎。平民妇女服装，康熙、雍正时，时兴小袖、小云肩，还近明式；乾隆以后，袖口日宽，有的竟肥大到一尺多，衣服渐变宽变短。到晚清，城市妇女才不穿裙，但上衣的领子转高到一寸以上。男子服式，袖管、腰身日益窄小，所谓京样衫子，把一身裹得极紧，加上高领

图 7　三品官员夏吉服冠　清　中国国家博物馆藏

图 8　五品官员夏吉服冠　清　中国国家博物馆藏

图 9　五品官员冬吉服冠　清　中国国家博物馆藏

图 10　七品官员冬吉服冠　清　中国国家博物馆藏

子、琵琶襟子、宽边大花坎肩，头戴瓜皮小帽，手拿一根京八寸小烟管，算是当时的时髦打扮。一般地主、商人和城市里有钱的市民，很多就是这样的装束。照规定，清代农民是许可穿绸纱绢缎的，可是事实上穿绫罗绸缎的仍然是那些地主官僚、大商人，至于受尽剥削、受尽压迫、终年辛勤难得一饱的短衣汉子们，能求勉强填满肚皮，不至赤身露体已经很不容易，哪里还能穿得上丝织品！

# 古代人的穿衣打扮

古代人穿衣服事情，我们过去所知并不多，文献上虽留下许多记载，只因日子太久，引书证书，辗转附会，越来越不易清楚了。幸亏近年考古学家的努力，从地下挖出了大量古文物，可作参考比较，我们才得到新的认识。

由商到西周、春秋、战国，前后约一千年，大致可以分作三个历史阶段看它的演变。较早时期，除特殊人物在特种情形下的衣服式样，我们还不大明确，至于一般统治者和奴隶，衣长齐膝似乎是一种通例。由此得知，汉代石刻作的大禹像和几个历史上名王名臣像，倒还有些古意，非完全出于猜想。因为至少三千年前的商代人，就多是这个样子了。当时人已穿裤子，比后人说的也早过一千年。商代人衣服材料主要是皮革、丝、麻。由于纺织术的进展，丝、麻已占特别重要地位，奴隶主和贵族，平时常穿彩色丝绸衣服，还加上种种织绣花纹，用个宽宽的花带子束腰。奴隶或平民，则穿本色布衣或粗毛布衣。贵族男子头上已常戴帽子（图1），是平顶筒子式，用丝绸作成，直流行到春秋战国不废。女人有把发上拢成髻，横贯一支骨簪的；也有用骨或玉作成双笄，顶端雕刻个寸来大小鸟形（鸳鸯或凤凰）两两相对，斜插头顶两侧，下垂卷发齐肩，颈项上挂一串杂色闪光玉石珠管串饰的。历史上著名的美人妲己当时大致就应这么打扮。女子成年才加笄，所以称“及笄”，表示可以成婚。小孩子已有头顶上梳两个小角儿习惯，较大的可能还是编辫发。平民或奴隶有裹巾子作羊角旋斜盘向上的，有包头以后再平搭折成一方角的，还有其他好些样式，都反映在玉、铜、陶人形俑上。样子多和现在西南居住的苗、瑶族情形差不多。（这不是巧合，事实上很多三千年前古代图案花纹还可从西南少数民族编织物上发现）许多野生植物如槐花、栀子、橡斗已用来做染料，并且还种植了蓝草，能染出各种不同的青蓝色，种茜草和紫草专染红、紫诸色。

图1　玉人　商　安阳殷墟妇好墓出土　首都博物馆藏

历史上称周公制礼，衣分等级和不同用场，就是其中一项看得十分重要的事情。衣服日益宽大，穿的人也日益增多，并且当成一种新的制度看待，等级分明大致是从西周开始。统治者当时除大量占有奴隶外，还向所有平民征税，成丁人口每年必贡布二疋和一定粮食，布疋织得不合规格的不许出卖也不能纳税，聚敛日多，才能穿上宽袍大袖的衣服坐而论道。帝王和大臣，为表示尊贵和威严，祭天礼地和婚丧大事，袍服必更加庄严且照需要分别不同颜色，有些文献还提起过，天子出行也得按时令定方向，穿上不同颜色衣服，备上相当颜色车马，一切都得相互配合。皮毛衣服也按等级穿，不能逾越制度。即或是猎户猎得的珍贵狐、獭、貂鼠，也得全部贡献给统治者，私下不许随便使用或出卖。照周代制度，七十岁以上老百姓，可以穿丝绸和吃肉，但是能照制度得到好处的人事实上不会多。至于一般百姓，自然还是只能穿本色麻布或粗毛布衣服，极贫困的就只好穿那种草编的“牛衣”了。

衣到西周以后变动虽大，有些方面却又不大。比如作战时武将头上戴的铜盔，从商到战国，就相差不多。甲的品种已加多了些，有犀甲、合甲、练甲，后来还发明了铁甲，最讲究贵重的是犀甲，用犀牛皮做成，上面用彩漆画出种种花纹。因为兼并战争越来越多，兵器也越来越精利，且有新兵器剑和弩机出现，甲不坚实就不抵用，“坚甲利兵”的话就由此而来。矛既十分锋利，盾也非常结实。

照周初制度，当时把全国分划成许许多多大小不等的邦国，每一个地方设一统治者，用三种特殊身份的人去担任：一是王族子弟，如召伯封于燕，周公父子封于鲁；二是有功于国家的大臣，如姜尚封于齐，熊绎封于楚；三是前代王朝子孙。这些人赴任时，除了照例可得许多奴隶，还可得一些美丽的玉器、一份精美讲究的青铜祭器和日用饮食器，以及一些专作压迫人民工具的青铜兵器、用壮观瞻的车马旗帜，另外就是那份代表阶级身份的华美文绣丝绸衣服。虽然事隔两千多年，好些东西近年都被挖出来了，有的还保存得十分完整。丝绸衣服容易腐朽，因之这方面知识也不够全面。但是由于稍晚一些已流行用陶、木作俑代替生人殉葬，又在其他材料中还保存不少形象资料，加以综合分析，比较真实情形，就逐渐明白了。

衣服发展和社会制度有密切联系，也反映了生产发展，衣服日益讲究，数量又加多，是和社会生产发展相适应的。比如商代能穿丝绸衣服的，究竟还是少数，到西周情形便不同了，成王及周公个人，不一定比纣王穿着更奢侈，但是各地大小邦国封君，穿衣打扮却都有了种种不同排场。地方条件较好的，无疑更容易把衣服、帷帐、茵褥，做得格外华丽精美。到春秋战国时，政权下移，周王室已等于虚设，且穷得无以复加。然后五霸七雄，各自发展生产，冶铜铁，修水利，平时重商品流通，战时兼并弱小，掠夺财富；对大量技术工人的掠夺占有，更促进了工艺技巧的提高，他们彼此在各方面技术的竞争，反映到上层阶级的起居服用上，也格外显明。

服装最讲究的时代是春秋战国。不仅统治者本人常常一身华服，即从臣客卿也是穿珠履，腰佩金玉，出入高车驷马。因为儒家说玉有七种品德，都是做人不可少的，于是“君子无故玉不去身”的说法，影响到社会各方面，贵族不论男女，经常必佩带上几件美丽雕玉。剑是当时的新兵器，贵族为表示武勇，兼用自卫，又必佩带一把

图2　青玉螭纹带钩　汉　台北故宫博物院藏

镶金嵌玉的玉具剑。当时还流行使用带钩，于是又用各种不同贵重材料，作成各种不同样子，有的用铁镶金嵌玉，有的用银镶玉嵌五彩玻璃珠，彼此争巧，日新月异。即或是打仗用的兵器，新出现的剑和发展中的戈矛，上面也多用细金银丝镶嵌成各种精美花纹和鸟兽形文字，盾牌也画上五彩云龙凤，并镶金镂银；男子头上戴的冠，更是件引人注目的东西，精细的用轻纱薄如蝉翼，华美的用金玉，有的还高

高的如一个灯台。楚国诗人屈原，文章就提起过这种奇服和高冠。鞋子用小鹿皮、丝绸或细草编成，底子有硬有软，贵重的还镶珠嵌玉在上面。

冬天穿皮衣极重白狐裘，又轻又暖，价重千金。女子中还有用白狐皮镶有袖口衣缘作出锋，显得十分美观。

社会风气且常随有权力人物爱好转移，如齐桓公好衣紫，国人有时就全身紫衣。楚王爱细腰，许多宫女因此饿死，其他邦国也彼此效法，女子腰部多扎得细细的。女人头上装扮花样更多变化。楚国流行梳辫子，多在中部作两个环，再把余发下垂。髻子也有好些种，有梳成喜鹊尾式，有作元宝式的。女人也戴帽子，和个椭圆杯子差不多。有的又垂发在耳旁，卷成如蝎子尾式。女孩子多梳双小辫，穿齐膝短衣，下缘作成裥褶。成年妇女已多戴金银戒指，并在脸颊旁点一簇三角形胭脂。照古文献记载，原都是周代宫廷一种制度，金银环表示有无怀孕，胭脂记载月经日期，可一望而知，大致到了战国已成一般装饰，本来作用就慢慢失去了。

衣服的材料越来越精细，名目也因之繁多，襄邑出的花锦，齐鲁出的冰纨、文绣、绮、缟等更是风行全国，有极好市场；和普通绢帛比价，已超过二十多倍。南方吴越出的细麻布，北方燕国生产的毡裘毛布，西域胡族作的细毛花罽异常精美，价值极高。楚国并且可能有了印花绸子生产，但最讲究的衣被材料，仍还是华美刺绣和织锦。

衣服有许多不同式样，有的虽大袖宽袍，还不至于过分拖沓。若干地区还流行水袖长衣，依旧还有下缘，长才齐膝，头戴平顶帽子，腰系丝带和商代人情形相差不多。

最通常的衣服是在楚墓中发现的三种式样，其中一种用缠绕方式穿上，再缚根宽宽腰带，式样较古。衣边多较宽，且用锦类作缘，和记载上说的“锦为缘”相合，大致因此才不至于使过薄的衣料妨碍行动。这种式样，汉代人还有应用。又一种袖大及膝，超过比例，穿起来显得格外庄严的，可能属于特定礼服类。奏乐人有戴风兜帽的，舞人已穿着长及数尺的袖子。打猎人衣裤多扎得紧紧的，才便于在丛林草泽中活动。中原区山西、河南所得细刻花纹铜器上又常发现一种戴鸱角鹊尾冠、着小袖长裙衣、下裳作成斜下襞折式样的。河南洛阳还出土过一个玉佩，上面精雕二舞女袖子长长的，腰身扎得极细，头[1]下垂齐肩，略略上卷，大致是当时的燕赵佳人典型式样。山西出土的陶范上则有穿齐膝花衣，戴平顶帽，腰间系一丝绦，打个连环扣，带头还缀两个小绒球的，男女都穿。河南也发现这种装束大同小异的人形，且一般说是受“胡服”影响，事实上还值得进一步研究。历史上常说起“赵武灵王胡服骑射”影响到赵国当时军事组织和后来人生活都极大。主要影响还是“骑射”。轻骑锐进和短兵相接，才变更了传统用战车为主力的作战方法。至于“胡服”究竟是个什么样子，过去难说清楚。一说貂服即胡服，这不像是多数人能穿的，试从同时或稍后有关材料看，衣服主要特征，原来也是齐膝长短，却是古已有之。大致由于周代几百年来社会习惯，上层分子，已把穿长衣当成制度，只有奴隶或其他劳动人民才穿短衣；为便于实用，赵王创始改变衣服齐膝而止和骑射联系，史官一书，便成一件大事了。胡服当然还有些其他特征，腰间皮带用个钩子固定，头上多一顶尖尖的皮或毡帽子，因为和个馄饨一样，后来人叫做“浑脱帽”（图3），不仅汉代胡人戴它，直到唐代的西域诸胡族也还欢喜戴它。中国妇女唐初喜著胡装，因此，这种帽子还以种种不同装饰而出现于初唐到开元、天宝间，相传张萱画的武则天像，就戴上那么一个帽子，晚唐藩镇时代，裴度被刺也因戴上这种毡帽幸而不死。汉代石刻也发现这种帽

1　此处疑脱“发”字。

形，近年我们还在西北挖出几顶汉代实物，证明确是胡服特点之一。

图3　陶彩绘浑脱帽胡人俑　唐　陕西考古博物馆藏

衣装有个进一步新的变化，新的统一规格，是由秦汉起始。从几点大处说来，王公贵族因为多取法刘邦平素所喜爱的一种把前梁高高耸起向后如一斜桥的冠式，于是成了标准官帽，三梁、五梁作为等级区分。此外不论男女，有官爵的，腰带边必须悬挂一条丈多长褶成两叠彩色不同的组绶。女子颊边那簇三角形胭脂已不再发现，梳辫子的也有改成一环的。许多方面都已成定型。照文献说因为限制商人，作经纪的穿鞋还必需左右不同色。可是一面有种种规章制度，对商人、奴婢限制特别大；另一方面却由于生产发展影响，过不到四十年，商人抬头，不仅打破了一切限制，穿戴得和王公差不多，即其奴婢也穿起锦绣来了。情形自然显得较为复杂，说它时就不易从简单概括得到比较明确印象了。惟复杂中，还有些规律为我们掌握住了的，即汉代高级锦绣花纹，主要不过十来种，主题图案，不外从两个方面得来，一是神仙思想的反映，二是现实享乐行为的反映。因此总不外山云缭绕中奇禽异兽的奔驰。上织文字“登高明望四海”的，大致和秦始皇、汉武帝登泰山封禅必有较多联系，“长乐明光”则代表宫殿名称。这些材料多发现于我国西北和东北，以及蒙古及朝鲜，并由此得知，当时长安织室或齐地三服官年费巨万数额大量生产供赏赐臣下，并大量外输的高级丝绸，多是这种样子。

这些都是过去千年读书人不容易明白的，由于近年大量实物和比较材料的不断出土，试用真实文物和文献相互结合加以综合分析，逐渐才明白的，更新的发现无疑将进一步充实丰富我们这方面知识，并改正部分推想的错误。

一九六二年六月二十五日写

# 宋元时装

赵匡胤做皇帝后，不久就统一南方众多割据政权，结束了五代十国数十年分割局面，建立了宋代政权。从长江上游的西蜀和下游的南唐吴越，得到物资特别多，仅锦缎彩帛就达几百万匹，为示威天下，装点排场，便把直接保卫他的官兵两万多人，组成一支特别仪仗队。某种官兵拿什么旗帜、武器和乐器，穿什么衣服都分别等级颜色、花纹，用织、绣、染不同材料装扮起来；出行时就按照秩序排队，名叫“绣衣卤簿”，还绘了一个图，周必大加上详细说明，叫《绣衣卤簿图记》，这个队伍后来还增加到将近三万人。现在留存后人摹绘的中间一段，也近五千人，为研究宋代官服制度，保留下许多重要材料。

宋代政府每年还照例要赠送亲王大臣锦缎袍料，计分七等不同花色；遇大朝会、重要节日必穿上。宫廷皇后、公主更加奢侈，穿的衣服常加真珠绣饰，椅披、脚踏垫也用真珠绣，头上凤冠最讲究用金翠珠玉作成种种花样（图2），比如“王母队”就作一大群仙女随同西王母赴蟠桃宴故事。等于把一台乐舞，搬到头顶，后面还加上几个镶珠嵌玉尺来长翅膀，下垂肩际，名“等肩冠”（最近在明代皇陵内也有发现过这种冠）。一般贵族官僚妇女，穿着虽不如唐代华丽，却比较清雅潇洒，并且配色也十分大胆，已打破唐代以青碧红蓝为主色、用泥金银作对称花鸟主题画习惯，粉紫、黝紫、葱白、沉香、

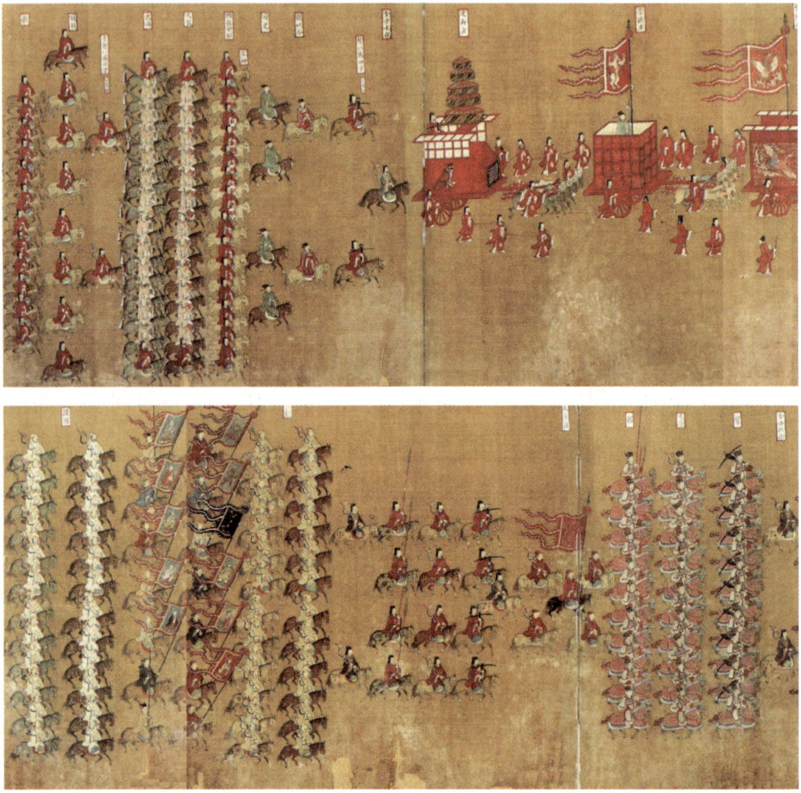

图1 《大驾卤簿图书》(局部) 北宋 中国国家博物馆藏

褐等色均先后上身。由于清明扫墓必着白色衣裙，因之又流行“孝装”，一身缟素。北宋初年，四川、江南多出彩绸，女子又能歌善舞，装束变化常得风气之先，从诗词中多有反映。部分还保留晚唐大袖长服习惯，同时已流行另外一种偏重瘦长，加上翻领小袖、齐膝外衣的新装，作对襟式的加上两条窄窄的绣领（图3）。用翻领多作三角形，还和初唐胡服相近，袖口略小，如今看来，还苗条秀挺，相当美观。另外一种装束，尚加披帛，腰带间结一彩绶，各自作成种种不同连环结，其余下垂，或在正面，或在一侧。（图4）这种式样似从五代创始，直流行到南宋。装束变化之大，主要在发髻，也可说是当时人对于美的要求重点，大致从三国时曹植《洛神赋》中说到的“云髻峨峨”得到启发，唐代宫廷女道士作仙女、龙女装得到发展，五代女子的花冠云髻已日趋危巧，宋代再加以发展变化，因之头上真是百花竞放，无奇不有。极简单的是作玉兰花苞式，极复杂的就如《枫窗小牍》所说，赵大翁墓所见有飞鬟危巧尖新的、如鸟张翼的，以至一种重叠堆砌如一花塔加上紫罗盖头的，大致是仿照当时特种牡丹花“重楼子”作成。照史书记载，到后竟高及三尺，用白角梳也大及一尺二寸。高髻险装成一时风气，自然不免影响民间相习成风。后来政府才特别定下法律加以限制，不得超越尺寸。但是上行下效，法律亦无济于事。直到别种风气流行，才转移这种爱好。边地如敦煌一带，自五代以来多沿袭晚唐风气，使用六金钗制，在博大蓬鬓两侧，

图2 《宋神宗后坐像》 宋　台北故宫博物院藏

各斜插三花钗，略作横的发展；大约本于《诗经》“副笄六珈”一语而来，上接晋代“五兵佩”习惯，流行民间，直到近代。福建畲族妇女的头上三把刀银饰，还是它的嫡亲继承者。额黄靥子，宋代中原妇女已不使用。西北盛装妇女还满脸贴上，不以为烦。

图3 刘宗古《瑶台步月图》页（局部） 宋 故宫博物院藏

至于演戏奏乐女人的服装，种类变化自然就更多了。从画中所见，宫中乐妓，作玉兰花苞式髻，穿小袖对襟长衫的，可能属于一般宫婢；杂剧中人则多山花插头，充满民间味。如照范石湖元宵观灯诗所见，歌女中有戴个茸茸小貂帽子遮住眉额的，一定相当好看。若画古代美人装束，多作成唐代仙女、龙女、天女样子，虽裙带飞扬轻举，依旧不免显得有些拖沓，除非乘云驾雾，否则可够不方便。这另

图 4　宋代侍女像（复制品）

外也反映一种现实，即宋人重实际精神（除了发髻外），穿衣知道如何用料经济，既便于行动也比前人美观。宋代流行极薄纱罗，真是轻如烟雾，如作成六朝人画的洛神打扮，还是不会太重的。但是当时的女道士，就不肯这么化妆，画采灵芝仙女且有作村女装束的。

当时最高级和尚，袈裟尚紫色，惟胸前一侧绊带用个小玉环，下缀一片金锦，名“拔遮那环”。宋元应用较广，影响到西藏大喇嘛，在明清古画里还保留这个制度。

契丹、女真、党项、羌族等同属中国东北、西北游牧为主的民族，生活习惯上与中原显著不同。

西夏妇女多着唐式翻领胡服，斜领刺绣精美；统治者服饰也近似唐装，腰间束鞢韄带，挂上小刀、小囊、小火石诸事物，头上戴的还是变形浑脱帽；普通武士则有作突厥式剃顶的。

契丹、女真本来服装一般多小袖圆领，长才齐膝，着长统靴，佩豹皮弓囊，宜于马上作战射猎。契丹男子髡（kūn）顶披发，女真则剃去顶发，把余发结成双辫下垂耳旁。受汉化影响，有身份的才把发上拢，裹“兔鹘巾”，如唐式幞头；却不甚讲究款式，惟间或在额前嵌一珠玉为装饰。妇女着小袖斜领左衽长衫，下脚齐踵，头戴金锦浑脱帽，后垂二锦带，下缀二珠。其腰带也是下垂齐衣，惟不作环。契丹和女真的辽、金政权均设有“南官”，多兼用唐宋官服制度。契丹即起始用不同山水鸟兽刺绣花纹，分别官品，后来明清补服，就是承继旧制而来。金章宗定都燕京后，舆服制度更进一步采用宋式，区别就益少了。至于金代官制中用绸缎花朵大小定官位尊卑，最小的只许用无纹芝麻罗，明清却不沿用。但衣上用龙，元代即已有相当限制。分三、四、五爪不等，严格规定，载于典章。明代即巧立名目，叫“蟒”“斗牛”等等，重作规定，似严实滥。

同时契丹或女真男子服装，因便于行动，也已为南人采用。例如当时力主抗金收复失地的岳飞、韩世忠等中兴四将，身边家将便服，除腰袱外，就几乎和金人无多大分别；平民穿的也相差无几。彼此影响原因虽不尽同，或为政治需要，或从生活实际出发，由此可知，民族文化的交融，多出于现实要求，即在民族矛盾十分剧烈时亦然。（总的看来，这种齐膝小袖衣服，说它原属全中国各民族所固有，也说得过去，因为事实上从商代以来，即出现于各阶层人民中）这时期劳动人民穿的多已更短了些，主要原因是生产虽有进展，生活实益贫穷，大部分劳动成果都被统治者剥削了，农民和渔夫已起始有了真正“短衣汉子”出现。（图5）

社会上层衣服算是符合常规的，大致有如下三式：

（一）官服——大袖长袍还近晚唐，惟头上戴的已不相同，作平翅纱帽，有一定格式。

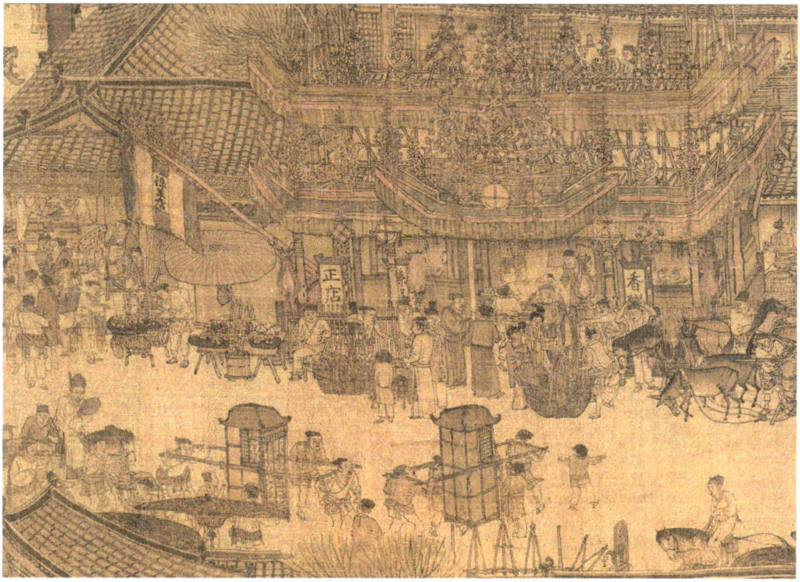


图5　张择端《清明上河图》(局部)　北宋　故宫博物院藏

（二）便服——软翅幞头、小袖圆领还用唐式，惟脚下已由乌皮六合靴改成更便利平时起居的练鞋。

（三）遗老黄冠之服——合领大袖宽袍，用深色材料缘边。遗老员外多戴高巾子，方方整整。相传由苏东坡创始，后人叫作“东坡巾”。明代老年士绅还常用它。有身份黄冠道士，则常用玉石、牙角作成小小卷梁空心冠子，且用一支犀玉簪横贯约发，沿用到元明不废，普通道士椎髻而已。

男仆虽照制度必戴曲翅幞头，但普通人巾裹却无严格限制。女婢丫环，头上梳鬟或丫角，又或束作银锭式，紧贴耳边，直流行到元代。

至于纺织物，除丝织物中多已加金，纱罗品种益多，花纹名目较繁。缎子织法似应属于新发明。锦的种类花色日益加多，图案配色格外复杂，达到历史高峰。主要生产还在西蜀。纱罗多出南方，罗缎名目有加“番”字的，可知织法不是中原本来所固有。锦名“阇婆”，更显明从印度传来。“白鹫”出于契丹，也为文献提到过。雨中出行已有穿油绸罩衣的。

这时期并且起始有棉织锦类，名叫“木锦”。至于“兜罗锦”“黎单”等西南和外来织物，也是花纹细致的纺织品，綀子则是细麻织品。“点蜡幔”是西南蜡染。一般印花丝绸图案，已多采用写生折枝花，通名生色折枝，且由唐代小簇团窠改为满地杂花。惟北宋曾有法律严禁印花板片流行，只许供绣衣卤簿官兵专用，到南宋才解禁，得到普遍发展。临安市销售量极大的彩帛，部分即指印花丝绢，时髦的且如水墨画。北宋服饰加金已有十八种名目，用法律禁止无效。北宋时开封女人喜用花冠绣领，在大相国寺出售最精美的多是女尼姑手作，反映出宗教迷信的衰歇，庵中女尼已不能单纯依靠信徒施舍过日子，必须自食其力方能生存，和唐代相比已大不相同了。统治者虽耗费巨万金钱和人力，前后修建景灵宫、玉清昭应宫、绛霄宫等，提倡迷信，一般人还是日益实际，一时还流行过本色线绣，见于诗人陆游等笔记中。

高级丝织物中除锦外，还有“鹿胎”“紧丝”“绒背”和“透背”，四川是主要产地。这些材料，内容还不够明确。鹿胎或是种多彩复色印花丝绸。“绒背”或指一种荣缎、绒纱，近似后来花绒。“透背”可能就是缂丝。这些推测还有待新的发现才能证明。捻金锦缎的流行增加了锦缎的华美，灯笼图案锦且影响到后来极久。“八答晕锦”富丽多彩，已达锦类艺术高峰。一种用小梭挖织的缂丝，由对称满地花鸟图案，进而仿照名画花鸟，设计布色，成为赏玩艺术新品种。技术的流传，西北回族织工贡献较多。南方还有“黄草心布”“鸡鸣布”“綀子”和“红蕉布”，特别宜于暑中使用。于造纸术有进一步提高，因此作战用衣甲，有用皮纸作成的；又用纸作帐子，也流行一时。

元代由蒙古族人军事统治约一世纪之久。政府在全中国设了许多染织提举司，统制丝毛织物，并且用一种严酷官工匠制度督促生产。用捻金或缕金织成的锦缎“纳石失”和用毛织成的“绿贴可”，当时是两种有特别代表性的产品；丝绸印染已有九种不同名目，且有套染三四次的；毛织物毡罽类利用更多，《大元毡罽工物记》里还留下六十多种名目。为便于骑射，短袖齐肘的马褂起始流行。

元代南人官服虽尚多用唐式幞头圆领，常服已多习于合领敞露胸式。蒙古人则把顶发当额下垂小绺，或如一小桃式，余发总结分编成两大环，垂于耳边，即帝王也不例外。妇女贵族必头戴姑姑冠，高过一尺，向前上耸，如一直颈鹅头，用青红绒锦做成，上饰珠玉，代表尊贵。衣领用纳石失金锦缘边，平民奴婢多椎髻上结，合领左衽小袖，比女真略显臃肿。贵族穿得红红绿绿，无官职平民就只许著褐色布绢，惟平民终究是个多数，因此褐色名目就有二十四种。元代至元年间，才正式征收棉花税，可知江南区比较大量种植草棉，棉布在国内行销日广，也大约是这个时期。

四楞藤帽为元代男子所通用，到明代就只某种工匠还使用了。另外一种折腰样盔帽，元代帝王有用银鼠皮作成的，当额或顶部常镶嵌价值极贵的珠宝。到明代，差役的青红毡帽还采用这个样式，正和元代王公重视的“质孙宴”团衫，与明清之差役服式差不多。前一代华服到后一代成为贱服，在若干历史朝代中，几乎已成一种通例。

# 《红楼梦》衣物及当时种种[1]

**第一册**

图1 缂丝《红楼梦》人物 清 苏州博物馆藏

一、拯溺救危——借用作为人仗义疏财形容。

二、金丝八宝攒珠髻——指用金丝穿缀小真珠作八宝的髻饰。

三、朝阳五凤挂珠钗——明代以来，钗就有作“丹凤朝阳”式的，多作一小凤举翅飞腾，也有平面贴鬓凤，凤口多衔小珠串二三寸，是从古代金步摇、金爵钗制度发展而出。清代妇女凤冠有一定制度，因官品不同，由三、五、七到九凤。但这里从衣着说，却不是官

1 1955年，作者应邀为人民文学出版社重版《红楼梦》草拟注释，6月按当时三卷本编制分册，共拟出近500条注释，标为“初抄稿”。经调整及补充若干条目后，形成修改稿，提供编辑部统筹取舍。1957年10月新版四卷本《红楼梦》的部分注释，参考了作者所拟的修改稿。本文是作者为《红楼梦》草拟的注释初抄稿，总题为《〈红楼梦〉衣物及当时种种》，其少数条目排序未按《红楼梦》中出现的先后顺序，个别条目前后有重复。现保持原状，总题为作者所拟。

服，头上必然是一般用的凤头钗。一切描写只是给人一种金翠耀眼的印象。

四、缕金百蝶穿花大红云缎窄褙袄——褙袄多指有边袄子。这里说的是用缕金作百蝶穿花，绣在大红云如意缎上的窄褙袄子。窄褙指肩袖腰下通作重边而言。照实在材料说来，缕金百蝶穿花或指衣缘。

五、五彩刻丝石青银鼠褂——即宝蓝色底子的五彩刻丝银鼠出风对襟外褂。因康熙以来有素刻丝，用于有丧服饰。又有刻金，用金线作地。这里才说某某地某种刻丝。

六、翡翠撒花洋绉裙——即翡翠绿颜色的散朵花绉绸裙子。洋绉和后来之湖绉材料相近，多本色花。这里“撒花”也可指丝绸上本色花，也可指在洋绉上另用铺绒法绣的散朵花。

七、“辣子”——沾惹不得形容，泼妇形容。贾母说有取笑意。

八、外道了——见外生分意思。

九、錾金彝——泛指金银错古铜器。这种金银加工技术从春秋战国起始，继续发展到汉、唐、明、清，各有不同成就。

十、玻璃盆——清初外来或广东作。一般多碾作菊花瓣式花纹，大如同时铜瓷脸盆，径大约一尺五寸，高六七寸。向例用一硬木架子承着，代表当时时髦陈设。古董商把这种玻璃通叫做“磨料”。

十一、猩红洋毯——即大红咔喇呢的炕垫。有素的，有在上加绣双团凤或凤穿牡丹的。因俗传这种红色是用猩猩血染的，所以通称“猩猩毡”。清初作炕垫、拜垫用较多。后来才用作椅披垫。

十二、大红金钱蟒引枕——指作小团龙花纹锦缎的靠手枕。共有两式：有作径尺二三寸，大球形或多面灯笼样的；有作径尺大，三尺长方枕式的。内中有用灯草填实的，也有用棉花和灯草同放作芯的。是从古代汉晋以来“隐囊”发展而成。

十三、秋香色——指黄菊色，和缃色近。

十四、梅花式洋漆小几——指杂色仿倭漆梅花五瓣式茶几，不一定是外来物。日本从唐代起学得中国漆器作法后，即有发展，特别是杂色漆屑金或细描金，制作精美。明代中叶天顺年间，著名漆工艺术家杨埙，从日本把技术学回来，制作又超过日制，当时因此名“杨倭漆”。清康熙、乾隆时还有发展。通名洋漆。现代福建杂色漆还从那个基础得来。惟乾隆以后说洋漆，间或也指棕黄色油漆，即后来宁波漆。事实上倒是我国固有的，唐代就已出名，叫明光漆。

十五、文王鼎——指有“文王”铭刻的西周青铜鼎。事实上这里只是泛说周代古铜鼎。

十六、汝窑美人觚（gū）——旧传北宋宫廷中，因定州白瓷器边沿有芒不光，特别另烧青瓷，因之产生汝窑。又传用玛瑙作釉，釉多作灰碧色，极细润。在北宋官窑瓷中和大官青瓷同样为世界珍贵。觚是商代青铜酒器，敞口小腰长身，造形如女性苗条。这里指的是汝窑长颈觚式花瓶。

图 2　碧玉双兽耳海棠式花觚
清　故宫博物院藏

十七、弹花椅袱——椅披垫类，用针线纳过行道花朵叫“弹墨”。在绣花中技术算最简单，意思如木工弹一道墨线。椅袱即方椅套垫。（剪纸为花样，水贴绸料上，再以吹管喷色雾绸上，得白花。反之，花版花纹处镂空，绸百菱起，吹色雾花纹处，深色花。可一色或多色。唐代即有“吹绘纸”工艺相承而来。）这里指弹墨法作花的椅套。

十八、混世魔王——《西游记》称孙悟空的名字，这里借来形容宝玉不受封建礼法拘束的性格。

十九、内帏厮混——旧社会大户人家成年男女，居处必分内外，男子自有书房。这里指专在闺房中和妇女玩闹。

廿、粉油大影壁——指用粉彩油漆绘画搁于厅堂过道间，上有短檐的木屏风。有画岁寒三友松、竹、梅的，有画丹凤朝阳的，也有作山水画的。

廿一、二龙戏珠金抹额——抹额就是帽勒、帽箍。这里指金作双龙抢宝式的帽箍。是宋代以来传下的童子装扮。敦煌画上唐代舞乐中也已经用到。

廿二、二色金百蝶穿花大红箭袖——指大红地用缕金片和捻金线织成百蝶穿花图案的箭袖袍。

廿三、五彩丝攒花结长穗宫绦——指宫式用钉绣法作花，加长丝穗的寸半宽的腰带。

廿四、石青起花八团倭缎排穗褂——指明蓝色广东织八团花洋缎出风对襟外褂。照清初材料应称“倭罗缎”，有罗纹间道，出广东。一般广缎多光地小朵彩花。这里说八团花，是后来少见的。

廿五、松绿撒花绫裤——即松花绿色小朵花绫裤。松花绿指豆绿带粉黄色。清初说绫，多和后来小纺相近，不尽是闪光板绫。

廿六、刻丝——中国特有的丝织品。是从汉代“织成”法发展而出的。北宋时，在定州的生产，已极著名。南宋在江南更出了几个有名专家，如沈子蕃、朱克柔，作品多根据宋代重要写生花鸟画作成，传到现在，已八九百年，还颜色如新。明清以来，江南各地生产多用到日用品方面，也有极精美的。是用各种色线小梭子一点一点织成。明人笔记就说起，作一衣有一年才能完成的。清代又有本色刻丝，丧服用。有加金刻丝，或用金线作地的刻金。因此这里指明是五彩刻丝。

廿七、椅搭——即椅披。多用于有靠背的椅子上。材料有锦缎的，有织绒的，有刻丝或绣花的，乾隆以后也有用咔喇呢绣花作的。喜庆用红色，家中有丧事则用蓝色。一般靠背式太师椅都使用。从唐末就起始用这种装饰。宋代宫廷中，还有用小真珠穿花钉绣的图案，云鹤、团凤、狮子滚球、寿山福海外加灯笼象征五谷丰登。

廿八、劳什子——泛指劳民伤财、毫无实用的玩意儿。

廿九、斜签着坐下——即俗话“只坐半个屁股”。旧社会上下区别极严，不是同等身份，决不敢平起平坐。这么侧坐着，表示不敢自居同等。

卅、扶鸾——道门中一种骗人迷信。又名“扶乩（jī）”，情形不尽相同。两人手扶个“丁”字木架，或用双竹筷缚一笔，在沙盘或米盘上写出诗句，假托济公、吕洞宾、关云长等等小说中人物降坛，名扶乩。作一小楼或空房，暗中埋伏一个帮忙穷书生，预先磨好墨，搁好纸，把门关上，让那个埋伏下的人把一切鬼话、对联、诗句写上，本人又隐藏后，再开门去取出，这些字往往还写上岳飞或关云长赐给某某信士、弟子，好骗人信仰，名叫“扶鸾”。本书还没有严格分别。

卅一、眼饧（xíng）——眼如被新作麦芽糖粘着，强睁睁不开，形容困倦。这一段描写，是故意把一场涉及爱情富贵的小说传记夸张描写形容，并非真有这些宝镜金盘、纱衾鸳枕。

卅二、顾头不顾尾——俗说野鸡被迫时，多把头插入草窠中，以为安全，不意长尾在外，反被捉住。后来通用作不善于生活过日子的人形容。这里指有钱即花意思。

卅三、拉硬屎——是歇后语“硬撑”，借用作假充好汉嘲讽。

卅四、这样嘴脸——即没有面子意思，所以怕去了等于把嘴送上门请人打，出丑。

卅五、卖头卖脚——旧社会江湖献技女子，踹软索时不免听流氓轻薄，评头论足，才能够得几个钱。因此借用作抛头露面的形容。

卅六、行当儿上——中国宋代以来，手工业和商人就已有行会组织，分行、会、坊、社，所谓手艺百三十六行，行行出状元。行船也各有行帮码头，互不相犯。这里借用作那一部门服务当差询问。

卅七、倒厅——前厅屏门里空处。面对正院，为分隔内外，所以照例有个影壁。影壁有在院子中的，也有缺少屏门，用影壁代替的。

卅八、秤铊似的——旧式挂钟多如一方匣，下挂长链条，垂一可移动的铜葫芦或圆饼，利用重力下坠转动齿轮，到一定时候，再把葫芦移上，不必另扭发条。

卅九、大红油漆盒——即红漆“捧盒”，有上菜用的，也有内中另容纳十锦小碟放蜜饯小吃的。作法分竹胎、木胎、麻布胎。加工方面有彩绘、五彩雕填、描金、镶螺甸各式。清初这类红漆的多用泥金绘折枝花或团花。也有作山水人物极精美的。

四十、大红洒金软帘——指用红绸缎作的金线绣花的棉或毡作门帘。因夏天用的是竹帘，棉、毡夹帘通称“软帘”。

图3　填漆戗金云龙纹菊瓣式捧盒　清　浙江省博物馆藏

四一、锁子锦——六朝以来就有用金丝编成的锁链子式甲，称金锁甲。唐宋人纺织成锦缎，叫锁子锦。清康熙还织造了许多种。用捻金线织的，比较精，用各种彩色丝织的，也紧密坚实，有各种不同花式。

四二、引枕——即靠枕。古人席地而坐，用锦缎作成大囊袋，内实柔软材料，作倚靠用，名“隐囊”，即引枕最早式样。

四三、金线闪的——用金银二色线间隔平绣的。

四四、昭君套——用貂皮或其他细毛皮作成的帽兜，在额间耸聚如鹬冠，是女风帽一类。明末清初妇女冬装喜用到。

图4　红色缎绣吹箫引凤图门帘　清　中国妇女儿童博物馆藏

四五、攒珠勒子——用小珠攒聚成花的帽箍。清代式样极多。晚清年长妇女才戴，如两如意合并成。清初多只用一寸来宽天青缎子作成，如一上弦新月，穿小珠钉于边沿，或作朵朵梅花，形成梅花点额效果。清中期以后，材料较宽，或作带子式，或作双双如意式，多用翡翠雕作双凤钉两旁，中心钉攒珠花或宝石。

四六、石青刻丝灰鼠披风——石青指如宝石中鸦青石的蓝色，即一般说的宝蓝色。这里是说宝石蓝地子的五彩刻丝灰鼠里的披风。清初丝绸青色有许多种，如红青、鸦青、金青、元青、合青、虾青、佛头青、太师青诸名称。瓷器还另分宣青、成青、回青（鬼脸青）诸名目。

四七、填漆茶盘——清初漆器作法种类极多，大别有描金、螺甸、金银嵌、彩绘、针刻、剔红、剔犀、雕漆填彩。这里即指雕漆填彩一种，通名“雕填”，也作“填漆”。

四八、玻璃炕屏——炕榻后围屏，当时新流行品。多是在玻璃底面画粉彩或翠绿花鸟，把玻璃嵌于紫檀或花梨或螺甸漆框子里拼合而成。由四合、六合到十二合。也有内作点翠嵌牙山水花鸟，外罩玻璃的。苏广作工特别著名。

四九、几上——指炕几。或作骨牌式，或作长条式。也有把正中搁下骨牌式的叫“炕桌”，两端或顶窗口搁的叫“条几”或“炕条几”的。

五十、堆纱花——这里指簪头宫花。用纱裹薄棉作各种叠瓣如真花朵。又有缠绒的，有通草的。

五一、“秃歪刺”——贼光头或癞光头意思，有意取笑。

五二、放了把邪火——邪火即怪火。山林中常起野火，不易知道放火人。这里是用它形容被人无根无由乱告一状意思。说无名邪火也是借用前意。

五三、比下去了——指宝玉不如秦钟标致清秀。

五四、表礼——即见面礼物。旧社会初见亲戚，长辈必赠小一辈的见面礼物。男女不同，多寓吉祥幸福意思。有给彩缎，有给扇套荷包，有给金玉器物，有给首饰。

五五、“状元及第”的小金锞（kè）子——指一种小如意形金锭，上印“状元及第”四字。也有印一骑马戴金花作状元游街花纹的，也有印一魁星，手持“状元及第”“必定如意”等状子的。旧社会重科举的反映。

五六、仪门——大宅院或衙署中，分隔内外的过厅屏门间，多写有严肃整齐字样，通称仪门。意思是进出的人到这里都得把衣冠弄整齐起来，行动也有一定规矩。

五七、“拿什么孝敬我”——有意用《西游记》魔王对手下妖精话语，说来取笑。

五八、胡打海摔——用戏文中番兵或虾兵蟹将的蹦跳活动作没有个规矩的形容。

五九、没见过大阵仗儿——也是用《西游记》小说中诙谐语，这里意思是小脚色不见过大排场。

六十、他是哪吒——指明代通俗神话小说《封神榜》上小将哪吒，意思是即或是《封神榜》上的厉害人物，我魔王也不怕。

六一、不防头——本是行船“不怕冲撞”意思。一般借用作对人不小心冲撞冒犯形容。

六二、爬灰——旧社会，地主多行为恶劣，俗称公公和媳妇发生关系叫“爬灰”。

六三、胳膊折了往袖子里藏——全文应当是“好汉打落牙齿和血吞，胳膊折了往袖子里藏”，是章回小说中俗话。即好汉自己做事自己当意思。这里借用作“自己事自己知道”讽刺。

六四、溜湫着眼儿——通说“贼不溜湫”，是说眼色不定，如小贼小偷神气。

六五、拐孤——是天九牌中七点的称呼，因三四、二五同对，和其他牌不一样。因此借用作人乖僻、不合伴形容。

六六、清客相公——即吃闲饭的帮闲读书人。旧社会，大家门户照例总养下些门客，陪同下棋喝酒，作诗玩耍，打听点外面新闻，供茶余酒后谈笑，逢迎捧场，称清客相公。也就是宋明小说说的帮闲。这里二人姓名就谐音“沾光”和“单骗人”。正如《金瓶梅》中应白爵谐“应白嚼”，是典型清客。

六七、斗方——本指门屏间槅子。明代以来习惯，多在上面贴点字画，供人欣赏，因此纸店特备见方一尺四五寸彩素各色笺纸，就名叫斗方，专供人写字作画。明代以来读书人中欢喜冒充风雅，讲究社交的，常自备这种笺纸作画作诗送人。诗画都不一定高明，因之被取笑称“斗方名士”。要人写斗方的，也近于冒充风雅。

六八、没笼头的马——俗话是“东奔西窜，捆也捆不住”意思。

六九、蜜合色——一种淡黄白色，见李斗《扬州画舫录》卷一。

七十、玫瑰紫二色金银线的坎肩儿——指红紫色丝绸用金银线平绣如意云花的背心。或指一种新疆织的细捻金银线织成的斜纹紫地金锦，通名回回锦。

七一、秋香色立蟒白狐腋箭袖——菊黄色，织或绣四爪龙白狐腋里的箭袖袍。蟒纹有团式和行动腾跃式，立蟒指第二种。

七二、长命锁——旧社会迷信，因为独子不易养育，或以为命大，多灾星，必拜寄人作干儿子，寄父母就送他长命锁，记名符，挂在项圈下，迷信就可保百年长命。有用金银作的，有用玉作的。清初讲究的多用翡翠绿和羊脂白玉，并刻上一些吉利文字。记名符指拜寄给某庙某神作干儿子的小牌儿。

七三、狼犺——笨重形容。

七四、大红羽缎——指当时外来羽毛织物。光地的叫羽缎，毛地的称羽绸或羽绉。据清初文献：“羽绉幅宽二尺四寸，似线绉，无花，出西洋，太阳下照有金星。”又：“羽绸黄边，起毛，发卸（发松有弹性意）。”

七五、在姨妈这里多吃了一口，想来也不妨事——故意说反话。

七六、大红猩毡——有很多种，细薄咔喇（镜面呢）不用作斗笠。斗笠披风多用一种松厚如带针毛的，绛紫较多。

七七、门斗儿上——指门槅扇上端方框空处。

七八、荷包、金魁星——一般分别用来取“和合如意”“文星高照”意思。这里则有“两个状元即在一块”寓意。

七九、一双富贵眼睛——指见的金银钱财多，也兼指为人势利意思。

八十、饧涩——饧是麦芽糖，新的极粘手，二字连用形容人困乏时眼睛想睁也睁不开。

八一、荷包——三寸大扁圆如意式，通用天蓝丝绦锁口，内装香药，多成双，象征和合如意，好事成双。是从汉代装火石小件器物的鞶（pán）囊衍进的。一般多挂在腰间，各种绣法都有。又南方把装银钞的四方两联小袋也叫荷包，北方别名褡裢。

八二、贪多嚼不烂——本是骂猴子的俗话。猴子习惯吃枣栗，多急忙入口，塞满两腮帮，再慢慢咀嚼。因私塾教师用来骂学生，后来才通用作读书多不得用形容。

八三、掩耳盗铃——歇后语是“骗得了自己骗不了人”。因旧说

图5　刺绣香囊

盗钟的唯恐人闻，忙把自己耳朵掩上。这里意思还是哄不了人。

八四、三日打鱼两日晒网——俗话，读书做事不认真形容。即旧书文言“一日曝之，十日寒之”的译注。

八五、上书——私塾习惯，带已读过的书到老师面前，把书送上背诵，或照指定章节回答。又名温书。早、中、晚各一回。书不熟得重温。

八六、打磨旋儿——磨坊中小驴推磨来回打旋，一面走一面如点头。这里用来形容只知四面磕头，求人告帮意思。

八七、点卯——总名应称“过堂点卯”。旧官府衙门，一般公务员都是卯时在大堂上按册子点名，所以称过堂点卯。绿营制吃坐粮当差的，每天无事可作，只到堂点点名，即可回家。因此借作应差、敷衍公事形容。

八八、发涅——即死呆呆意思。

八九、累掯——过去农民被地主高利贷掯住无可奈何时，常用“你财主就那么狠心累掯人”。这里还用作克扣剥削意。

九十、祭祀产业，连官也不入的——祠产属合族公有，不至于因某人犯罪而没收。

九一、祭祀又可永继——是说每年扫墓修坟费用有了着落。

九二、起一张五品龙禁尉的票——这里指出钱买个龙禁尉的官衔。清制作官出路有四种：一、科举考试，二、世袭，三、恩赏，四、纳款给政府买官。第四种出身名“捐班”，在社会上不受重视。

九三、杀伐决断——本为武将元帅将军法令严明有担当形容。这里借用作办事敢负责任，和严肃不苟言笑形容。

九四、云板——是从古代石磬发展而成的一种乐器。或石制，或铁制，大小不等。一般多作云如意式样，倒悬于木架上，放在衙署或大家宅院仪门过厅侧，或内外院之间廊下，有事通知内外就敲打，次数也有定。这里说敲四下代表凶信。其他处所不一定相同。

九五、别把老脸面扔了——即别丢脸，别失面子。

九六、供饭、供茶、随起举哀——按旧规矩，死人灵前每日早晚按一定时期得在灵案前供茶、供饭、奠酒，名“上供”。上供时还得敲敲磬钵，燃一炷香。有的还奏哀乐。客人来吊丧时，则外堂齐奏鼓吹大乐，守灵人即举哀。

九七、纸劄（zhá）——即奠礼中的金银山，冥帛冥币。

九八、猴——猴子善于爬树。这里说猴，意指缠抱，也即是俗话巴得紧紧的意思。141页说“猴在马上”，又稍不同，有嘲笑意。

九九、发引——出殡时，孝子必手持一白纸长幡，名“引路幡”。出殡因之名“发引”，佛教以为用它可把亡魂引往西天极乐世界。

一〇〇、阴阳生——指一般为人看阴宅阳宅风水作职业的人。旧社会多迷信，凡婚丧诸事，造房子选坟地，通得聘请这种人解决。

一〇一、落人褒贬——褒是表扬，贬是指责，全语意是受人批评。

一〇二、江牙海水——指衣下脚织成翻波腾浪的花纹而言，因波浪形如姜芽，和江牙谐音，俗称江牙海水，也作“姜芽海水”。（如第47页图9衣服下摆纹路）

一〇三、碧玉红鞓（tīng）带——带头用碧玉琢成辟邪兽头，带身漆红色。红鞓本指红皮带身，照习惯即红丝绦。

一〇四、攒珠银带——带头是银胎地镶缀真珠花。

一〇五、蓤（líng）苓香念珠一串——清初重珠串，朝珠以外平时也掌握手串，多作十八粒，象征十八罗汉，因之又叫“十八子”。用各种珍贵材料作成，用香料的有沉、降、奇南、蓤苓诸香。信佛的，念佛一声手搯动珠子一粒，周而复始，以为可蒙佛保佑。

一〇六、仙輀（ér）——指丧车言。因俗忌说死，以为成仙而去。

一〇七、谢了乏——旧习惯，亲友送殡的到了一定地方后，棺柩停下，孝子即出来向送丧的致谢请回，赞礼生口称：“孝子道谢叩头！”孝子等一一行礼致谢，客人即告退。

一〇八、铁槛寺是……当日修造的——明清二代大户人家因在京寄籍，照习惯成了年的死人，另外一时必运柩回乡埋于祖坟山上。因此多修家庙作墓庐，雇僧户看守，并为备具一定数量的墓田，可以收租，作墓庐香灯及其他杂费。

一〇九、风月——指年青男女在花前月下偷期密约，谈情说爱。

一一〇、扯篷拉纤——行船扯篷拉纤必靠帮手，旧小说中多借用作三姑六婆为人作媒作中、牵合人事形容。

一一一、牢坑——旧社会，统治阶级为压迫人民，牢狱有水牢、地牢等等。多作深坑，使人不易逃脱。后来多借作处境恶劣，逃脱不易形容。

一一二、主文的相公——即办文墨的先生。大户人家应酬多，常用有师爷，专门办理婚丧大事文件，和一般应酬文件。这种人多是穷书生。家中仆役，为表示对于读书人敬而不亵，通叫“相公”（和妇女叫丈夫作“相公”意思相同，含有将来作宰相三公意思）。

一一三、阴阳两宅——这里指墓庐停柩的地方，和送丧守墓亲人住的地方。如一般说来则指埋坟地和家。

一一四、入港——原是行船入港靠码头。借用作互相契合的形容，但这里却借作肉体亵渎形容。

一一五、坐纛（dào）旗儿——纛是军中的大旗。“坐纛旗儿”即是戏文中常用的“坐帅字旗下”。有大小三军都必需听其指挥意思。

一一六、花障——指攀枝蔷薇竖立的花架子。

一一七、妆蟒、妆缎——彩缎中织五彩团龙或立龙的简称“妆蟒”，织五彩折枝花的简称“妆缎”。

一一八、流云百蝠……万福万寿——都是图案名称。清初流云百蝠多是连续如意云中加各式蝙蝠，寓“洪福齐天”意思，封建帝王办寿时用这种彩缎最多。万福万寿多用回旋卍字作地纹连续图案，中加“福”“寿”字，或蝙蝠和桃子。也有用丝绦结成双套方胜图案，象征长寿万年的。

图6　妆花绸龙凤纹霞帔　清　中国妇女儿童博物馆藏

图 7　青花流云百蝠图瓷鼻烟壶　清

一一九、洒堆、刻丝弹墨——洒花指丝线绣折枝花，堆花指堆纱，古名贴绢，是把杂色绸作花下垫薄棉钉于另一绸缎地子上，和现代补花大同小异。刻丝弹墨另见前注。

一二〇、则例——章则条例。一般简称则例。

一二一、《山门》——指《水浒》戏中鲁智深醉打山门，是有名北曲。

一二二、衣包——大户人家作客，随身婢仆多携带临时替换衣物，有的还带有首饰匣子。

一二三、不防头——意即不怕冲撞，本为行船人用语，借用“不谨慎”及“不怕冲撞冒犯”形容。

一二四、我只是“赤条条无牵挂”的——是引《山门》中唱词，寓意有我也会做和尚去，所以说了又感伤。

一二五、灯谜——从民间猜谜语发展而出。是过去民间新年一种最具广泛性的娱乐。一般多在新年中，把字谜、诗谜用纸条写出谜面，贴在大纸灯上，听人猜。猜的人写出来再对谜底。有的还预先准备一定数量的物质奖。有各种不同猜法，还集有各种灯谜专书。

一二六、宫制诗筒——多用五色高丽笺纸折成宽一寸多，长一尺许的狭长封套，内中装斗方纸，专供作诗用。

一二七、唦阿唦的——是指如秧鸡或小狗一样叫个不歇的意思。

一二八、看人家的脸子——指凡事得看人脸色行事。

一二九、掌平的人——即掌天平的。

一三〇、齐纨——本指古代临淄出的精美丝绸。这里借作女子丝绸衣裙形容。

一三一、茜纱——即红纱。茜是染红的草，因之多作红色形容。

一三二、翠花——妇女钗钿必点翠，说翠花泛指钗钿。也有专指贴鬓抱鬟用杂珠玉和点翠作的花朵。

一三三、锦罽鹴（shuāng）衾——罽本细毛织物，汉代西北出产已极著名。一般多用作垫褥毯子，这里说锦罽，即锦毯意思。鹴衾，指鹔（sù）鹴鸟毛的被盖，是借用汉代司马相如、卓文君夫妇卖鹔鹴裘故事，作珍贵形容。

一三四、飞燕合德——指赵飞燕姐妹二人，在西汉成帝时极得宠，故事记载于《汉书·赵后传》，和相传汉人伶玄作的《飞燕外传》。这里指《飞燕外传》。

一三五、则天——指唐初以女主专政称帝的武则天故事。

一三六、玉环——杨贵妃的小字，指宋人乐史作的《太真外传》，记杨贵妃玄宗事和政治关系。

一三七、传奇角本——指一般章回小说和戏剧。

一三八、《会真记》——即《西厢记》，根据唐诗人元稹作的《莺莺传》改成，写张生和崔莺莺一段恋爱故事。戏剧由元王实甫改编。

一三九、“多愁多病的身”“倾国倾城的貌”——引《会真记》戏中词语。

一四〇、吃不了兜着走——即俗话“总归是你分上的”意思。

旧社会家有婚丧大事时，请客吃酒，分内肉丸子、包子一类，吃不完都可用手巾包走。这里借用作事情吃不消也得作的形容。

一四一、装胖——即俗话打肿了脸装胖子，勉强摆阔意。

一四二、街坊——指邻里。即同街共坊居住意思。

一四三、贱发——减价发卖。

一四四、端阳节所用——照旧风俗，每年端午节，人家多配合药剂中的膏丹丸散备用。

一四五、廊上廊下——这里用廊上，是近房，即近亲意。大家族多分院房居住，所以通称几房。

一四六、拉长线——放鹞子风筝必拉长线，因借用作会做长远安排形容。又谚语有“放长线，钓大鱼”，意思相同。

一四七、巧宗儿——变戏法的惯用语。因之多用作可遇而不可求的幸运形容。

一四八、毛脚鸡似的——或作“没脚鸡”。是做事慌张、粗心大意、毛草一团的形容。熙凤说来，是有意出脱贾环。

一四九、文章——即文彩意思。

一五〇、填漆——明清以来一种漆器作法。是在漆器上剔出花鸟来，再填上各色彩漆，叫填漆，又称雕填。大件如床榻、屏风、条案，小如茶托、匣子、盒子，都有作的极精美的。在明代漆工艺专书《髹饰录》中，记载有各种不同作法。

一五一、大红销金撒花帐子——一般多指大红罗或绉用泥金法或平金绣作散朵折枝花帐子。

一五二、白绫细折儿裙子——白绫多指玉色暗花绫，花作规矩纹。细折儿是以整幅折成细裥道，名“百折”，二十四折名“玉裙”，清初常服。见李斗《扬州画舫录》卷九。

一五三、凤尾森森，龙吟细细——竹中有凤尾竹，叶细枝柔。

竹子可作笛，吹作龙吟。这里是借用前人咏竹诗句形容小院竹子。

一五四、给你个榧（fěi）子吃——香榧子，南方产核果，咬破时有声音脆响。后人用两指一搓出声，或兼说“给你一个榧子”，或不说什么，原意是“空的”，如系回答，就有“相信不得”意。

一五五、兔鹘——一种驯养捕猎鸟兔的、羽毛作淡赭白色的鹰。契丹制度必官品到一定程度，才许可放兔鹘猎鸟。蒙古及清代贵族喜游猎，因此也重养鹰。养鹰方法早见于唐人段成式作的《酉阳杂俎》。

一五六、管谁筋疼——别人的事他管不着，白用心意思。本来是杂剧小说中公差虐待人民时的诨话。这里是借用。

一五七、没理论——用《西游记》中常用语，有“不知道”“不用问我”，或“没道理”意思，用处不同意义也稍有不同。

一五八、你只是疯罢——意思是正经事不作，和疯婆子差不多，各处乱撞去吧。

一五九、“过了后儿，还得听呵！”——用看戏语气是“等一回看看，还有下文”的意思。

一六〇、锥子扎不出一声儿来的——是俗话，本来用作木头人形容。这里只是用来形容为人沉默。

一六一、饶不挑——偏偏不挑意思。

一六二、撩开手——和通俗小说中“撒手各自奔前程”意思相同。

一六三、和气到了儿——始终要好。

一六四、都是叫金刚菩萨支使糊涂了——意思是说被这些不神不鬼骗人名辞弄糊涂。所以王夫人生气。

一六五、大红妆缎——全名应作“大红妆花缎”，指彩缎有折枝或串枝花的而言。蟒缎则指四爪龙而言，小团龙则叫金钱蟒。清初江南分苏州、杭州、江宁（南京）三处织造。机头各有牌子注明，如“浙江兼管织造臣某某”“江南织造臣某某”“苏州织造臣某某”。杭州机头本身两道线，带子边。江宁的一道黄线，绦子边。苏州无线，宽边，见于清初记载。

一六六、大海——明清以来，酒碗大而浅的都叫海。康雍时这种大碗有青花，有釉里红，有青花加紫，常画八仙，寓意八仙过海。又有加一柳树精的。

一六七、上等宫扇——多作如意式，用纱绢糊成，花分透绣、刻丝、彩绘加泥金银花各式。还有用象牙织成的，格外精美。上下接近柄部，多作贴绢堆纱花，也有用玳瑁片剜如意云头包裹的，柄用棕竹或象牙。

一六八、红麝香珠串——一般说麝香，多指麝香鹿脐部分泌物而言，臭味强烈，或作药用。如用它配合诸香，可以巩固香味，不易散失。是我国西藏、西康[1]、云南各地珍贵特产。作珠串的分两种：一种用其他香末和麝作成，一种用麝香木作成。香谱称“麝香木出占城国，树老而仆埋于地而腐，外黑而内黄者，其气类于麝”。这里似指第二种。

一六九、凤尾罗——似本于唐人诗“凤尾香罗薄几重”说的。明有云凤织金罗，凤尾极长，或指这种实物。本书中关于纺织物，有真的，也有称引文献凑成的，凤尾罗或指长尾凤纹罗，清代已无这个名称。软烟罗则近于子虚乌有。因为罗纱织法不相同。

一七〇、一个稿子——用办公文、作文章话语，作一模一样比拟。

1　西康，旧省名，1955年撤销，所辖地主要为今四川西部及西藏东部。

一七一、打墙也是动土——是成语[1]。照习惯，动土必看历书，选择一定合宜日子，不能马虎。动土指大兴土木。说打墙也是动土，意思是小做也是做，大做也是做，有不得已意，所以下文说乐得逛逛。

一七二、气凑——上气不接下气意思。

一七三、藕合——藕合色，清初指深紫绿色，见李斗《扬州画舫录》。但近代说却指雪青莲紫色。

一七四、像黄鹰抓住鹞子的脚，两个人都扣了环了——养鹰鹞都必在脚胫上加扣环，便于平时系一丝绦。扣环不易去掉。这里借用来形容两人同样手拉得紧紧的，分不开，如鹰鹞脚上同有扣环一样。

一七五、下作——即下流。旧社会轻视劳动，屠猪户把猪内脏叫“下水”，清洗工作称“下手”；也就是下作，因此常借用作手脚不干净的骂人话。

一七六、玻璃缸、玛瑙碗——这里借来形容贵重东西，并非具体实物。玻璃、玛瑙连用，晋六朝译佛经时即已成习惯。

一七七、夹枪带棒——这里打一下，那里戳一下意思。用于语言就是口中有刺。

一七八、终久——始终、究竟意思，或应改之为“究”。

一七九、水晶缸——多指清初外来玻璃器，俗称磨料，多作敞口筒子盆式。径大约一尺四五寸。作菊瓣花的较多。

一八〇、少作点孽——语气因事而不同。这里指暴殄天物、白糟蹋东西意思。

一八一、楼子花儿——牡丹中心花蕊重叠高起的，名“重楼子”。北京中央公园花坛中的姚黄，就属于这一类。语原出宋代《牡

1 成语，以前也指习用的古语。

丹谱》。凡在花朵中心瓣蕊重叠高起的通叫“楼子花儿”。这里说荷花，即指“千叶莲”。

一八二、拜了影——即拜祖先画像。旧社会敬重祖宗，大户仕宦人家，死后出殡以前，家中人必特别请一位年高有德的人来“点主”，用一种繁琐礼乐仪式，请这人在预制小小白木牌位上用朱笔一画。另外在身前或死后又请传影师画一个像，名叫“影身”，又名“真容”。平日正厅神龛只放三代神主牌位，逢年过节，或为死者作冥寿纪念日，才把影身悬挂出来，供后代子孙家人瞻仰致敬。阖家在影身前叩头，即拜影。这种传影法的绘画技术，从唐代以来就成专业，忠于写实，自成一派。明清两代还留下极多重要作品。

一八三、把印丢了——作官的印极重要，失去必受严重处分，所以湘云这么说。

一八四、但凡有——假若有意思。

一八五、巧人——心灵手巧的人。

一八六、不才之事——用《西厢记》中语，张生和莺莺恋爱接近后，说“小生不才，承蒙小姐错爱”，所以才说“可惊可畏”，或什么“丑祸”了。

一八七、拿款儿——旧社会有势力的官吏地主、乡约保长、流氓地痞，遇事总说这里违犯法律中某条某款，那里又违犯某条某款，用来欺压善良人民。因此通用作“摆架子”“打官腔”形容。这里指摆千金小姐派而言，是说笑。

一八八、抠了垫心子——抠即挖空。是说把鞋面材料某部分挖空，好垫上其他材料。一般说来多是挖作云头如意花式。

一八九、经济——意即经世济民。其实所谓经济学问，即升官发财的学问意思。

一九〇、风里言，风里语——无凭无证、无根无柢、不可追究的言语。

一九一、造化——用《西游记》孙悟空口头语，有“幸运”“托福”“天保佑”种种意思。

一九二、草莽——旧小说中常用的“小小毛贼”意。

一九三、不祥——不幸快要死去。

一九四、藤屉子春凳——或是藤心的广式躺椅，俗称“醉翁椅”式的藤凳。或是藤心条凳，通称“琴凳”的一种。

一九五、对景——对照相合意。

一九六、沉心——即深心，所以下面才说怕他多心。

一九七、鹅黄笺——小鹅毛的嫩黄色纸签条，清代凡皇帝用的东西多用这种颜色的纸或绫缎标签。

一九八、编派——旧小说唱本多民间流传随口编的，旧社会统治者向人民需索什么，总是由上指定，谁去应差，谁出多少钱。这里借用作不是自己的事，不应该派到头上的事，通随意编派上。

一九九、白眉赤眼的——意思是说扮个花脸，无戏可唱。

二〇〇、象生——扮傀儡戏意。

二〇一、横劲——俗说马有直劲，指能驮载货物；牛有横劲，指能拖拉犁锄。这里借用作蛮力戒酒。

二〇二、龙下蛋——天下奇迹意思。

二〇三、想绝了——一切都想尽了意思。

二〇四、“拿着官中的钱做人情”——成语，自己一点不用费事意。下面语气中还有“未免太乖”意思。

二〇五、捧盒——多竹木或夹纻作胎，加漆作成的扁圆大盒子。有描金、雕填、螺甸各种不同加工。热天装食物，还有边沿部分用竹丝或铜丝编成透空的。

二〇六、打花胡哨——俗传九尾狐专用花言巧语骗人，使人上当。后来人因借用，凡善于花言巧语、敷衍世故、话不落实的，就说“口中花里胡哨”。这里说“打花胡哨”，是指凤姐和狐狸精一样，来时如一阵风，乱说一通，又即走去意思。

二〇七、倒了核桃车子——意即只听到哗喇喇好大一遍空话。语气中多少有一点褒贬。

二〇八、变弄——即想办法。语原从变戏法而来。

二〇九、跐脚——南方说跐，指用脚擦来擦去。因为旧社会有规矩，妇女不作兴伸腿露脚，所以跐门槛是轻浮举动。这里用来形容凤姐少大家体统。

二一〇、缠丝白玛瑙——玛瑙，玉石中极光莹的一种，有各种不同颜色。战国以来就已经被社会重视，磨琢成各种三寸大小环子，作身上装饰品。汉代以来就有作成杯盘和马辔勒装饰的。缠丝白玛瑙，指一种乳白色中夹透明黑黄曲折丝纹的玛瑙。

图8　粉彩凤穿花纹双联瓶　清　中国国家博物馆藏

二一一、联珠瓶——清初康熙、雍正二朝，官窑瓷器中，常烧造一种两瓶合并高约尺许的花瓶，供插两种不同花用，寓“珠联璧合”意，称联珠瓶。这里说的似指另一种一破两半，上有穿孔专为挂在墙上的花瓶而言。瓶式多敞口长颈大腹，作如意式，也有作葫芦式的，挂在墙上插花，寓平安如意。一般多挂在柱上，可不能摆在十锦槅子里。也可能指第三式可以分合的瓶子，因为康、雍、乾三朝欢喜用十锦博古槅子放古董，陶瓷工人曾创造出许多种不同格式。

二一二、两车话——形容空话之多，和前面薛姨妈说王熙凤倒了核桃车子形容相同。

二一三、彩头——本来指彩色丝绸而言，因划龙船、猜灯谜、歌舞竞赛，占先的必得一段彩帛奖励，称得彩。后来借用作吉利形容。

二一四、打牙儿——和俗语“闲磕牙”“嚼牙帮骨”一样，说空话的形容。

二一五、攒丝盒子——细竹丝编织成的盒子。或部分加漆，或全部加漆。康雍时制作常是底盖一部分用木涂漆，盖上用金银泥仿恽南田、蒋南沙画法，描绘折枝花果。四川、福建和江浙的湖州、杭州、扬州，都有作得极精美的。

二一六、湘妃竹——出湖南，因竹上常有各种棕色美丽纹斑，又名斑竹。宜于作扇骨等小件器物。有作小圆点子的，别名凤眼，清代特别贵重。这种竹子传说是舜王崩于苍梧后，娥皇、女英两个妃子洒泪竹上的影响。因黛玉好哭，探春借此取名。

二一七、十锦槅子——明清时房间槅扇或书架，多作成大小不一、形式各别的鸽子笼式的格子，便于搁放陶、瓷、铜、玉古玩器物，通称十锦槅子。也叫做博古槅子。有的还能移动，合拢时如一堵墙壁，推开时就成一个门洞。

二一八、银红色纱衫子——这种纱多作小如意云加蝙蝠花纹。本名“洪福齐天”。后因忌讳，只说是“福禄如意”。

二一九、油蒙了心——俗说吃猪板油多了蒙心窍，人就糊涂。这里借来骂人。

二二〇、黑漆嵌蚌——在漆地子上用蚌片镶嵌，即螺甸法。清代康熙时才用这种螺甸漆作对联，乾隆以后少见。

二二一、神鬼似的——照语气似应指年青一辈对长辈不必如怕神怕鬼。

二二二、乌银梅花自斟壶——或指云南制乌铜走银镶嵌折枝梅花的小把手壶。

二二三、海棠冻石蕉叶杯——寿山石半透明的叫冻子，有各种不同色泽；海棠冻石蕉叶杯，指粉红色的一种雕作狭长蕉叶形的浅口杯子。

二二四、上脸——骂人得意忘形，即俗语“给你三分颜色就开染坊”意思，得了点点好处就得意忘形。

二二五、留的尖儿——桃木李果树顶当阳的特别硕大，通叫尖子货。供盘堆果子，上面的也必大些。因此一般说尖儿、顶儿都作第一等的形容。

二二六、饥荒——农民最怕水旱年成荒歉，因之用来形容困难。

二二七、我这生象儿——我这副嘴脸意思。全语应当是“我这种众生样子”，自己嘲自己不像人。

二二八、怯上——怕见场面意。语原出旧小说中怯上战场。

二二九、应——即承应，担待意思。

二三〇、十锦攒心盒子——扁漆盒中内置分槅小浅碟，中放一较大浅碟，有种种不同拼法，内放蜜饯果脯或煎炙小吃，叫十锦攒心盒。这类碟子有漆的，有珐琅瓷的，有瓷的。

二三一、翠——本只作绿色鲜明如翠鸟毛的形容。也借用作一般色彩鲜明的形容。

二三二、蝉翼纱——一种薄如蝉翅的轻纱。清初这种薄纱的确有散朵折枝花的，有蝙蝠流云的，百蝶穿花式有康熙式，晚则有道光式。这类纱实不宜于作被面，似凤姐故意说来取笑。因为绵里纱面的被不多见。

二三三、软烟罗——和霞影纱一样，名字似从陶穀《清异录》等小说取来。因下述四种颜色，都近于清初洋绉颜色。雨过天青指月蓝；秋香色指菊色，即缃黄色；松绿指松花绿色（是豆沙绿带黄粉的绿色）。[1]而且软厚轻密的罗也不宜糊窗子。这类描写是作者卖弄处，或高鹗续加语。

二三四、摄丝戗金五彩大盒子——大捧盒有径过二尺四寸的。摄丝明代只称竹丝。这里指的是用细竹丝编成，部分露胎，其余有彩漆填金花纹的大捧盒。

二三五、西洋布——泛指从海外来的棉布。明代记载中就常提到。如《天水冰山录·布》类中就有“西洋红白棉布八匹”。另外叙述说是径四五尺，细白而软。本书才说用作饭巾。

二三六、乌木三镶银箸——指上中下用银皮包裹的乌木筷子，明代即盛行，权臣严嵩家即有六千八百九十六双。

二三七、老年四楞象牙镶金的筷子——指明式上部四方、下部包金的。

**第二册**

一、套杯——清初康雍之际多使用。十三个的俗名“十三太保”；十二个的作十二月花，名“月月红”；十个的名“十姊妹”。一般多用薄胎瓷烧造，敞口平底，少有用竹木的。通名“太白杯”。

二、街坊——即邻居。借用同街共坊住而言。

---

1　还有一种颜色是银红。银红色的纱即前文所说的霞影纱。

三、凤头儿——八哥中额鼻之间起小丛毛的，俗名“凤头八哥”，善学人说话。刘姥姥明知道，故意说是黑老鸹子取笑。

四、瓟瓟斝（bān páo jiǎ）[1]——清初好用葫芦器，多趁葫芦未长成时就用各种器物模子范住，到成熟摘下加工，就成各种不同器形。这里指仿商代三足二柱圆形酒器。葫芦器明清之际才流行，上有晋王恺、宋苏轼题字，明是假古董。作者用瓟瓟斝，谐音“班保假”，即一定假意思。

五、点犀盉（diǎn xī qiáo）——犀角贵重的名通天犀，中心有白点正透，宋人用作腰带，贵过金玉。又相传犀角可解毒，因此用作酒器，雕成种种不同式样，这里指的就是犀角高杯。作者用点犀盉，寓意为“通心乔”，也就是假到底。都是对妙玉假充风雅的讽刺。

六、白撩（liào）了——白摔了意思。

七、祟书——旧社会流行的通行巫书，即指《玉匣记》一类书，内中专载送祟、辟邪、圆梦和动土、出行捡选方向日子一些简单巫术符箓、咒语、丹方。

八、一斗珠——从胎羊羔中取出的皮料，因细毛卷曲如珠子，通称珍珠毛。（黑羔多作灰白色，名草上霜，又名青种羊，当时极贵重。）清代一般多用作春秋二际外套或裙里。作外套有反穿的。

九、供奉——封建帝王身边应差供职的技艺人，通称“御前供奉”或“内廷供奉”，因王医供职太医院，是宫廷医生，称供奉表示尊敬。其实当时太医已近于官医。

十、镜袱——“袱”本指包袱。明代以前圆式铜镜多用镜套，外用锦绣，里贴薄棉，可以保养镜面。清代玻璃方镜兴起，名叫镜帕。“帕”“怕”同音，俗多忌讳，因称“镜袱”。镜帕多用丝

1　本页的拼音均为原稿所加。

绸作成，绣上吉利图案文字，“麒麟送子”“联中三元”“丹凤朝阳”“和合如意”是常用题材。又因世俗说小孩晚上照镜易做恶梦，镜子平时更必有镜帕遮上。

十一、苦瓠子——即“苦仁”，借作苦人谐音。

十二、丁是丁卯是卯的——凡事认真、分明、不通融意思。语原由于丁在十支中属第四，卯在十二时中也属第四。因世俗验兵名“点丁”，和衙署“点卯”是两回事，常混用，说书人打诨即凡事（谐四）通融。这里意即凡事（四）不通融。

十三、巧姐儿——因民间流行故事有七仙姐下凡尘和孝子董永配婚故事，下来不多久又得回返天上。照世俗说法，凡事一点破就不碍事，所以刘姥姥为取名巧姐，并说“以毒攻毒”。

十四、成窑五彩小盖盅——明成化时烧豆彩瓷，胎薄釉细彩色鲜明精美，多作写生花鸟或婴戏图。作子母鸡的通称鸡缸，明末价值已极贵重，一对值百两银子。在明清小件彩瓷中称绝品，这里指的也就是这一类小茶盅。一般说来这类小茶盅不常用盖的。

十五、乌压压——即俗说“乌鸦鸦一片黑”意思。因乌鸦行动必成群成阵，世俗用来形容人多即说乌鸦鸦。本出于小儿口语。

十六、广花——指广东花青。

十七、胭脂十二帖——当时胭脂多浸渍于薄棉上，叠成三寸长方小帖，和其他颜料处理不同。

十八、海棠花式雕漆填金云龙献寿小茶盘——这类茶盘多康熙时作的。夹纻胎，红漆刻万字地盘龙中袅一“寿”字，或作一圆，中作篆文“寿”字。花纹填金及五彩。作海棠四瓣式的，径约六寸。

十九、鬼脸青——指霁蓝釉或回青釉色。中国陶瓷从唐代起始，优秀陶瓷工人就已正确掌握了蓝色釉料，配合汉代以来发明的黄绿二色釉，因之产生世界著名的唐三彩陶。这种敷釉技术发展到明代宣德时，江西景德镇烧官窑瓷，利用苏泥渤青，因之产生宣德青花瓷。到万历、嘉靖，又用云南得到的蓝釉料，因之产生万历、嘉靖青花，色较沉重，作深蓝色，通名回青。清代康熙时烧一色釉蓝釉瓷，多回青，俗名“鬼脸青”。原因是从唐吴道子起始，一般画地狱中魔鬼的脸多作靛青色，釉色相近，因此名叫鬼脸青。

廿、碧绿凿花——当时圆明园中一部分建筑面地砖，也就用到小方琉璃花砖。如故宫太和殿砌墙脚花砖相近。

廿一、阿物儿——即“什么东西”，是故意学南方语，有轻视意。

廿二、老公——宫中内监通称。

廿三、翩若惊鸿……——引用三国时诗人曹植（子建）作的《洛神赋》中有名形容洛神美丽句子。

廿四、凤凰——用百鸟捧凤凰俗话，形容宝玉为一家重视中心人物。语气中夹有“活宝贝”嘲讽。

廿五、夜叉——或作罗刹。传说海中有罗刹国，全是女子，美而狠毒。后来通借作对于凶恶妇女形容。

廿六、一条藤儿——砍柴割草必用一条藤儿捆在一起，这里借用作亲密合伙形容，即打成一片、一鼻孔出气意思。

廿七、涎言涎语——即谵言谵语。患羊痫疯的病发时口角流涎，并胡言谵语。这里意思正是指贾琏装疯装傻。

廿八、馋嘴猫儿——本俗谚“哪有个馋嘴猫儿不吃腥”而来。

廿九、煞性子——即出气，两人撞突，都来派平儿不是。

卅、宣窑磁盒——指明初宣德年间，政府在江西景德镇烧造的青花瓷盒。因宣德时青花瓷特别著名，凡说宣窑多指青花瓷，正如说成窑指成化豆彩瓷一样。

卅一、抚恤——这里是抚慰、安慰意思。和后来对于身遭不幸的人物质赠予不同。

卅二、水晶心肝玻璃人儿——凡事一切透明意思。话中有嘲讽意。

卅三、酒后无德——系引用戏文中俗语。即“原谅醉人”意思。“醉”谐“罪”字。因请求“恕罪”，所以众人皆笑。

卅四、正根正苗——正当、规矩种子。借作正经子弟形容。

卅五、陈谷子烂芝麻——老而无用的废话形容。

卅六、生死有命，富贵在天——引《论语》中文句自解。

卅七、司马牛之叹——因《论语》中孔子弟子司马牛曾说“人皆有兄弟，我独亡”。这里引用不必为无兄弟而难过。

卅八、掐金满绣——指用羊皮金掐边绣遍地花。

卅九、信子——即帽顶当中铜或竹木小棒。旧时烟火鞭炮必插一药线，点燃后到一定时候就发作，名引信。这里借用作帽顶那个小棒形容。

四十、羊角灯——指明代以来就使用到的明角灯。用角质片薄作成的扁圆式灯，是玻璃灯的前身。

四一、扎窝子——小猫小狗多喜聚在一个窝里，因此借作对于人亲密要好、不易分开的嘲笑。对宝玉爱在姊妹中厮混有讽刺意。

四二、牛不喝水强按头——是歇后语“勉强不来”。

四三、六国贩骆驼——是歇后语“到处招摇撞骗”。嘲笑到处说大话哄人。

四四、丢下钯儿弄扫帚——是歇后语“凡事都捞一手”。[1]

四五、填限——出于俗话“天坍了有长子顶，地陷了有胖子

1　乃北方俚语，谓秋夏时节豆麦登场，农家妇女于烈日下晒打粮食，杈翻帚扫，忙得难得片时喘息。——王孖补注

填”，意思本是凡事与己无关。填限即填陷，则有身充胖子，代人受过、牺牲意。

四六、开了果子铺——是借用《水浒传》鲁智深拳打镇关西一回中对于恶霸郑屠户脸上被打后形容。人打得红红紫紫，好像果子铺水果的五颜六色。

四七、青金闪绿双环四合如意绦——指用青金绿绒石雕成四合如意头的双套扣环的系腰丝带。

四八、掐金挖云红香羊皮小靴——指用广东羊皮金掐边挖空成云如意头的麂（jǐ）皮靴。

四九、莲青斗纹锦上添花洋线番羓丝的鹤氅——指雪青色（也即是藕合色）、方胜纹地、加团花或折枝花的外来毛绒披风。当时这类材料有倭绒、倭罗绸、剪绒等等。

五十、挖云鹅黄片金里子大红猩猩毡昭君套——指嫩黄色织金缎子挖成云头如意折边里子的大红毛呢面的女帽兜。

五一、水红妆缎——指浅红地妆花彩缎。

五二、靠色三厢领袖秋香色盘金五色绣龙窄褙小袖掩衿银鼠短袄——指领袖间镶三道窄边、菊黄色缎面上绣五彩并盘金线龙纹的小袖口偏襟银鼠里短袄。

五三、是真名士自风流——这是有名联语，上联是“惟大英雄能本色”。并不说出，但意思却在上联。湘云意思即先来痛痛快快吃个酒醉饭饱，用不着假清高，也并不妨碍作诗。

五四、石青刻丝八团天马皮褂子——指宝蓝色底子五彩刻丝作八团花的面，银狐皮里的出风褂子。

五五、妆奁——这里指镜匣类化妆用具。但在另一时，一般常指女子出阁一切陪嫁箱笼什物。

五六、玻璃绣球灯——指用硬木作骨架，拼合十二或十六方作成的球形灯。这种灯宋明以来多是用纱糊成，上面并绘彩画，清代才用玻璃作，上面还是作各种粉彩杂画，和绣球一样，所以名绣球灯。一般悬挂的，下座还多垂一圈丝线穗子作装饰。

五七、剖腹藏珠——是俗话“因小失大”意思。因珠子极小，人生命贵重，为藏一粒珠子而剖腹，不上算。

五八、拿草棍儿戳老虎的鼻子眼儿——俗话，这里借用，意思是有意撩贾母发怒，自讨苦吃。

五九、搁不住他愿意——即保不定他倒愿意。只要鸳鸯愿意，贾母也无可如何。

六十、藕色——即藕合色，雪青、浅灰紫色。这时期这种绫子多作细碎小花。

六一、一把子四根水葱儿——长得齐齐整整形容。

六二、青缎掐牙坎肩儿——指青缎子材料镶窄滚边的坎肩。这时期牙子边，多是在一道七分宽色缎平边间另加一道宽一分不到的白缎或金银线牙子。

六三、水绿裙——浅绿色裙子，这时期料子多用暗花湖绉。

六四、弄鬼掉猴——要把戏、出毛病意思。

六五、揽总——即总管事。

六六、胶柱鼓瑟——瑟是古代丝弦乐器，瑟面有二十五条弦，弦下用人字桥式活动小柱承着，用来调整声音。如把小柱胶固在瑟面，奏曲子求音调正确，自然发生困难。这里是借用《战国策》上一个故事说的。故事说诸侯派个人出去谈商问题，一切要照到嘱咐的作去；那人就说，这和胶柱鼓瑟一样，无从奏出好听的曲子。意思就是凡事得临机应变，随地点、时间、条件不同而处理。如相反，就近于胶柱鼓瑟。

六七、桃红百花刻丝银鼠袄——指桃红地刻丝作杂花面子，银鼠里的袄子。

六八、风毛——清代习惯皮衣或棉衣，在领口、对襟、下摆、开衩等处，露出一部分皮毛，或有意加上贴边皮毛，叫作“出风”。风毛就指出风部分而言。一般多指小毛如獭皮、珍珠皮、貂皮、银鼠灰鼠皮必出风。大毛中也有用海龙皮出风的，惟帝王袍服使用。

六九、蝎蝎螫螫——蝎尾小针，螫人极痛。被扎的必“啊唷唷唷”“嗳哟哟哟”叫嚷。这里只是借用因一点小事大嚷大叫的形容。

七十、孔雀金线——用孔雀尾毛捻成的金线。清初有用它织成蟒袍的，也有用来绣花的。

七一、界线——即“钉线”。这里指的是把孔雀金线平列，再用细丝横钉。

七二、通官——即翻译官。旧名通事。唐宋以来，中外文化交流，海舶出口，和主持海外贸易的唐代番舶司、宋代市舶司衙署，都设置有一定名额。

七三、火箱——式样极多。南方又名火桶。有一种用木作成方桌大的三尺来高桶子，边沿加宽，可以坐人。底下有个木格子架，架下搁一小小火盆，就可取暖。也有叫作“薰笼”的。惟一般薰笼多指竹篾编或上罩圆形竹篾顶，可以烘衣。有提梁的小型的名“烘笼”。又汉代烧香用的博山炉也叫薰笼。

七四、押岁锞子——岁暮年末时，亲友团聚，年轻晚辈必向年长的叩头辞岁；长辈即分赠用红纸包好的礼物，或暗放孩子们枕头下，通名押岁钱，或作压岁钱。一般人家多用红绒绳穿制钱一二百成串，讲究的用预先作好的各式大小金银锭子。正如这里说的梅花、海棠、笔锭（谐“必定”）如意各式。

七五、焚池——指焚化纸钱、金银箔锞子的长方铁盆子或圆炉子。

七六、象鼻三足泥鳅鎏金珐琅大火盆——指三条象鼻形、上大下小的曲腿圆腹铜胎镀金景泰蓝大火盆。宫廷中典型式样，约高四五尺，大三尺，有一透空罩。

七七、云龙捧寿——有单盘龙中篆一圆球形“寿”字的，也有双龙中篆一灯笼式“寿”字的。

图 9　黄地青花跃龙捧寿纹双耳六方瓶　清　中国国家博物馆藏

七八、眼镜匣子——清初老光眼镜别名“叆叇”（ài dài），多用玳瑁白铜镶边脚，脚可两折，柄部如一小圆饼。平时折起来放在一个腰圆形小匣子里，匣子有用刻丝纳锦绣裹的，有用鲨鱼皮包裹的。

七九、羊角、玻璃、戳纱、料丝……——一指明角灯，二指板玻璃灯，三指薄纱戳花灯，四指用玻璃丝做的灯。

八十、发科诨——戏文中说趣话叫打诨，这里指即景生情的打趣。

八一、小笸（pǒ）箩——指竹或藤编径六七寸小扁箩，多用朱红漆过。

八二、热孝——亲长死去未满百日通称。

八三、好刚口——刀口锋利俗说“钢火好”，也作“刚口”。这里借用作凤姐能言会说形容。也就是“好锋利”意思。

八四、发脱口齿——即俗话“信口打哇哇”意思，自谦如小儿刚会开口说话，语不成腔。

八五、传梅……黑漆铜钉花腔令鼓——行酒令有“击鼓催花”式的，即传梅。把一枝花遍席沿座传去，另一人在一旁击鼓，鼓声一停止，花在谁手中，谁就得饮酒或做其他游戏。

八六、沤子——即胰子水、肥皂水，洗手时起泡沫，所以叫沤子。

八七、数贫嘴——旧社会民间艺人，不能得到正当职业，多只能靠唱莲花落乞讨生活。随口应景编唱，到一处说一处，有时还两人对唱不息。铺子中人叫数贫嘴。这里借来笑骂凤姐。因为凤姐内中隐射到在席的全体，大家还不明白。所以下面接说放炮仗故事。

八八、靶镜——有鎏金或发蓝刻花把柄的、玻璃砖椭圆形手镜。当时新兴事物。

八九、墙倒众人推——歇后语，大家有分。

九十、骑上老虎——即俗话“骑上老虎背，想下下不来”。无可奈何意。

九一、几件大事——指三四位姑娘出嫁、少爷娶亲、贾母死亡办丧事。

九二、省一抿子——抿子，一种小刷子，拢发必用它蘸一点油或泡花水。这里借作只要不拘什么地方，少花少用一点意思。

九三、没有长翎毛……拣高枝儿上飞——小鸟学飞名叫“告翅”，必照母鸟行动，由此到彼。不小心向高处飞，力弱不济事，常跌下地。这里借用作忘本责备。

九四、姬子书——因《尚书·洪范》篇出于伪托，这里仿题书名，瞎编文章取笑。

九五、倒像杀了贼王，擒过反叛来的——借用戏文中保驾立功意，批评芳官狂妄自大。

九六、你还和我梆子似的——借打更或卖东西敲的木梆形容人嘴硬不服输，和俗话“口中梆梆响”意思相同。

九七、撞丧的撞丧去了，挺床的挺床——世俗迷信传说活无常鬼到处走动，又叫丧门神，这里借来骂不在宝玉身边的人。挺床即挺尸，硬挺挺的睡在床上的死尸，这里借来骂害病的。

九八、扎个筏子——有意找一件事情借口意。

九九、杩（mà）子盖——即尿桶盖。五十年前小孩留发，中心剃去，四周留一圆圈，如旧式尿桶上盖，逗笑名叫“杩子盖”，还有一首打趣儿歌：“杩桶盖，盖腌菜，盖不严，不耐烦。”这里用的是甩掉你头皮意思。

一〇〇、窝里炮——俗谚“窝里炮，炸自己”。这里借用作自相残杀意思。

一〇一、炭篓子——做官必戴乌纱帽。欢喜人奉承的因此俗称好戴高帽子。这里意思是好奉承，给个炭篓子戴戴，也有求必应。

一〇二、堆绣荷包——在绣花部分下垫棉花，形成浮雕效果的，名叫堆绣。四面扣合或指四合如意式，所以内中才能装一小金寿星。

图 10　蓝缎地套式堆绣福禄寿童坎肩　清

一〇三、那牌儿名上的人——旧式纸牌和行酒令的象牙牌，都有作《水浒》上人物的，画家龚开和陈老莲都画过这种故事人物画。这里借用，就是“自己既非宋江，也非李逵，不过一个无名小卒”意思。

一〇四、小连环洋漆茶盘——康熙、雍正之际连环重叠式仿倭漆细描金茶盘。

一〇五、猫儿食——猫好偷吃东西。这里用来嘲笑宝玉正经的不吃，专好零食。

一〇六、玉色红青驼绒三色缎子拼的水田小夹袄——这里指的是月白色、天青色和驼毛色三类缎子剪成方胜格子及三角形，拼缀如和尚衲袈裟图案的小夹袄。驼绒色在元明称驼褐色。

一〇七、柳绿——本名“柳芳绿”。如新柳初出的嫩绿色。

一〇八、绒套绣墩——指用绒套垫的鼓式墩子凳。明清之际绒垫套多作梅花式或海棠式。有用挖空堆花法作成的，有用铺绒长针绣花作成的。

一〇九、白彩定窑——这里指清初在江西烧的浆胎仿宋粉定瓷，不是宋代定州烧的白瓷。

一一〇、用两手握着——指用两手蒙住。

一一一、鼓捣光了——出于俗话“一鼓隆咚罄净光”节语，即一扫光意。

一一二、赢瓜子儿——即打手掌。

一一三、有白事——俗称结亲、办丧事作“红白喜事”。这里指秦可卿的丧事。

一一四、不犯做——即犯不着做，不值得做。

一一五、抓子儿——（或不注，或详注望参730页。）

一一六、一盆火儿——即心热口热、献殷勤。

一一七、撞丧那黄汤——出门去拼命喝酒意。

一一八、清水下杂面——是俗话“汤是汤，水是水，分个清浑”意思。

一一九、要会会这凤奶奶去——意思是别人怕她，我不怕她。

一二〇、牛黄狗宝——通作牛黄马宝。牛马因病在内脏中生长一种瘤石类，旧医用作治疯病、清心火的药。这里借用，把两个人比作畜牲心腹中见不得人的丑事，都一齐公开。

一二一、落魄垂涎——形容二人如被打的狗，又丧气又馋。

一二二、现世宝——和“活报应”相似骂人话，即“现世报”。

一二三、做百日——旧规矩，有丧事人家满百日必为死者作佛事诵经，名百日道场。家中有的到这一天撤灵，把供帐供物大部分撤去。

一二四、我们奶奶的事——这一个奶奶指尤二姐，下一个指凤姐。（上一个或应作我们二爷的事）

一二五、在旁边拨火儿——和推波助澜、扇火扬灰等语意相近。又如装作事不干己，如俗话说“看水鸭子打架”。

一二六、抓尖儿——[1]

一二七、玩戏的人——即票友。结社的通称“围鼓堂子”，也清唱，也彩排；凡人家有喜庆事，多邀约去玩唱，不受物质报酬，非职业性，所以说是好人家子弟。

一二八、蝎蝎螫螫——这里作畏畏缩缩形容。

一二九、好个爱八哥儿——即好个可爱的八哥儿。也就是好个可爱的能言鸟。是骂人粗话。正和《水浒》上常用的“鸟”字意义相

1 此处原稿缺注释。

近。（这种转弯抹角的巧话、反语，书中用的相当多，直解法难得本意。）

一三〇、棉花耳朵——男子耳软，轻易听所爱的人话语的形容词。

一三一、点眼——即点眼药。流泪本为悲哀，点眼药是并不因悲哀而流泪。通常大人笑骂小孩不必哭而哭，就说："你又点眼药了！"

一三二、临阵磨枪——"枪"即矛或梭标。临作战才磨它，未免缓不济急。一般多用来作平时不读书，临时用功的形容。

一三三、衾单——（这一条原注可去掉，因指的只是把被单盖上。）

一三四、软翅子大凤凰——一般美人、沙雁风筝，多作平肚双弓式绷线硬翅，惟鹞子、凤凰用凸肚单篾绷线软翅。至于蝴蝶，则软翅下还垂飘一双脚翅。螳螂则双重软翅。系顶线角度不同，上起时情形也不大同。硬翅式较小，在空中斜飘；软翅式较大，在空中多盘旋。

一三五、籰（yuè）子——南方竹制的络丝工具。有大过二三尺的。这里指放风筝用的小型绕线工具。普通多木制，有四方、六方、八方各式，讲究的还用硬木作成，中心黄铜柱必贯上小制钱数枚，转动时还哗喇喇的响。北京说线桄（guàng）[1]子，南方说线扒子。放蜈蚣、鳒鱼劲大线粗，多搁在木架上使用。这种籰子也有长大过二尺的。

一三六、沉香拐——指沉香木作的拐杖。

一三七、腕香珠——沉香或伽南香作的十八子珠串。

1　此处拼音为原稿所加。

一三八、溜——骂人献小殷勤叫“溜沟子”，简语说“溜”。

一三九、大红缎子刻丝满床笏，一面泥金百寿图的——指一面是刻丝作“满床笏”戏文，或郭子仪上寿故事，一面是红缎用泥金画百个不同“寿”字的大屏风。

一四〇、腊油冻的佛手——寿山石半透明的通称冻石。如乳白色名鱼脑冻，黄如蜜腊的叫腊油冻。这里指黄寿山冻石雕的佛手柑。

一四一、会变法儿——指玩魔术、变戏法而言。

一四二、头面——指金银珠玉首饰。现代旧戏后台术语还用到。

一四三、爱巴物儿——即一二九语意，一般用有“活宝贝”意思。

一四四、玉带版子——即玉带头，清初极讲究玉带头。有作大小辟邪浮雕的，俗名蟠螭虎。有作云如意头的。这里似指用玉皮带黄斑素净不雕的一种，通作方版式。从唐代起即重玉带，和官品发生联系。多雕若干方圆及桃形小片镶嵌于皮或丝绦上。现代旧戏行头道具所用，还多明代式样。

一四五、同心如意——用丝绦编成的方寸大双叠方胜如意，一般作爱好表示。或称合和如意。

一四六、“可着头做帽子”——和俗话“量体裁衣”意思相同，借作大小无伸缩活动余地形容。

一四七、鹄——即箭靶子，古代名射侯。有各种不同式样。一般的多是用红白套圈的方式圆靶。

一四八、趁热灶一气炮制——用煎炙药物作驾驭薛蟠比喻。

一四九、竖旗帜——戏文中作大将必竖个“帅”字旗。这里借用，和独张一军意思相同。

一五〇、有酒胆无饭力——装英雄，无真本领嘲讽。

## 第三册

一、“嫁出去的女孩儿，泼出去的水”——是俗话“不会回来”的意思，或从“覆水难收”朱买臣故事发展而成。

二、“对酒当歌，人生几何”——是三国时曹操在长江大船上月下宴饮作的有名诗歌。因下文还有“来日苦短，去日苦多”语，才觉刺心。

三、“放浪形骸之外”——是晋代著名书法家王羲之作的《兰亭集序》中话语。是不受世俗礼教拘束意。原出《庄子》文句。

四、鲫瓜儿——小鲫鱼。

五、卤人——遇事粗心大意的人。

六、杨叶窜儿——又名杨条鱼、羊角鱼，身子狭长如杨叶，喜成群在水中游动。

七、打了个照面儿——宋朝以来把镜子叫做“照子”。人用镜后就会搁下。后来凡见一面就离开，就说打了个照面儿。

八、旧书全要理清——旧时私学读书，读过的都要能背诵。全要理清就是全能背诵意思。

九、绣个槟榔包儿——清代旗人多喜吃槟榔，用小荷包装上，荷包面有衲丝、戳纱、刻丝、平金各种绣法。

十、辘轳一般——井上吊桶取水的活车终日转动不息。整个句子是俗话“心中如十五个吊桶打水，七上八下”，心不安定形容。

十一、妆奁——本指女子梳妆用的分层漆套盒，装有铜镜、梳篦、小脂粉盒等物。因女子出嫁必随身带去，后来通借作陪嫁全部财产的名词，化妆镜匣只是其中一种。

十二、放定——旧时订婚，必凭媒婆携带泥金龙凤红纸庚帖，写好男女双方生辰年、月、日、时八字，和约婚礼物，俗名下定，又称放定。

十三、着了风了——指风寒感冒。如说中风，即指脑溢血一类疾病。

十四、痰盒——清代痰盒多指高约三寸、径口大二三寸的敞口敛肩大腹小盂，有瓷的，有画珐琅洋瓷的，常搁在炕头条几上，不在地上。

十五、一句也贴不上的——意思是所说的和自己全不相干。

十六、没有王法——即造反。这里用到有“简直是造反”意思，即无规矩到不成样子。

十七、收拾摆设的水晶宫似的——传说海龙王宫殿多宝物，因此一般借用来作建筑陈设豪华阔气的形容。

十八、递个职名请安——清代制度，全国封疆大官和政府重要官僚，在一定时期，都要用黄绫奏折写个请安帖子，并把本人官职姓名写在下边，送达政府，还得自称“奴才”。帝王常常批个“知道了”完事。

十九、亲丁——指家属中成年的人。这里专指女的。

廿、有照应——见过场面，凡事吃得开意思。

廿一、绿轿——指绿呢作轿衣的官轿。

廿二、琉璃照耀——似指当时新使用的四方或六方玻璃宫灯。至于乳白色料琉璃灯，宋代就已使用，清代倒已不常用。

廿三、文字——指科举所需的八股文，试帖五言八韵诗。

廿四、虎头上捉虱子——是俗语“冒犯虎威”的具体说法。旧小说常用语。

廿五、小软儿——弱小、不中用。

廿六、扫帚颠倒竖——是歇后语“没个上下”。

廿七、说开——当面说明白。

廿八、挑检——即拣精选肥、有意为难意。

廿九、行点好儿罢——是借用庙会前乞丐口吻，也即是小说中常提起的得饶人处且饶人意思。做好事积点德，不必那么狠心。

卅、不像个过日子的人家——意思是吵得个地覆天翻，不得宁息。

卅一、迎手——即引枕。

卅二、引子——中医用药，丹方中必加一点灯草、葱头、生姜，启发药性，通名引子。语原或出于点灯用灯芯引油可以放光。因此说书开场白，也叫引子。

卅三、胖子也不是一口儿吃的——全语是“胖子的胖，不是一口儿奶吃成的”。意思是凡事有个原因，读书也得慢慢教导。

卅四、“莫知其子之美”——借用《大学》书中语。原文是“人莫知其子之恶”，贾政说它，实带自嘲意。

卅五、人事儿——指做人道理。

卅六、开笔——指正式做科举文。第一、二题出于《论语》，第三题出于《孟子》。

卅七、[1]

卅八、背晦——一般常用作背时倒霉意，这里却指昏聩胡涂。

卅九、往死里糟蹋——旧社会官府断案，得贿赂常故意陷人于罪。通常借作专找大错派到人头上形容。

四十、绣墩——指一般瓷或木作的鼓式墩子凳而言。古代男女席地而坐，到晚唐才有变化，起始用坐椅。男女还是不同。男子由胡床交椅、禅榻发展成直背靠椅，比较高。女子由竹制薰笼发展成鼓式绣墩和月牙杌子，比较矮。宋代还是不尽相同。沿袭到清代，女子普通还是用墩子。上多用绣袱，宋代以来，通称绣墩。

---

1　此处原稿空缺。

图 11　珐花镂空孔雀花卉纹绣墩　明　故宫博物院藏

四一、相敬如宾——后汉梁鸿、孟光夫妇，为人耕田力作，每遇饮食，孟光还举案齐眉，夫妇相敬如宾。后来通作夫妇之间礼貌周到形容，因此黛玉红脸。

四二、上篇上论——引古论今、出口成章意。

四三、琉璃戏屏——当时由广东烧造的玻璃屏风，还算是时髦贵重的事物。

四四、吃糠——元高则诚著有名《琵琶记》中一则。

四五、有斟酌的刀笔先生——即笔下轻重有分量的好律师。也即官司有手段的律师。

四六、当槽儿——酒坊通称槽坊，似因古代酒必压出，当槽原指掌管压酒而言，后来却指一般堂倌而言。

四七、详——上呈公文。

四八、师旷——春秋时齐国著名盲音乐家，为人极聪敏，能言敢谏，并深明乐理。

四九、文王——似指相传为文王被囚于羑（yǒu）里而作的《幽兰操》曲子。

五十、鹤氅深衣——指古代有道隐士穿的一种大袖衣服，和上褂下裙连接的古装。

五一、讲究——指讲解研究。

五二、双陆——（参1015页改。）

五三、娇嫩物儿——本是对小孩形容，有“活宝贝”意思。这里是借用。

五四、泥金角花的粉红笺——明清之际即流行在信笺、诗笺一角印花、绘花的习惯。有单色，有复色，最著名的有十竹斋笺谱。这里指的是用金粉绘的。一般多是折枝花。

五五、紫墨色泥金云龙笺——即茄皮紫颜色、用金粉画云龙的笺纸。

五六、杨妃色绣花锦裙——牡丹中有一种浅粉红色的，名“醉杨妃”，这里说的就是这种粉红色的用纳锦法绣的裙。一般花锦是不作兴再加绣的。

五七、鹤仙凤尾，龙池雁足，断纹——七弦琴身……

五八、不犯——和不必或用不着意思相同。一般常用“犯不着”三字。

五九、嘴懒脚嫩——即不会说、不肯动意思。相反就是口甜，手脚麻利溜刷。

六十、宝蓝盘锦厢花线裙——指宝石蓝色的线春绸面用盘锦法绣成的裙子。乾隆时结子满地花绣法叫做盘锦，多是牡丹蝴蝶作主题。也有用丝线界成格子锦纹，或用纳丝法处理的。后一式多用于荷包、扇囊、镜帕、枕头和裤脚。至于挽袖和裙子部分长方装饰，前一式较多。

六一、片金边琵琶襟小紧身——金锦中两种，凡捻金线织成的叫捻金，缕金法织成的叫片金。明清以来多用片金织的斜裁作二分到八分宽条子，镶衣裙边缘。又背心袄子凡下襟不到头即裁短一方角的，名琵琶襟。这里指的是片金作边琵琶襟小贴身袄子。

图 12　粉色暗花缎琵琶襟坎肩　清　哈密市博物馆藏

六二、县里主文相公——指县署专办文案的师爷。

六三、拉锁子——即锁丝绣法。是从汉代以来传下的绣花技术。每下针用另一针横格，拉紧后再抽针，在材料上作成一小环，连绵不绝，古代名“长命”。清代续有发展，用双线密集钉绣，就成结子绣，又称打子。单行仍叫锁丝。

六四、硝子石——即琉璃料。明代以来，就已把它和玉石、象牙等物用作大小插屏、挂屏镶嵌使用。

六五、下了梆子——旧制，每到入晚断黑时，衙署军营必奏起更鼓乐。坊巷和大户人家宅院，用更夫敲梆子巡夜。这里说的表示已过初更。

六六、掌班——又名管班。旧戏班必有一拿总的，通称掌班。在另一时，也叫妓院老板名掌班，原因妓女古代本来以乐舞为重。

六七、虎纹锦、鲛绡帐——虎纹锦是汉代锦名，多作虎形在山云中跳跃，清代并无这种锦。鲛绡帐是从唐代笔记小说中引来，传说是海中鲛人（童话中的美人鱼）作的。《红楼梦》中谈纺织物和部分器物，有当时真有的，有形容精美事物从前人文章中引用的。这里提的多是当时没有的。

六八、汉宫春晓——指宋人赵伯驹作的《汉宫春晓图》。大青绿山水人物楼阁画幅。明仇英也临仿过。又另有根据司马相如的《子虚》《上林》二赋绘的《子虚上林画意》图卷[1]，也是用汉代宫廷作主题的有名画迹。

六九、向上巴结——这里指好好学习当时政府重视的科举八股文，和学习礼貌应对。

七十、堂派的事——堂指公堂。这里是说上级衙门交派要办的事。

七一、撒野挤讹头——流氓无赖漫骂，或借故装死讹人。

七二、荆树——指紫荆花树。

七三、绣花针儿一般——是用旧小说中惯用语，绣花针落到海里一般，无个找处意思。

七四、洑（fù）上水的——指会向上头巴结、抬了头的一群丫

1 即《子虚上林图》。

头而言。鱼喜欢争上游，又浮到水面即见阳光，洑上水是对于鱼的形容，这里借用。

七五、在坛子里——和俗话“闷在鼓里”相同，就是外边事一概不知意思。

七六、大萝卜还要屎浇——是歇后语“多余的事”。这里借作用不着再三叮咛意思。有自嘲意。

七七、天外飞来——俗传西湖灵隐寺前小山峰是天外飞来的。后来常借用作“意想不到”的形容。

七八、脱了个影儿——脱影就是中国老式画相，又叫作传真。这里是说如照晴雯样子画下一般，即一模一样意思。

七九、散花菩萨……——这一段描写大了胡扯。

八十、搬驳——盘问、追究意思。

八一、传经——旧医专用名词，即感染影响经络。

八二、风声鹤唳——用东晋时淝水八公山下一战，打垮了苻坚南下的企图。历史记载兵败以后，闻“风声鹤唳，草木皆兵”，因此成为历史上有名成语。这里借作园中荒凉，诸人胆小、无中生有的惊怕形容。

八三、推顺水船儿——不费力跟着行动，有不负责任、信口开河意。

八四、穿凿——无中生有、添盐着醋意。

八五、道纪司——管道士作法事的头目。

八六、拿取瓶罐，将妖收下——道士骗人迷信，以为瓶子里有气，已经把妖魔吸入。

八七、圆了个谎——“圆”有成全意。即凑成他的谎，看不出缺处。但说“圆梦”，却近于解释所梦到的问题。

八八、荒信——即荒唐消息。

八九、金头银面的妆扮起来——形容这些人的丈夫在外贪赃纳贿。

九十、水性人儿——旧小说形容女子感情不稳定，容易和男子发生爱情，多说水性杨花。

九一、话头儿——即话中有话意。

九二、枷楠——或作伽楠、奇南。是沉香中色黄如蜡而有金丝的。清代价极贵，出南洋各地。

九三、古玩软片——一般指绘画卷轴册页而言。有时包括绣件。

九四、天鹅绒——用天鹅茸毛捻线织成，细柔光软，在明清纺织物中价格极高。技法传自日本，清代福建漳州用丝茸织成，当时缎子值一两二钱银子一尺，天鹅绒值三两五钱一尺。比同时细绫价高十五倍。

九五、倭缎——指日本花式缎子，清代在广州织造，织较薄，花朵小，后称广缎。又有一种倭罗绸。又有一种倭罗布，漳州织，用棉、麻混合织成，有罗纹。

九六、洋呢——指当时镜面咔喇。有各种颜色，以石青、红紫、灰褐各色精美。当时多用作披风、马褂，较后才用作桌围椅垫。冬天官轿用绿呢，比较粗。

九七、氆氇——西藏出特种毛呢。幅阔仅一尺许，质松茸厚，有红、紫、白、黄、棕各色。上多染印杂色十字花。可作衣料也可作垫毯。质料有极精的。汉代以来，由西北来的细罽、氍毹，性质或和它相差不多。

九八、线绉——即熟丝线织成的绉绸，幅宽一尺八寸，极结实，柔软，多本色花。

九九、羽缎羽纱——清初外来鸡鸭毛织物。还有羽绉、羽绸，各以质地不同得名。根据旧记，羽绉似线绉，无花，幅宽二尺四寸，

图 13　绿色绣花蝶纹广缎　清　广州博物馆藏

太阳下照有金星。羽绸黄边起毛。

一〇〇、脂玉——即羊脂玉，乳白如羊油。古代形容为“白如截肪”。清初极重视，多用作小件装饰雕刻。

一〇一、尚有臂膀——即有个帮手意。

一〇二、职员——有官职的人员。

一〇三、坐夜——出殡前夕，向例亲友必在棺前伴灵过夜，名坐夜。

一〇四、犯杀犯剐——封建社会犯忤逆不孝罪过的，和反叛一样，身受凌迟之刑。所以后面薛姨妈说是恶誓。

一〇五、硬着肠子——即俗话硬着心肠。无情感意思。

一〇六、他那端庄样儿一点不走——不失去原有端庄样子。

一〇七、并没有过明路儿——指非正式的妾。旧社会结婚必三媒六证，纳妾也有一定礼数，袭人并没有经过这种手续。

一〇八、狠狠的吩咐他——怕花家人不愿意，用话压住花家人。

一〇九、更进一竿——即“百尺竿头，更进一步”，一般用作精益求精，或更深入一层理解意思。语原出于爬竿杂剧，汉代名“缘橦”，唐代名“戴竿”，流行已两千年。

·九五五年六月北京初抄

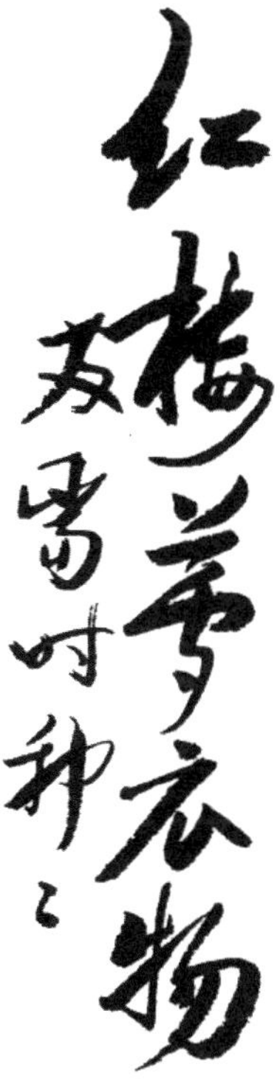

作者手迹